식탐 많은
윤 교수의
역사
오디세이

식탐 많은 윤 교수의 역사 오디세이

발행일	2017년 9월 13일

지은이	윤 석 준		
펴낸이	손 형 국		
펴낸곳	(주)북랩		
편집인	선일영	편집	이종무, 권혁신, 송재병, 최예은, 이소현
디자인	이현수, 이정아, 김민하, 한수희	제작	박기성, 황동현, 구성우
마케팅	김회란, 박진관, 김한결		
출판등록	2004. 12. 1(제2012-000051호)		
주소	서울시 금천구 가산디지털 1로 168, 우림라이온스밸리 B동 B113, 114호		
홈페이지	www.book.co.kr		
전화번호	(02)2026-5777	팩스	(02)2026-5747

ISBN	979-11-5987-741-4 03900 (종이책) 979-11-5987-742-1 05900 (전자책)

이 도서의 국립중앙도서관 출판예정도서목록(CIP)은 서지정보유통지원시스템 홈페이지(http://seoji.
nl.go.kr)와 국가자료공동목록시스템(http://www.nl.go.kr/kolisnet)에서 이용하실 수 있습니다.
(CIP제어번호: CIP2017023132)

문화와 음식 속에 숨은 인문학을 즐기는 오감만족 에세이

식탐 많은 윤 교수의 역사 오디세이

윤석준 지음

북랩 book Lab

우리가 발을 얹고 사는 지구는 해와 달 등 외부적 영향들에 의해 끊임없이 자극을 받아왔다. 또한 기후, 해양, 맨틀 등의 에너지 변환들로 인한 내부적 영향들이 동시에 지구를 흔들어 왔다. 지구는 23.5도 기울어진 자전축이 세차운동과 장동(章動)을 하며 태양을 중심으로 공전한다. 한편, 지구가 속한 우리의 은하계는 망망한 우주에서 엄청난 속도로 서핑을 하고 있다. 지구의 자전으로 유발되는 코리오리 힘은 지구 북반구에서 진행 방향의 오른쪽으로 늘 작용한다. 지각 밑에 자리한 반유체 상태의 맨틀은 지구 중심의 뜨거운 열에너지를 지표면으로 내보내기 위해 대류를 한다. 이러한 지구가 바로 우리가 살고 있는 곳이다. 인류 간의 수많은 갈등 속에서도 우리는 지금까지 이처럼 역동적인 환경 속에서 살아남은 것이다.

생존본능의 한 부분을 차지하는 필요와 호기심은 10만 년 전부터 호모 사피엔스의 역사를 통해 연속적인 이주와 교류를 야기했다. 과학은 네안데르탈인이나 하이델베르크인과 같은 유인원들이 모두 생존에 실패했다고 말한다. 아마도 기후의 변화와 아프리카 동부의 인구 과밀이 호모 사피엔스를 북으로 북으로 이주시켰을 것이고, 지리학적 제약과 코리오리(Coriolis) 효과와 같은 요인들로 호모 사피엔스는 북동쪽으로 발걸음을 옮겼을지 모른다. 통상 사람들은 오른쪽이 옳다고 생각하는데 이 역시 지구의 자전으로 유발된 코리오리 힘에 순응하면서 생긴 관행일 수 있다. 알다시피 우리의 우뇌는 본능과 관계되는데 이 역시 인류의 아프리카로부터의 계속적인 이주 방향을 결정했을 수도 있다.

호모 사피엔스가 아프리카에서 탈출한 것이 인류의 첫 본격적 이주라고 한다면, 인류가 처음으로 정착한 메소포타미아와 근동(近東)에서 첫 번째 교류가 수천 년에 걸쳐 문화, 음식, 종교 등의 분야에서 일어났다. 이집트, 히타이트, 수메르, 바빌론, 이스라엘, 카르타고, 페르시아 그리고 명멸한 수많은 근동의 왕국들은 그리스와 로마에 지대한 영향을 주었고, 순차적으로 이 두 국가들은 유럽에 엄청난 영향을 주었으며, 고대 근동의 왕국들은 고대 인도의 문화에도 직접적인 영향을 미쳤다. 마케도니아 왕 알렉산더의 팽창정책과 투르크의 유럽 침공 또한 모순되게도 인류의 문화와 음식을 풍요롭게 했다.

특이하게도 중국 문화는 지금으로부터 약 3,500년 전보다 훨씬 이전에 근동 문화와는 독립적으로 탄생했다. 인더스, 이집트, 메소포타미아 문화들을 단일 거대 문화권으로 묶을 수 있고, 중국 문화는 독자적인 문화권으로 봐도 될 것 같다. 이 두 문화권들은 수천 년간 거의 독립적으로 성장했기 때문이다.

인류의 두 번째 대이주와 교류는 수백 년(12~19세기)에 걸쳐 몽골, 투르크, 타르타르, 흉노 등의 기마민족들에 의해 야기되었다. 11~16세기에 걸친 일련의 십자군 전쟁들 역시 기독교와 무슬림 국가들 간의 문화, 음식 등 분야에서의 교류에 기여했다. 세 번째 이주와 교류는 인류의 탐욕과 15~20세기 초반 스페인, 네덜란드, 영국 등 유럽 제국들의 팽창정책들로 인해 이루어졌다. 소위 콜럼버스 교류(Columbian exchanges)라 하는 세 번째 이주와 교류는 유럽인들의 시각에서 세계를 더 풍요롭고 더 번성하게 만들었다. 마야와 잉카와 같은 신대륙의 몇몇 독자적 문화들은 이 시기에 막을 내렸다. 감자, 토마토, 옥수수, 콩, 블루베리 등 여러 곡물, 채소, 과일들이 대서양을 가로질러 유럽으로 소개되었고, 이어서 아시아로도 보급되어 식탁을 풍요롭게 했다.

20세기에 들어서서 라이트(Wright) 형제는 최초의 동력비행에 성공했고, 헨리 포드(Henry Ford)는 일반 시민들도 자동차를 이용하게 했다. 이러한 교통기술들은 세상을 더 작게 만들었다. 지금 우리는 라디오, 텔레비전으로부터 컴퓨터, 인터넷, 스마트폰, SNS까지 미디어 혁명시대에 살고 있다. 즉, 네 번째와 다섯 번째의 거대한 교류들은 20세기에 시작된 교통과 통신 기술들의 혁신에 의해 선도되었던 것이다.

인류 간의 이러한 일련의 이주와 교류의 결과로 우리는 풍요로운 문화와 음식을 즐기게 되었다. 하지만 세계가 더 작아지면 작아질수록 사람 간의 접촉도 더 늘어나게 된다. 과거보다 늘어난 종교, 사상, 비전 등의 차이로 인한 갈등과 싸움으로 인류 멸망의 위험이 과거 어느 때보다 높아진 것도 부정할 수 없는 사실이다. 서로 간의 차이를 인정하고 이해하는 노력은 이러한 위험을 어느 정도 줄일 수 있을 것이다.

나는 인문학 관련 전공자는 아니지만 역사, 문화, 음식, 어원 그리고 우리 주변의 사소한 일들에 관심이 많았다. 이 책은 그런 관심의 산물이기도 하다. 이 책에서 주장하는 일부 가설들과 의견들은 비합리적일지 모른다. 하지만 가능한 한 객관적이고자 노력했다. 이러한 노력들이 사람들 간의 차이를 인정하고 즐길 수 있게 하는 데 작은 거름이 되었으면 하는 소망을 가져본다.

윤석준

CONTENTS

서문 … 5

1. 역동적 지구 … 14
2. 빙하시대와 초기 인류 … 19
3. 혈액형과 잘 쓰는 손 … 23
4. 고대 근동의 역사와 종교 … 27
5. 구약과 코란 … 30
6. 별과 초승달 … 35
7. 이집트, 그리스, 로마의 신들 … 38
8. 불교와 샤머니즘 … 41
9. 불교의 만자(卍字)와 기독교의 십자가 … 44
10. 라틴어, 헬레니즘 그리고 유대 … 48
11. 알파벳 … 52
12. 산스크리트 … 55
13. 쌍어문(雙魚文)과 예수 물고기 … 57
14. 실크 로드 … 63
15. 투르크와 타타르 … 65
16. 흉노 … 71
17. 로마니 - 집시 … 74
18. 바바리안, 버베리언, 바이에른, 바버라, 베르베르 … 76
19. 러시아와 마트료시카 … 79
20. 메디치 가문 … 82

21. 합스부르크 가문 … 85

22. 로스차일드 가문 … 88

23. 숫자 … 90

24. 점술(占術) … 96

25. 오방색 … 102

26. 12궁과 12지 … 104

27. 무예 … 108

28. 할로윈 … 111

29. 마사지와 안마 … 115

30. 매사냥 … 119

31. 낙타의 전파 … 122

32. 터키와 터키 … 124

33. 신화 속 생명체 - 용, 유니콘, 페가수스 … 126

34. 동서양의 불사조 … 129

35. 솟대 … 133

36. 단위 Lb, oz, £, ₤ … 136

37. 캐럿과 캐럿 … 139

38. 젓가락과 포크 … 141

39. 악기 … 146

40. 장기와 체스 … 151

41. 이솝 우화 … 154

42. 유리 … 158

43. 바지 … 160

44. 바퀴 … 162

45. 맷돌 … 164

46. 안경 … 167

47. 시계 ⋯ 170

48. 우산과 양산 ⋯ 174

49. 팁 예절 ⋯ 176

50. 지명의 유래 1 - 우리나라 ⋯ 178

51. 지명의 유래 2 - 영미권 ⋯ 184

52. 지명의 유래 3 - 오대륙 ⋯ 188

53. 미국 이름 ⋯ 192

54. 우리말 속의 외래어 ⋯ 194

55. 물고기 이름 ⋯ 199

56. 농업의 전파 ⋯ 206

57. 주요 농작물 ⋯ 209

58. 샤프란과 트러플 ⋯ 218

59. 차(茶) ⋯ 220

60. 커피 ⋯ 225

61. 치즈 ⋯ 229

62. 육회, 햄버거, 타르타르 스테이크 ⋯ 234

63. 햄과 소시지 ⋯ 238

64. 오이 피클과 김치 ⋯ 243

65. 두부 ⋯ 248

66. 국수 ⋯ 252

67. 젓갈, 케첩 그리고 홍어 ⋯ 257

68. 스시와 김밥 ⋯ 262

69. 카레 ⋯ 266

70. 꼬치구이와 샤슬릭 ⋯ 270

71. 피자, 피타, 피데, 난 ⋯ 273

72. 피시 앤 칩스 ⋯ 278

73. 마카롱과 마카로니 … 280

74. 베이글과 프레첼 … 284

75. 크루아상 … 287

76. 마늘빵 … 289

77. 핫도그와 샌드위치 … 291

78. 중국 8대 요리 … 294

79. 딤섬, 덤프링, 샤오롱바오, 만두, 만티, 바오즈, 교자 … 298

80. 훠궈, 샤부샤부, 수키야키, 수키, 신선로 … 302

81. 찹수이와 잡채 … 307

82. 짬뽕과 짜장면 … 309

83. 감자탕과 육개장 … 312

84. 부대찌개 … 314

85. 떡, 시리얼 그리고 뻥튀기 … 316

86. 호두와 호두과자 … 320

87. 빙수, 아이스크림과 소르베 … 321

88. 할랄 대 코서 … 325

89. 비건 대 베지테리언 … 328

90. 와인 … 329

91. 코냑 … 336

92. 위스키 … 339

93. 소주, 아락주, 보드카 … 343

94. 맥주 - 라거와 에일 … 346

95. 일본 정통주, 사케 … 350

96. 세계 명주 … 353

출처 … 359

역동적 지구

지구의 기후는 수많은 요인들이 겹쳐서 복합적으로 결정된다. 지구에 흡수되는 태양 에너지는 지구 기후에 절대적 영향을 미친다. 기울어진 지구 자전축, 태양계의 타원형 지구 궤도, 지점(동지, 하지)과 분점(춘분, 추분)의 세차 등이 1차적으로 지구 기후에 영향을 미치며, 지구 밖 운석과 소행성의 지구충돌, 그리고 태양점, 플레어, 태양풍 등의 태양활동 등이 지구 기후에 2차적 영향을 미친다. 이처럼 지구의 기후체계는 놀라울 정도로 많은 요인들과 요소들로 복잡하게 설계되어 있다. 결론적으로 지구상의 인류는 태초부터 시간의 끝까지 태양의 절대적 영향하에 살아갈 수밖에 없는 운명인 셈이다.

평온해 보이는, 우리가 살고 있는 지구가 얼마나 역동적인지 지구과학 상식들을 통해 확인해보자.

태양 에너지

태양 에너지는 태양 난방, 광전지, 태양열 에너지, 태양열 건축, 인공 광합성 등과 같이 계속 진화하는 기술들을 사용하여 태양으로부터 방사되는 열과 빛을 흡수하고 변환한 에너지이다. 지구는 대기 상층부에서 태양으로부터 17만 4,000테라와트(TW)의 에너지를 받는다. 그중 대략 30%를 반사하여 우주로 되돌려 보내고, 나머지 70%는 구름, 바다,

대지 등에 흡수된다. 지구 표면에서 태양 빛의 스펙트럼은 가시광선, 적외선 그리고 적은 양의 자외선에 걸쳐 있다. 인구의 대부분이 살고 있는 지역의 일사량 수준은 150~300watts/m² 또는 하루 3.5~7.0kWh/m² 정도이다.

세차운동

세차(歲差, precession)란 회전하는 몸체의 자전(rotation) 축이 방향을 바꾸는 운동이다. 세차 또는 세차운동은 기준 좌표계에서 첫 번째 오일러(Euler) 각의 변화로 정의될 수 있으며, 세 번째 오일러 각으로 몸체 자전이 정의된다. 다른 말로 표현하여 몸체의 자전축이 두 번째 축을 중심으로 회전하면 몸체가 두 번째 축에 대해 세차운동을 한다고 말한다. 두 번째 오일러 각이 변하는 운동은 장동(章動, nutation)이라 부른다. 천문학에서는 천체의 자전 또는 궤도와 관련하여 어떤 매개변수라도 천천히 변한다면 이를 세차라 일컫는다. 특히, 지구의 세차운동을 주야 평분시(춘분 또는 추분)의 세차(precession of the equinoxes)라 한다.

장동

지구의 경우 해류를 발생시키는 기조력(起潮力)의 근원은 해와 달인데 이 둘은 끊임없이 상대적 위치를 바꾸고, 이로 인해 지구 자전축의 장동(章動, nutation)이 발생한다. 지구 장동의 최대 구성요소는 18.6년 주기를 갖는데, 이는 달 궤도교점(軌道交點)의 세차주기와 같다. 장동은 자이로스코프, 행성, 날아가는 총탄 등 주로 축 대칭 물체의 자전축이 까딱까딱하는 운동을 일컫는다.

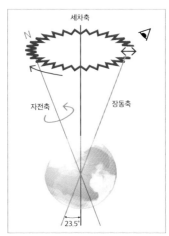

지구의 세차, 자전, 장동축

맨틀 유동

우주의 다른 행성들과 마찬가지로 지구의 내부는 화학적으로 여러 층(layers)으로 나뉘어져 있다. 맨틀(mantle)는 외핵(outer core)과 지각(crust) 사이에 존재하는 층이다. 지구의 맨틀은 규산염 암석 판막으로 평균 두께가 2,886㎞이며 지구 체적의 약 84%를 차지한다. 맨틀은 대체로 고체 상태이지만 지질연대에서는 매우 점성이 강한 유체로 움직인다. 맨틀은 철과 니켈이 풍부하며 지구 체적의 15%가량을 차지하는 뜨거운 핵을 감싸고 있다. 맨틀대류(mantle convection)는 고체 상태의 규산염 맨틀이 지구 내부의 열을 표면으로 내보내는 대류에 의해 서서히 움직이는 운동이다. 지구 표면의 암석권(lithosphere)은 암류권(asthenosphere) 위에 존재하며, 끊임없이 생성되고 단층경계(plate boundaries)에서 사라지는 수많은 판들로 이루어져 있다.

지질구조판 이동

지질구조판(Tectonic plates)은 액상 맨틀의 위에 떠 있기 때문에 움직이게 되어 있다. 맨틀 자신은 지구 내부의 대류로 인해 이동한다. 즉, 뜨거운 바위는 위로 올라가서 열을 내뿜고 나서 내려가는데 이로 인해 지각 아래의 액상 암석들이 큰 선회 운동을 하게 되고, 그 위에 떠 있는 지각을 움직인다. 지진활동은 지구 내부의 통상적 대류 변화에 기인하기보다는 누적된 스트레인(strain)에 대한 급격한 반응으로 나타난다. 지질구조판 운동들은 수십만 년에서 수백만 년의 주기를 가지며, 각기 다른 주기로 일어난다.

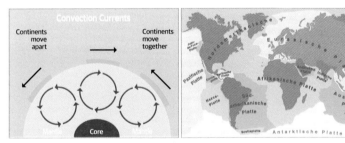

지질구조판 운동

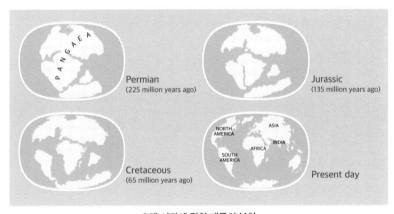

오랜 시간에 걸친 대륙의 분화

코리올리 효과

바람은 통상 아열대에서 적도를 향해 불고, 극 지역에서 아한대 방향으로 분다. 지구 자전이 이러한 바람들의 방향에 영향을 미치는데 이를 코리올리(Coriolis) 효과라 한다. 지구의 자전은 북반구에서 사물의 진행 방향을 오른쪽으로(시계방향 회전), 남반구에서는 왼쪽으로(반시계 방향 회전) 꺾게끔 한다. 바람이나 해류의 이러한 회전운동들은 지역별 분포와 결합하여 바람이나 해류에 거대한 회전을 일으킨다.

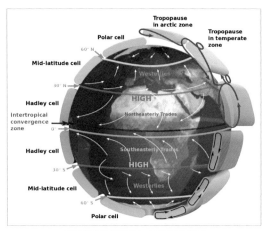

지구대기에 작용하는 코리올리 효과

지구 절대 속도

지구 자전(rotation)에 따른 적도 표면상의 평균 이동속도는 1,037mph 이며, 태양 주변의 평균 지구 공전(revolution)속도는 66,627mph이다. 은하계(galaxy) 중심에 대한 태양의 평균 선회(whirl)속도는 515,000mph이고, 지구가 속한 은하계(galaxy)의 밀키웨이(Milky Way)에 대한 평균 돌진 속도는 무려 2,250,000mph이다.

빙하시대와 초기 인류

아이스에이지(ice age)란 지구 표면과 대기의 온도가 장기간에 걸쳐 냉각되는 시기인데, 결과적으로 대륙과 극지대의 얼음판들과 높은 산의 빙하들이 존재하거나 확장하게 된다. 장기간의 아이스에이지 내에서 추운 기후가 지속되는 각 펄스(주기)들을 빙하기(glacial periods) 또는 구어체로 아이스에이지라 하고 중간의 따뜻한 시기를 간빙기(interglacial)라 부른다. 빙하학(glaciology)의 전문용어로 아이스에이지는 얼음판이 남반구와 북반구 모두에 넓은 지역에 걸쳐 존재함을 의미한다. 이러한 정의를 따르면 우리는 현재 구석기 시대의 시발 시점인 260만 년 전에 시작된 아이스에이지 중 하나의 간빙기, 즉 완신세(Holocene)에 살고 있는 것이다. 지금이 아이스에이지의 한가운데라는 이유는 바로 그린란드, 북극, 남극 등에 여전히 얼음판이 존재하기 때문이다.

아이스에이지의 원인은, 큰 규모의 아이스에이지 기간이든 아이스에이지 내의 더 작은 규모의 반복적인 빙하-간빙 주기든, 완전히 규명되지 않았다. 하지만 모두가 동의하는 것은 이산화탄소와 메탄가스의 농도, 밀란코비치 주기(Milankovitch cycles)라 알려진 태양계 내 지구 공전궤도의 변화, 대륙과 대양 크러스트의 상대적 위치와 크기를 변화시키는 지질구조판의 운동, 태양의 흑점 운동, 지구와 달 간의 궤도역학, 큰 운석들의 지구충돌, 큰 화산 폭발 등 여러 인자들이 간여된다는 것이다.

아이스에이지라 일반에게 알려진 최후빙기(last glacial period)는 지금으로부터 약 11만 년 전에 시작하여 1만 1,700년 전까지 지속되었다. 가장 최근의 빙하기는 약 260만 년 전에서 현재까지 계속되는 더 큰 패턴의 제4기 빙결(Quaternary glaciation)로 알려진 빙하기와 간빙기의 한 부분이다. 이 마지막 빙하기 동안 빙하가 전진하고 후퇴하는 사이에 지구에는 여러 변화들이 있었다. 마지막 빙하기 중 빙하의 양의 최대가 되었던 최후최대빙하기(Last Glacial Maximum)는 2만 2,000년 전이었다. 지구의 냉각과 빙하의 일반적 전진 패턴은 유사했지만, 대륙별로 빙하의 전진과 후퇴에 있어 세부적 차이는 존재했다. 약 1만 3,000년 전 최후최대빙하기가 시작되었고, 1만 1,700년경 간빙기인 완신세 지질시대(Holocene geological epoch)가 시작되었다. 즉, 빙하의 퇴각이 시작된 것이다. 이 시기는 고고학적 관점에서 구석기 시대와 중석기 시대에 해당된다. 빙하화가 시작되면서 현생인류인 호모 사피엔스는 아프리카에 갇혀 있었고, 서부와 중부 유라시아(Eurasia)에 살던 네안데르탈인과 아시아 지역의 호모 에렉투스와 대등한 수준의 도구들을 사용했다. 빙하화가 끝나던 무렵 호모 사피엔스는 유라시아와 오스트라리아로 퍼져나갔다. 고고학적 및 유전학적 데이터는 구석기 인류가 최후빙기에 나무가 듬성듬성 심어진 지역에서 살아남았으며, 나무가 빽빽한 숲을 피해 1차 생산력이 높은 지역에 흩어져 살았다는 것을 밝혀준다. 빙하가 후퇴하면서 일부 아시아인 무리들은 아메리카로 이주하여 정착했다.

호모 에렉투스가 최초로 아프리카를 벗어나 대륙을 건너 이주하고 확장하기 시작한 시점은 약 200만 년 전이었다. 뒤이어 다른 고대 인류들의 이주가 이어졌고, 이들 중에는 현생 인류와 네안데르탈인의 조상으로 여겨지는 하이델베르크인이 포함되었다. 마침내 10만 년 전쯤 현생 인류인 호모 사피엔스가 아프리카를 벗어나는 모험을 강행했고, 6만

년 전에는 다시 아시아를 가로질러 퍼져나갔으며, 새로운 대륙들과 섬들에 정착하기 시작했다.

미토콘드리아상의 이브(Eve)로 추정되는 모든 생존 인류들의 공통 조상은 아마도 12~15만 년 전 사이에 아프리카 동부에서 살았던 것으로 추정되며 생명과학상 호모 사피엔스 이달투(Homo sapiens idaltu)에 해당하는 시기였다. 사라 티쉬코프(Sarah Tishkoff) 박사가 주도한 아프리카인의 유전적 분포도에 대한 광범위한 연구는 산족 사람(San people)들이 조사된 113개의 다른 인종군들 중 최대의 유전적 다양성을 보여주었고, 14개의 조상 인종군 중 하나임을 밝혀냈다. 이 연구는 또한 나미비아와 앙골라 해안선 부근에서 남서부 아프리카에 현생 인류가 이주한 근거도 확인했다. 약 8~10만 년 전 호모 사피엔스 중 3개 주류가 분리되었다. 미토콘드리아 하플로그룹(mitochondrial haplogroup) L0(mtDNA)/A(Y-DNA)은 아프리카 남부를 식민화하여 코이산(Khoisan) 인종의 조상이 되었고, 하플로그룹 L1(mtDNA)/B(Y-DNA) 보유 인종들은 아프리카 중부와 서부에 정착하여 서부 피그미족들의 조상들이 되었다. 한편, 하플로그룹 L2, L3와 다른 mtDNA 보유 인종들은 아프리카 동부에 남아 니제르콩고와 나이로 사하라 어족들의 조상이 되었다.

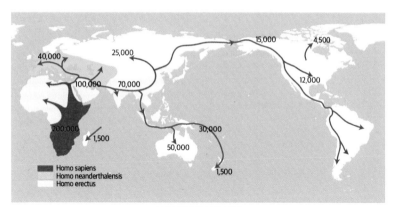

호모 사피엔스의 이주

혈액형과 잘 쓰는 손

우리들은 사람들의 혈액형과 잘 쓰는 손에 대한 선입견에 비교적 익숙하다. 다음은 ABO 혈액형의 기원과 특징에 대한 설명과 오른손잡이가 지배하는 세상이 어떻게 만들어졌는지에 대한 이론이다.

ABO 혈액형

ABO 혈액형 분류체계는 오스트리아 과학자 칼 란트슈타이너(Karl Landsteiner)가 발견한 것으로 널리 알려져 있다. 그는 1900년 혈액형 O, A, B를 확인했다. 란트슈타이너는 원래 O형을 C형으로 묘사했었으며, 유럽 일부에서는 A나 B 항원이 결여되었다는 의미로 '0(영)'으로 표시하기도 했다. 알프레드 폰 데카스텔로(Alfred von Decastello)와 아드리아노 스투르리(Adriano Sturli)는 1902년 4번째 혈액형인 AB형을 발견했다.

ABO 혈액형은 설치류와 유인원(침팬지, 보노보, 고릴라 등)과 같이 몇몇 다른 동물들에도 존재한다. 한 가설에 따르면 인류는 3가지 인종으로 분류되고, 원래 유럽인들 사이에서 A형이, 아시아인들은 B형이, 남아메리카 인종들에게 O형이 생겨났는데 이들이 서로 이주하고 섞여 오늘날의 혈액형 분포가 만들어졌다고 한다. 또 다른 가설은 원래 O형이 있었고 수백만 년의 시간 동안 계속된 돌연변이에 의해 A와 B형 그리고 AB형이 갈라졌다는 것이다. 이 이론에 따르면 O형이 75~100%에 이르는 남아메리카 인디언들이나 에스키모인들과 같이 고대 인종들은 혈액형이 O형이라고 하며, 반면에 대부분의 근대 민족군에서는 A형과 B형이 주류를 이룬다. 하지만 인류의 혈액형의 출현과 진화에 대한 정설은 아직 없다.

우리나라와 일본에서는 ABO 혈액형에 따라 사람의 성격, 기질 그리고 다른 사람과의 어울림 등을 판단할 수 있다는 믿음이 있는데 이는 1970년대 마사히코 노미의 책에서 시작되었다.

잘 쓰는 손

인류는 선사시대부터 고대 문명인 이집트, 그리스, 로마, 중국 등을 거쳐 중세와 현대에 이르기까지 잘 사용하는 손과 그렇지 않은 손을 구별해왔다. 인류의 역사를 통틀어 오른손이 항상 다수였고 기본적으로 사용하는 손이었던 반면, 왼손잡이는 늘 소수였고 부정적으로 인식되었으며 차별을 받아왔다. 서구권과 같이 상대적으로 개방적인 문화권에서는 왼손잡이의 비율이 12% 가까이로 조사되는 데 반해 아시아, 무슬림, 라틴 아메리카와 같이 획일성을 강요하는 국가들에서는 왼손잡이가 차지하는 인구비율이 현저히 떨어진다. 예를 들어, 한국(2%), 일본(3%), 타이완(5%) 등은 왼손잡이 비율이 가장 낮은 편이다.

잘 쓰는 손을 설명하기 위해서 오랫동안 다양한 이론들이 제시되었다. 하지만 어느 특정 이론이 절대적으로 맞는다기보다는 이들의 조합을 통해 잘 쓰는 손을 설명하려는 시도가 가장 합리적인 것으로 받아들여지고 있다. 이러한 이론들 중 태생적으로 잘 쓰는 손에 대해 가장 널리 받아들여지고 있는 논리는 유전 이론들인데 이는 진화론에 기반하며 잘 쓰는 손은 제한적으로 생물학적 인자들에 영향을 받으며 심지어 사회적·환경적 요인들에 의해 좌우된다고 설명한다.

잘 알려져 있다시피 인간의 뇌는 좌우, 두 개의 반구 형태로 나뉘어 있으며, 인체의 오른쪽은 좌뇌가, 왼쪽 몸은 우뇌가 교차적으로 제어한다. 오른손잡이들의 95%에서 좌뇌가 언어 기능의 중심을 담당하는 데 반해 왼손잡이의 약 19%만이 우뇌가 언어 기능을 지배하며 이들 중 20% 정도는 좌·우뇌가 골고루 언어기능을 제어하는 것으로 통계치가 나와 있다. 왼손잡이들에 적용되는 좌·우뇌의 언어기능 분포는 양손잡이의 경우도 유사하게 나타난다. 진화론에 따르면 언어기능과 오른손이 동일한 좌뇌에 의해 제어되는 것이 신속한 신호처리로 인해 인간이 더 높은 생존능력을 갖게 된다는 것이다.

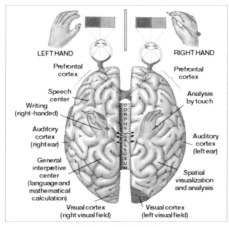

잘 쓰는 손과 뇌 구조

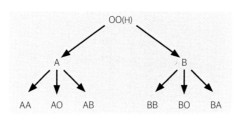

혈액형 진화 가설

Type A	
Best traits	Passionate, active, doer, creative, strong
Worst traits	Fastidious, overearnest, atubborn, tense
Type B	
Best traits	Passionate, active, doer, creative, strong
Worst traits	irresponsible, unforgiving, "going own way"
Type AB	
Best traits	Cool, controlled, rational, sociable, adaptable
Worst traits	Critical, indecisive, forgetful, irresponsible, "split personality"
Type O	
Best traits	Confident, self-determined, optimistic, strong-willed, intuitive
Worst traits	Self-centered, cold, doubtful, unpredictable, "workaholic"

혈액형에 따른 사람의 성격 분류표

고대 근동의 역사와 종교

　고대 근동(近東, Near East)은 인류 초기 문명의 중심이었다. 근동지역에는 메소포타미아, 고대 이집트, 고대 이란(에람, 메디아, 파르티아와 페르시아), 아나토리아, 아르메니아 고원(터키 동부 아나토리아 지역, 아르메니아, 이란 북서부, 조지아 남부, 그리고 아제르바이잔 서부) 등이 포함되는데 대충 현대의 중동(이라크, 터키 남동부, 이란 남서부, 시리아 북동부와 쿠웨이트, 시리아, 레바논, 팔레스타인, 이스라엘, 요르단, 키프러스, 아라비아 반도 등)에 해당되는 지역이다. 고대 근동의 역사는 BC 4000년경 수메르의 등장으로 시작되는데 이 지역의 청동기 시대와 철기 시대에 해당하며 고대 페르시아의 아케메네스 왕조에 의한 BC 6세기경의 점령 또는 BC 4세기 마케도니아 알렉산더 대왕의 정복시기까지를 일컫는다.

　고대 근동의 종교들은 대체로 다신교였으며, 원시 일신교인 마르두키테스(Mardukites)와 아수르의 아슈리즘(Ashurism), 그리고 일원론(Monism) 등도 포함된다. 몇몇 학자들은 이러한 종교들 간의 유사성이 존재하는 것을 일반화하여 종교들 간의 상호연관성을 믿는 패터니즘(patternism)을 주장하기도 한다. 고대 근동에는 지역에 따라 다음과 같은 종교들이 존재했다.

- **메소포타미아(수메르, 아시리아, 바빌론, 아카드):** 아시로-바빌론교, 수메르

교, 메소포타미아 신화

- **고대 이집트**: 고대 이집트교

- **레반트(가나안, 우가리트 에브라, 미타니)**: 가나안교, 유대교

- **아나톨리아(히타이트, 아수아, 아르자와)**: 히타이트 신화, 후르리 신화

- **코카서스 및 아르메니아 고원**: 우라투교

- **고대 이란(에람, 메디아, 페르시아)**: 조로아스타교

- **키프러스, 크레타(미노아 문명)**: 미노아교

BC 2500년의 초기 유물들로부터 수메르 신화와 이집트 종교에 대해 엿볼 수 있다. 초기 히타이트 종교는 원시 인도-유러피언 종교의 특징을 간직했지만, 후기 히타이트 종교들은 셈족 아시리아의 종교들과 더욱 유사하게 변화했다. 고대 그리스 종교는 고대 근동의 신화에 의해 강력한 영향을 받았지만 종교적 어휘들에 나타나지는 않았다. 헬레니즘의 신비스러운 종교들은 이집트 종교와 표면적으로도 밀접하게 연관되었다. 다음은 이러한 종교에 공통적으로 나타나는 특징들이다.

- 정화 의식
- 희생물(식물, 동물, 사람의 희생)
- 다신교(이집트와 그리스는 단일신교주의적 사회였음)
- 신정국가
- 성(聖) 매춘
- 점술
- 마법(주문, 마술, 부적 등)

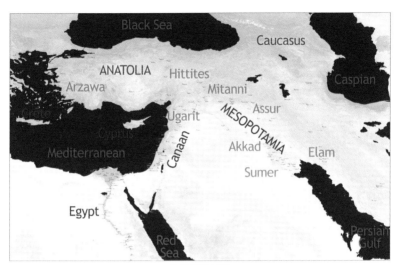

고대 근동 지도

구약과 코란

구약성서(Old Testament)는 기독교 성경의 전반부에 해당되는데, 기본적으로 유대 성경에 기초하고, 성스러운 하나님의 말씀을 따라 고대 이스라엘 민족들에 의해 작성되었다고 대다수의 기독교인들과 유대인들이 믿는 종교적 문서들의 모음집이다. 구약성서는 기독교 성경의 후반부인 신약성서와 대응관계에 있다. 구약의 계율은 기독교 교파에 따라 다소 다르다. 신교는 39권으로 이루어진 구약 버전을 사용하는 반면, 구교인 천주교가 사용하는 구약은 46권으로 이루어져 있으며, 동방정교의 구약은 49권으로 구성된다.

구약은 수 세기에 걸쳐 다양한 작가들에 의해 작성되고 편집된 다수의 독립된 책들로 구성되었다. 유대 성경의 변수들과 기독교 구약성서의 기본이 언제 확정되었는지 완전히 파악되고 있지는 못하다. 어떤 학자들은 유대성경의 계율은 이미 BC 3세기경에 완성되었다고 주장하는 반면 다른 이들은 더 늦은 시기를 제시하기도 한다. 기독교인들은 전통적으로 구약성서를 4개의 섹션으로 분류한다.

1. 모세 5경 또는 율법서(Torah)
2. 가나안의 정복부터 바빌론 유수까지의 유대민족 역사서
3. 세상의 선과 악에 대한 의문들을 다양한 형태로 풀어내는 지혜를

시적으로 표현한 시경

4. 하나님으로부터 돌아선 결과에 대한 성서 선지자들의 경고

기독교 성경을 바라보는 이슬람적 시각은 코란(Quran)에 나타나 있는데, 그들은 기독교 성경이 하나님의 계시를 담고 있지만 그중 일부는 왜곡되거나 오염되었고 계시가 아닌 많은 문장들이 더해졌다고 믿는다. 이러한 왜곡과 오염을 치유하기 위해 이슬람 선지자 무함마드(Muhammad)에게 계시된 코란은 믿을 수 있는 선지자들에게 계시된 성스러운 말씀이 담겨 있는 3세트의 책들을 성경에서 받아들였는데, 무사(Musa, 모세)에게 준 타우라트(Tawrat; 율법서), 다우드(Daud, 다윗)에게 전해진 자부르(Zabur; 시편), 이사(Isa; 예수)의 인질(Injil; 복음) 등이다. 무슬림들은 코란과 함께 이러한 책들과 이브라힘(Ibrahim, Abraham)의 수후프(Suhuf, Scrolls)를 이슬람의 경전으로 믿는다.

코란은 무슬림들이 하나님(Allah; 알라)의 계시라고 믿는 이슬람교의 중심이며, 아랍어로 작성된 최상의 문헌으로도 널리 인정된다. 코란은 장[아랍어로 수라(surah)]과 이를 다시 나눈 절[아랍어로 아야(ayah)]로 구성된다. 코란은 비록 상세한 부분에서 많이 다르긴 하지만 유대와 기독교 성서들인 타나크(Tanakh)와 바이블(Bible) 그리고 종교 문헌들(외경, 주석)에 담겨 있는 많은 사람들과 사건들에 대해 이야기한다. 코란에서도 하나님의 선지자들로 아담, 에녹, 노아, 에벨, 셀라, 아브라함, 롯, 이스마엘, 이삭, 야곱, 요셉, 욥, 이드로, 다윗, 솔로몬, 엘리야, 엘리사, 요나, 아론, 모세, 스가랴, 세례 요한, 예수 등이 등장한다. 실제로 코란에서 모세는 다른 누구보다 더 많이 언급되며, 예수는 무함마드보다 더 많이 거론된다. 마리아는 신약성서에서보다 코란에서 더 자주 언급된다. 원래의 기독교와 유대 문헌들이 선지자들에게 주어진 믿을 수 있는 성스러운 계시들

을 공유한다는 이유로 하여 무슬림들은 기독교 성경, 유대교 문헌, 이슬람 율법들 사이에 공통적 요소들과 유사성이 있음을 받아들인다.

THE 39 BOOKS OF THE OLD TESTAMENT				
17 BOOKS OF HISTORY		5 BOOKS OF WISDOM, POETRY AND PRAISE	17 BOOKS OF PROPHECY	
5 BOOKS OF LAW	12 BOOKS OF HISTORY		5 BOOKS MAJOR PROPHETS	12 BOOKS MINOR PROPHETS
1. Genesis	6. Joshua	18. Job	23. Isaiah	28. Hosea
2. Exodus	7. Judges	19. Pslms	24. Jeremiah	29. Joel
3. Leviticus	8. Ruth	20. Prover	25. Lamentations	30. Amos
4. Numbers	9. 1 Samuel	21. Ecclesiastes	26. Ezekiel	31. Obadiah
5. Deuteronomy	10. 2 Samuel	22. Song of Songs	27. Daniel	32. Jonah
	11. 1 Kings			33. Micah
	12. 2 Kings			34. Nahum
	13. 1 Chron			35. Habbakuk
	14. 2 Chron			36. Zaphaniah
	15. Ezra	9/3 DIVISION BASED ON BABYLONIAN EXILE	37. Haggai
	16. Nehemiah		38. Zechsaiah
	17. Esther		39. Malachi

구약성서 39권

사해 사본

영국 박물관에 보관된
11세기 북아프리카의 코란

바라 굼바드 모스크(Bara Gumbad mosque)의
코란 문각, 인도 델리

아브라함 종교들이 사용하는 구약성서들의 비교

Tanakh(Hebrew Bible) (24 books) Books in bold are part of the Ketuvim	Protestant Old Testament (39 books)	Catholic Old Testament (46 books)	Eastern Orthodox Old Testament (50 books)	Original language
Torah	Pentateuch or the Five Books of Moses			
Bereishit	Genesis	Genesis	Genesis	Hebrew
Shemot	Exodus	Exodus	Exodus	Hebrew
Vayikra	Leviticus	Leviticus	Leviticus	Hebrew
Bamidbar	Numbers	Numbers	Numbers	Hebrew
Devarim	Deuteronomy	Deuteronomy	Deuteronomy	Hebrew
Nevi'im(Prophets)	Historical books			
Yehoshua	Joshua	Joshua(Josue)	Joshua(Iesous)	Hebrew
Shofetim	Judges	Judges	Judges	Hebrew
Rut(Ruth)	Ruth	Ruth	Ruth	Hebrew
Shemuel	1 Samuel	1 Samuel(1 Kings)	1 Samuel(1 Kingdoms)	Hebrew
	2 Samuel	2 Samuel(2 Kings)	2 Samuel(2 Kingdoms)	Hebrew
Melakhim	1 Kings	1 Kings(3 Kings)	1 Kings(3 Kingdoms)	Hebrew
	2 Kings	2 Kings(4 Kings)	2 Kings(4 Kingdoms)	Hebrew
Divrei Hayamim (Chronicles)	1 Chronicles	1 Chronicles (1 Paralipomenon)	1 Chronicles (1 Paralipomenon)	Hebrew
	2 Chronicles	2 Chronicles (2 Paralipomenon)	2 Chronicles (2 Paralipomenon)	Hebrew
			1 Esdras	Hebrew
Ezra-Nehemiah	Ezra	Ezra (1 Esdras)	Ezra(2 Esdras)	Hebrew and Aramaic
	Nehemiah	Nehemiah(2 Esdras)	Nehemiah(2 Esdras)	Hebrew
		Tobit(Tobias)	Tobit(Tobias)	Aramaic (and Hebrew?)
		Judith	Judith	Hebrew
Esther	Esther	Esther	Esther	Hebrew
		1 Maccabees (1 Machabees)	1 Maccabees	Hebrew
		2 Maccabees (2 Machabees)	2 Maccabees	Greek
			3 Maccabees	Greek

Tanakh(Hebrew Bible) (24 books) Books in bold are part of the Ketuvim	Protestant Old Testament (39 books)	Catholic Old Testament (46 books)	Eastern Orthodox Old Testament (50 books)	Original language
			3 Esdras	Greek?
			4 Maccabees	Greek
Ketuvim(Writings)	Wisdom books			
Iyov(Job)	Job	Job	Job	Hebrew
Tehillim(Psalms)	Psalms	Psalms	Psalms	Hebrew
			Prayer of Manasseh	Greek
Mishlei(Proverbs)	Proverbs	Proverbs	Proverbs	Hebrew
Qoheleth (Ecclesiastes)	Ecclesiastes	Ecclesiastes	Ecclesiastes	Hebrew
Shir Hashirim (Song of Songs)	Song of Solomon	Song of Songs (Canticle of Canticles)	Song of Songs (Aisma Aismaton)	Hebrew
		Wisdom	Wisdom[	Greek
		Sirach (Ecclesiasticus)	Sirach	Hebrew

별과 초승달

   초승달이 한 개의 별 또는 여러 개의 별들과 함께 표현되는 것은 수메르의 도상학(圖像學)에서 나타나는 공통적 특징인데, 초승달은 달의 신인 '신(나나)'을, 별은 '이쉬타(이난나, 즉 금성)'를 상징하며 때로는 태양신인 '샤마쉬'와 함께 표현되기도 한다. 한편 별과 초승달 상징은 후기 청동기 시대의 가나안 지역 모아브 사람들의 인장에서도 발견된다. 후에 보스포루스 왕국(기원전 크림 반도 동부와 오늘날의 케르치 해협인 킴메르 보스포루스 해안의 타만 반도에 있었던 로마의 종속국)에서 발달된 초승달과 별 또는 초승달을 담고 있는 별의 도안으로부터 메소포타미아 시대의 예술로 거슬러 올라가기는 어렵기는 하나 예외적으로 달의 신 '신'과 별의 신 '이쉬타'의 다섯 꼭짓점 별의 조합을 BC 1200년경 고대 바빌론의 네부카드네자르 1세 묘지 주변석의 다양한 다른 상징들 중에서 찾아볼 수 있다. 이러한 배치의 예는 1920년대 발견된 우르-나무(우르의 제3왕조) 비석 조각에서도 발견된다.

   초승달 의장은 중세시대에 이슬람 전쟁에서 깃발에 간혹 사용되긴 했지만 최소한 13~14세기 또는 15세기까지도 자주 사용되지는 않았던 것 같고, 더욱이 별과 초승달이 이슬람과 연관되어 사용된 사례를 찾아보기는 더욱 어렵다. 하지만 14세기 이후로 깃발에 간간이 사용되었던 것 같기는 하다. 한편 17세기 인도의 무굴제국에서 초승달 또는 별과 초승달로 둥그런 방패를 장식하기도 했다.

별과 초승달의 조합은 중세 말기와 근대 초기 문장학(紋章學)에서 상대적으로 찾아보기 어렵다. 19세기 오스만 터키 제국에서 국기와 의장으로 이를 채택함으로써 별과 초승달의 조합이 본격적으로 눈에 띄기 시작했다. 1844년에 제작된 오스만제국의 국기는 붉은색 바탕에 흰색으로 별과 초승달을 그려 넣었고, 오늘날의 터키공화국도 거의 그대로 사용하고 있다. 오스만 제국의 일부였던 리비아(1951~1969, 2011년 이후), 튀니지(1956), 알제리(1958) 등은 물론 아제르바이잔(1918), 파키스탄(1947), 말레이시아(1948), 싱가포르(1959), 모리타니(1959) 등 이슬람 국가들도 국기에 이 문양이 들어가 있다.

이 문양은 늦어도 20세기 중반 이전에 이슬람 또는 무슬림 사회의 상징으로 재해석되었다. 그 상징성은 튀니지와 리비아에 의해 제시된 아랍이슬람공화국(1974)과 미국 흑인들의 정치종교적 운동인 미주이슬람국가(1973)에 의해 제기된 1970년대의 아랍국가주의 또는 이슬람종교운동에 의해 더욱 강화되었다. 시릴 그라세(Cyril Glassé)는 2001년에 출간된 『이슬람 신백과사전』에서 "초승달과 별은 마치 십자가가 기독교의 상징이듯 이슬람의 상징으로 자리 잡게 되었다."고 서술하고 있다. 반면에 일부 이슬람 종교서적에서는 많은 무슬림 학자들이 초승달을 거부했음을 강조하기도 한다.

멜리쉬파크 2세 무덤(BC 12세기) 주변 석상에 묘사된 이쉬타(금성), 신(달) 그리고 샤마쉬(태양) 문양

별과 초승달이 그려진 오스만터키제국의 국기

636년 비잔틴제국과 무슬림아랍 간의 야무크 전투에 등장한 사라센 측의 별과 초승달 그림

| 터키 | 알제리 | 튀니지 | 아제르바이젠 |
| 리비아 | 말레이시아 | 모리타니 | 파키스탄 |

이슬람 국가들의 국기

이집트, 그리스, 로마의 신들

　그리스 종교의 주류는 원시 인도-유럽 종교로부터, 그중에서도 직접 영향을 미친 청동기 시대 그리스의 미케네(Mycenae) 문명의 초기 미케네 종교로부터 발전한 것으로 보인다. 고고학적 발견에 따르면 미케네 사람들은 포세이돈(Poseidon)을 최고의 신으로 모셨던 것 같다. 그리스 종교 개념들은 미노아(Minoa) 종교와 같이 근처의 더 일찍 발달한 문화들의 믿음과 관행들을 흡수했을 것으로 여겨진다. BC 5세기경 그리스 역사가 헤로도토스(Herodotos)는 그리스의 많은 종교적 관행들이 이집트로부터 온 것으로 기술했다.

　로마 공화정이 BC 146년 그리스를 정복하면서 그리스 문학, 건축 등은 물론 종교의 많은 부분들을 가져다 자체 문화와 종교에 병합했다. 그리스 신들은 고대 로마 신들과 비견되는데, 제우스(Zeus)와 주피터(Jupiter), 헤라(Hera)와 주노(Juno), 포세이돈(Poseidon)과 넵튠(Neptune), 아레스(Ares)와 마르스(Mars), 아르테미스(Artemis)와 디아나(Diana), 아테나(Diana)와 미네르바(Minerva), 헤르메스(Hermes)와 머큐리(Mercury), 헤파이스투스(Hephaestus)와 불칸(Vulcan), 헤스티아(Hestia)와 베스타(Vesta), 데메테르(Demete)와 세레스(Ceres), 하데스(Hades)와 프루토(Pluto), 튀케(Tyche)와 포르투나(Fortuna), 판(Pan)과 파우누스(Faunus) 등이다. 아폴로(Apollo)나 바쿠스(Bacchus)와 같은 몇몇 신들은 더 일찍이 로마인들이 채택했다. 또

한 그리스와 교류하기 이전에 이미 로마 종교에 존재했던 많은 신들이
있었는데, 야누스(Janus)와 퀴리니스(Quirinus)가 이에 포함된다.

이집트 신들

이집트와 그리스 신들의 비교

그리스-로마 신들

그리스와 로마 신들의 비교

Greek	Roman	Role
Hera	Juno	Chief Goddess – marriage
Aphrodite	Venus	Goddess of beauty
Artemis	Diana	Goddess of hunting
Athena	Minerva	Goddess of wisdom
Demeter	Ceres	Goddess of the harvest, nature
Hestia	Vesta	Goddess of the hearth
Zeus	Juptier	Chief God - sky and air
Apollon	Apollo	God of poetry, music, Sun
Ares	Mars	God of war
Hephaistos	Vulcan	God of blacksmiths
Hermes	Mercury	Messenger of the gods
Poseidon	Neptune	God of the sea

불교와 샤머니즘

　불교도들은 테라바다(대승불교, 남방 전통), 마하야나(소승불교, 북방 전통) 그리고 바즈라야나(밀교, 티베트 전통) 등 3가지 주요 법통들 중 하나를 따른다. 인도 북부에서 탄생한 불교는 스리랑카, 버마, 태국, 인도차이나, 여타 동남아시아 나라들에 이르기까지 오래전에 남쪽으로 전파되기 시작했다. 또한 불교는 캐시미르 아프가니스탄을 통해 실크 로드를 따라 히말라야 왕국들인 시킴, 부탄, 네팔 등을 거쳐 티베트, 몽골, 여타 중앙아시아 지역들은 물론 중국, 우리나라, 일본까지 전파되었다. 이러한 불교의 전파는 행운이었다고 할 수 있는데 인도에서는 불교가 11세기 무슬림 침공 이후 멸종되었기 때문이다. 테라바다(남방) 불교 국가들에서 승려들은 오렌지색 법복을 입고 머리를 삭발하며 맨발로 걸어 일반 사람들과 쉽게 구별된다. 승려들에게는 새로운 이름과 법복이 주어지는데 이들은 227개의 계율(비나야)을 지키며 평생을 살아가야 하지만 언제라도 법복을 벗고 환속할 수 있다. 마하야나(북방) 불교 국가들은 승려들이 고동색 법복을 입는 티베트 불교와 극동의 선(禪), 즉 대승불교로 나누어지는데 대승불교에서는 여자 승려들을 허용하며 법복은 검정색이거나 회색이다.

　한자로 무속(巫俗)이라 하는 샤머니즘(Shamanism)은 영적 세계와의 교감과 이러한 세계로 초월적 에너지를 연결하기 위해 천이된 의식 상태에

도달하는 실행자를 포함하는 행위이다. 샤먼 또는 무당은 착한 영혼과 사악한 영혼이 공존하는 영적 세계에 접근하여 영향을 미칠 수 있다고 간주되는 사람으로서 의례, 점, 치유 등을 시행하는 도중 정신적 천이 상태로 들어간다. '샤먼'이라는 단어는 심 에벤키(Sym Evenki) 사람들의 남서부 방언으로부터 나온 것으로 추정되는 에벤키(Evenki) 어휘 'šamán'에 뿌리를 둔다고 추정된다. 이후 시베리아 토착민들과 교류하게 된 러시아 사람들이 이 퉁구스 단어를 채택했는데 추방된 러시아 성직자 아바쿰(Avvakum)도 샤먼이라는 단어를 기억하고 있었다. 샤머니즘은 모든 조직화된 종교들보다 앞서 신석기 시대로부터 시작되었다고 여겨진다. 나중에 시작되고 체계적으로 정비된 종교들에서도 신비스럽고 상징적 종교행위를 통해 우리는 샤머니즘적 일면들과 마주치게 된다. 탄탈루스(Tantalus), 프로메테우스(Prometheus), 메데아(Medea), 칼립소(Calypso) 등의 신화들과 다른 신화들에 나타나듯이 그리스 이교신앙도 샤머니즘의 영향을 받았다. 후에 그리스 종교의 샤머니즘적 행위들의 일부는 로마 종교에도 받아들여진다.

중앙아시아의 종교와 티베트 불교에서는 샤머니즘의 영향이 매우 강하게 나타난다. 티베트, 몽골, 그리고 만주족 등과 같이 샤머니즘이 강한 민족들에게 불교는 8세기 이래로 대중화되었다. 샤머니즘적 종교의식이 티베트 불교에 결합되어 중국의 원과 청 시대에 이르러서는 국가 종교로 자리 잡는다. 샤머니즘과 불교의 한 공통 요소는 때로 환각 물질에 의해 명상에 잠겨 영적 자각에 이른다는 점이다. 샤머니즘은 우리 나라 북한과 남한 모두에서 여전히 행해지고 있다. 남한에서는 여성 샤먼을 무당이라 부르며, 남성 샤먼은 박수무당이라 한다. 사람은 유전에 의하거나 신 내림을 받아 샤먼이 될 수 있다고 한다. 남북한 사람들 중 일부는 돈이나 결혼상의 문제로 어떤 결정을 할 때 샤먼들은 찾아가 자

문을 얻곤 한다. 일본에서도 샤머니즘은 원주민 아이누의 종교나 일본 종교 신도(神道)의 한 부분인데, 특히 신도는 농경사회를 위한 샤머니즘 이라는 것이 특징이다. 일본에서 중세 초기 이후 신도는 불교와 동아시 아 문화의 다른 요소들과 융화되었다.

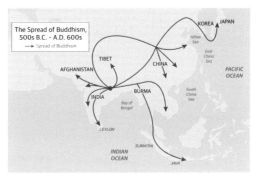

불교의 전파

시베리아 올혼(Olkhon) 섬의
부리야트(Buryat) 샤먼

시베리아 극동 지역과 몽골에서의
에벤키 부족 거주지

한국의 무당

일본 종교 신도

불교의 만자(卍字)와
기독교의 십자가

　슈바스티카(swastika) 또는 하켄크로이츠(Hakenkreuz)는 고대 종교의 상징이며 영속과 평화를 상징하는 인도의 심볼이기도 한데 일반적으로 등변의 십자가에 4개의 다리가 90도로 굽혀진 卍 형태이다. 힌두교, 불교, 자이나교 등에서는 상스러움과 믿음의 심벌로 여겨지며 최소 1만 1,000년 이전으로 그 유래를 찾는다. 힌두교, 불교, 자이나교 등에서는 종교적 상징으로 지금도 공통적으로 사용되고 있다. 서양 옛 문헌에서는 그 외형에서 착안하여 그리스 대문자 감마를 짜 맞추어 만든 감마디온 십자가(gammadion cross)라 불리기도 했다. 슈바스티카라는 이름은 행운 또는 상서로움의 대상을 의미하는 산스크리트 단어 스바스티카 svastika(Devanāgarī: स्वस्तिक)에서 유래했다고 한다. 슈바스티카는 최소 신석기 이전부터 다양한 문화권에서 장식적인 요소로 사용된 것으로 보이는데 특히 인도 종교들에서 상서로움을 의미하는 주요 상징으로 폭넓게 사용된 것으로 알려진다. 다수의 서양 국가들에는 슈바스티카 하면 나치의 상징으로 낙인이 찍혀져 있기도 하다.

　슈바스티카는 1차 세계대전 이전에 유럽의 여러 조직들에서 채택되었고, 잘 알려진 바와 같이 이후 2차 세계대전이 발발하기 이전에 독일 나치에 의해 선택되었다. 아돌프 히틀러는 『나의 투쟁(Mein Kampf)』(1925)에서 다음과 같이 서술하고 있다.

나 스스로 수없이 많은 시도 이후에야 붉은색 바탕에 하얀 원판과 검은색 슈바스티카를 중앙에 그린 최종 형태의 깃발을 바닥에 펼치게 되었다. 또한 오랜 시도 이후에야 깃발의 크기, 하얀 원판의 크기, 슈바스티카의 모양과 두께 간의 최종 비례를 결정했다.

히틀러는 나치당을 위해 깃발을 창안했을 때 슈바스티카와 독일 국민들로부터 섬김을 받는 색상들을 묶어 독일국가의 영광스러운 과거를 표현하고 싶었다. (흑, 백, 적은 구 독일제국 국기의 색들이다.) 또한 그는 "국가사회주의자로서 우리는 우리의 프로그램을 우리의 국기 안에서 볼 수 있다. 적색에서 운동의 사회적 아이디어를, 백색에서 국가주의적 아이디어를, 그리고 슈바스티카에서 아리안 남자의 성공을 위한 투쟁의 임무와 창조적 작업 아이디어의 승리를 함께 찾아볼 수 있는 것이다."라고 언급했다.

지금까지 발견된 가장 초기의 슈바스티카는 우크레인(Ukraine)의 메진(Mezine) 지역에서 상아로 만든 작은 조각 위에 새겨진 형태로 발견되었는데 무려 1만 2,000년이 된 것이라 한다. 슈바스티카를 사용했던 것으로 알려진 가장 오래된 문명 중에 하나는 현대의 세르비아, 크로아티아, 보스니아, 헤르제고비나로 알려진 남부 유럽의 신석기 문화인 약 8,000년 전의 빈카(Vinca) 문화이다. 슈바스티카 심볼은 로마의 크리스찬 카타콤의 벽에서도 '생명 중의 생명'이라는 뜻의 'ZOTIKO ZOTIKO'란 단어 옆에서 발견되며, 이디오피아의 신비스런 라리베라(Lalibela) 암반 교회의 창문에도 새겨져 있고 전 세계 여러 고대 교회에서 찾아볼 수 있다.

슈바스티카 심볼의 탄생은 청동기 시대의 이교도들의 태양십자가(sun cross)와 같이 일반적으로 십자가 심볼과 연계해서 설명된다. 신석기 시대의 빈카 스크립트(Vinca script)와 같이 원시문자 심볼시스템에서도 슈바스트카를 찾아볼 수 있기는 하나 심볼의 유래에 대해서는 확실히 알려진 바는 없다. 그럼에도 다양한 의심스런 가설들이 존재하는데 하나의 가설은 십자가 심볼은 슈바스티카와 마찬가지로 단지 태양을 상징하는 데에서 그 유래를 찾고 있다. 또 다른 가설은 십자가의 4개의 팔은 4개의 계절을 의미하며 90도 섹션으로 나누어진 것은 춘분, 추분과 연관된다고 추정하기도 한다.

예수 희생의 도구로 상징되는 기독교 십자가는 기독교 상징으로 가장 잘 알려져 있으며, 크루시픽스(crucifix: 통상 3차원 형상의 예수님 신체 표현을 포함하는 십자가)와 다양한 십자가 상징군과 연계된다. 기독교 십자가의 가장 기본적인 형태는 라틴식 십자가(✝)와 그리스식 십자가(✚)이며, 문장학과 다양한 고해 문장에서는 다양한 변형 십자가들이 사용되고 있다.

가장 단순한 형태로 두 개의 선을 직각으로 교차해서 만들 수 있는 십자가 모양의 사인은 기독교의 도입 훨씬 이전에 동양과 서양 모두에서 사용되었다. 아마도 인간의 문명화되기 시작한 아주 먼 옛 시기로 거슬러 올라가야 할 것이다. 단순 장식으로서만이 아니라 종교적 상징성으로 사용된 것으로 보인다. 불을 붙이는 장치를 상징했기 때문에 일상의 순환을 가리키며 성스러운 불이나 태양의 상징을 표현했을 것으로 보인다. 십자가는 또한 번개, 폭풍의 신 또는 아리안족 만신과 원시 아리안 문명의 엠블럼으로도 해석되었다.

또 다른 연관 상징으로는 고대 이집트에서 사용되었던 손잡이가 달린 십자가가 있다. 이 독특한 십자가는 사자머리를 한 이집트 여신 세크헷(Sekhet)이 손에 잡고 있는 모습으로 간혹 그려지기도 했는데 생명을 의미하는 상형문자이기도 하다. 이집트 기독교 집단인 콥트교도들은 이 손잡이 달린 십자가를 그들의 십자가 엠블럼으로 사용하고 있다.

고대로부터 힌두교, 불교, 자이나교에서
사용되었던 상서로움의 상징

나치의 슈바스티카 깃발

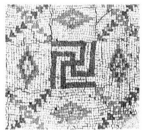

이스라엘 비잔틴 교회에 각인된
모자이크 슈바스티카

페니키안의 슈바스티카

러시아 동방정교 베스트에 새겨진
슈바스티카 패턴

(왼쪽부터) 기독교 십자가, 라틴 십자가, 그리스 십자가, 이집트 콥트교 십자가

라틴어, 헬레니즘 그리고 유대

　라틴어(Latin)는 인도-유럽 언어군에 속하는 이탈리아어 중 고전 언어의 하나이며 라틴 알파벳은 에트루리아어(Etruscan)와 그리스 알파벳에서 파생되었다. 원래 라틴어는 이탈리아 반도의 중부에 위치한 라티움(Latium) 지역에서 사용되던 언어였는데 로마공화국의 영향력을 통해 초기에는 이탈리아에서 시작하여 나중에는 로마제국 전역으로 파급되어 주력어가 되었다. 불가(Vulgar) 라틴어는 로망스 언어로 발전했는데, 이탈리아어, 포르투갈어, 스페인어, 프랑스어, 루마니아어 등이 이 언어군에 속한다. 또한 라틴어, 이탈리아어, 프랑스어는 영어에서 사용되는 많은 단어의 어원을 제공했으며, 현대에도 신학, 생물학, 의학 등의 영역에서 라틴어와 고대 그리스어의 어원들이 사용되고 있다.

　한편 헬레니즘(Hellenism)이란 그리스와 로마제국의 식민지 또는 이들과 교류했던 지역에 살던 사람들에 대한 그리스 문화의 영향력을 묘사하기 위해 사용되는 단어이다. 헬레니즘 시기는 BC 323년 알렉산더 대왕의 죽음과 악티움 전투와 연이은 프톨레마이오스 이집트 정벌로 상징되는 로마제국 부상이 시작되던 BC 31년 사이로 고대 그리스에서 지중해로 역사의 중심이 옮겨가던 기간을 일컫는다. 이 시기에 유럽, 아프리카, 아시아에 대한 그리스의 문화적 영향력은 예술, 탐구, 문학, 연극, 건축, 음악, 수학, 철학, 과학 등에서 번영과 성장을 경험하며 최고조에 이르렀다. 이때는 때론 변환의 시기, 심지어는 그리스 고대 시대의 계몽주의와 비교하여 타락의 시기로 불리곤 한다. 이 헬레니즘 시기에는 새로운 코미디, 알렉산더식 시문학, 70인역 성경, 금욕주의인 스토아 철학, 쾌락주의 에피쿠로스 철학 등이 모습을 드러내었다. 그리스 과학은 수학자 유클리드와 박식한 아르키메데스의 역작들로 인해 큰 진전을 경험했다. 종교적 영역도 확장되어 명계(冥界)의 신 세라피스와 같이 그리스식 이집트 신들과 아티스(Attis)나 대지의 여신 키벨레(Cybele)와 같은 동방의 신들은 물론 불교의 도입도 이루어졌다.

바빌론유수로부터 돌아온 유대인들은 규율을 철저히 따르며 그들의 민족적 정체성을 보호하기 위해 노력을 다했는데 이는 극우파 바리세인들을 만들어냈고 불필요한 법들을 추가하고 강화하게 되었다. 유대인들이 바빌론으로부터 돌아온 지 100년쯤 되었을 무렵 알렉산더 대왕은 그의 고향 그리스로부터 이집트, 인도의 동쪽 경계까지 서부 아시아를 휩쓸며 영토를 확장해 갔다. 그리스 문화의 영향은 로마제국이 이스라엘을 식민화했던 BC 1세기를 지나서도 계속해서 이어졌다. 바리세인들의 경쟁 그룹이었던 사두세인들은 그리스의 영향을 환영했다. 사두세인들은 부유하고 권력을 향유했던 귀족들이었으며, 이들은 평화와 정치적 영향력을 유지하기 위해 그들의 젠틸레(Gentile; 비유대인) 통치자들과 공공연히 협조했다. 하지만 모든 유대인들이 그리스 문화의 영향권 내에 있었다고 할 수 있었다. 그리스어는 모국어인 아람어와 마찬가지로 보편적으로 사용되었으며, 유대의 지도권도 성직자로부터 사두세인들이 지배하던 산헤드린(Sanhedrin; 평의회)으로 넘어갔고, 나라의 법도 모세의 율법보다 고대 그리스의 법들이 더 많이 반영되었다. 헬레니즘의 당시 영향력은 사도 사울(Saul)이 그리스식 바울(Paul)로 이름을 바꾼 것만 봐도 짐작할 수 있다. 헬레니즘은 기독교 초기시대 내내 지대한 영향력을 미쳤는데 선교여행을 위한 안전한 도로의 제공 등 때로 간접적으로, 신학상의 신인협력설(theological synergism)과 같이 때로 직접적으로 그 영향력이 드러난다.

헬레니즘의 지리학적 분포

헬레니즘 시대 사모트라케(Samothrace)섬의
승리의 여신 나이키(Nike)상

고대 7대 불가사의 중 하나인
로도스(Rhodes)섬의 거인상

BC 6세기경 철기시대 이탈리아에서 사용되던
언어 분포도

그리스인과 유대인의 교류 예

알파벳

　알파벳식 쓰기의 역사는 BC 2000년경 레반트(역사적으로 근동의 팔레스타인과 시리아, 요르단, 레바논 등이 있는 지역)에서 셈어의 자음체계로 거슬러 올라간다. 오늘날 전 세계적으로 사용되고 있는 거의 대부분의 알파벳 문자들은 바로 고대 셈어 알파벳의 자손인 셈이다. 알파벳의 최초 기원은 고대 이집트에서 셈어를 사용하는 노동자들의 언어를 표현하기 위해 발달된 원시 셈어 문자이다. 이 문자는 고대 이집트 성직자들이 사용하던 이집트 상형문자와 관련된 흘림체에 부분적으로 영향을 받았다고 알려져 있다. 셈어 알파벳은 주로 기원전 초기 1,000년 동안 사용되었던 셈어 문자군에 속하는 가까운 두 개의 친척 언어들인 페니키아어와 아람어를 통해 중동, 유럽, 북부 아프리카, 남아시아 등을 아우르는 지역에서 사용되는 다수 문자체계로 진화했다.

　현대의 일부 언어학자들은 '아비아드(abjad)'라 불리는 셈어 유형의 자음문자와 좁은 의미의 '진성 알파벳(true alphabets)'을 구별하기도 하는데 두드러지는 기준은 진성 알파벳은 자음과 모음을 동일한 기준으로 연속적으로 음절들에 배치하는 데 반하여 아비아드에서는 각 음절이 하나의 자음으로 구성된다는 것이다. 그러한 의미에서 최초의 진성 알파벳은 그리스 알파벳이었다고 할 수 있는데 페니키아 문자에서 차용된 것이었다. 오늘날 가장 널리 사용되는 알파벳인 라틴 문자는 그리스로부터 이탈리아 서남부의 쿠메와 에트루리아를 거쳐 도입되었다. 기원 7세기경 페니키아로부터 진화한 아람 알파벳은 페르시아의 공식 글자였으며, 대부분의 현대 아시아 알파벳의 시조가 된 것으로 보인다.

라틴인이라 불리던 종족들은 후에 로마인들이 되었는데 이들은 이탈리아 반도와 그리스 서부에 걸쳐 살았다. 라틴인들은 BC 7세기경에 이탈리아 중부에 살던 에트루리아 사람들과 서부 그리스 사람들로부터 알파벳을 도입한 것으로 알려진다. 이 두 그룹으로부터 문자를 도입하는 데 있어 라틴 사람들은 서부 그리스 알파벳에서 4개의 글자를 빼고, 'W' 발음이 나는 에트루리아 문자 'F'에 'F' 발음을 부여했으며, 세 개의 지그재그 선을 갖는 에트루리아 'S'인 'S'를 펴서 현대의 'S' 문자로 만들었다. 그리스어의 'G' 음과 에트루리아의 'K' 음을 표현하기 위해 'G'가 사용되어 글자 G, J, W, Y, Z를 제외한 현대의 알파벳 체계가 라틴 사람들에 의해 구현되었다고 할 수 있다. 한편, 6세기경 영국 섬에 대한 캔터베리의 아우구스틴 선교 이후 기독교로 개종한 앵글로색슨 사람들은 로마의 철자를 사용하여 고대 영어를 글자로 쓰기 시작했다.

아랍 알파벳의 분포도
짙은 녹색은 알파벳을 단일 문자로 사용한 지역을,
옅은 녹색은 다른 문자와 병행해서 사용한 지역을 표시했다.

셈어 알파벳

nr.	Reconstruction	IPA	value	Ugaritic	Phoenician	Hebrew	Arabic	Greek	Latin	Cyrillic	Runic
1	'alpu "ox"	/ʔ/	1		𐤀 'ālep	א 'ālef	ا 'alif	A alpha	A	А azŭ	ᚨ *ansuz
2	baytu "house"	/b/	2		𐤁 bēt	ב bēt	ب bā	B bēta	B	Б věde, Б buky	ᛒ *berkanan
3	gamlu "throwstick"	/g/	3		𐤂 gīmel	ג gīmel	ج jīm	Γ gamma	C, G	Г glagoli	ᚲ *kaunan
4	daltu "door" / diggu "fish"	/d/, /ð/	4		𐤃 dālet	ד dālet	د dāl, ذ ḏāl	Δ delta	D	Д dobro	
5	haw "window" / hallu "jubilation"	/h/	5		𐤄 hē	ה hē	ه hā	E epsilon	E	Є ye, Є esti	
6	wāwu "hook"	/β/ or /w/	6		𐤅 wāw	ו vāv	و wāw	Ϝ digamma, Υ upsilon	F, V, Y	Оу / Ȣ ukŭ → У	ᚢ *ūruz / *ūram
7	zaynu "weapon" / ziqqu "manacle"	/z/	7		𐤆 zayin	ז zayin	ز zayn or zāy	Z zēta	Z	Ꙁ / З zemlya	
8	baytu "thread" / "fence"?	/ħ/, /x/	8		𐤇 bēt	ח hēt	ح ḥā, خ ḫā	H ēta	H	И iže	ᚺ *haglaz
9	taytu "wheel"	/tˤ/, /θ/	9		𐤈 ṭēt	ט ṭēt	ط ṭā, ظ ẓā	Θ thēta		Ѳ fita	
10	yadu "arm"	/j/	10		𐤉 yōd	י yōd	ي yā	Ι iota	I	I iže	ᛁ *īsaz
11	kapu "hand"	/k/	20		𐤊 kap	כ kāf	ك kāf	K kappa	K	К kako	
12	lamdu "goad"	/l/	30		𐤋 lāmed	ל lāmed	ل lām	Λ lambda	L	Л lyudye	ᛚ *laguz / *laukaz
13	mayim "waters"	/m/	40		𐤌 mēm	מ mēm	م mīm	M mu	M	М myslite	
14	nabšu "snake" / nunu "fish"	/n/	50		𐤍 nun	נ nun	ن nūn	N nu	N	Н naš	
15	samku "support" / "fish"?	/s/	60		𐤎 sāmek	ס sāmek		Ξ ksi, Χ ksi	(X)	Ѯ ksi, (X) xěrŭ	
16	'aynu "eye"	/ʕ/, /ɣ/	70		𐤏 'ayin	ע 'ayin	ع 'ayn, غ gayn	O omikron	O	О onŭ	
17	pu "mouth" / pi'tu "corner"	/p/	80		𐤐 pē	פ pē	ف fā	Π pi	P	П pokor	
18	sadu "plant"	/sˤ/, /θˤ/	90		𐤑 ṣādē	צ ṣādē	ص ṣād, ض ḍād	Ϻ san, (Ϡ sampi)		Ц tsi, Ч črvĭ	
19	qupu "Copper"?	/kˤ/ or /q/	100		𐤒 qōp	ק qōf	ق qāf	Ϙ koppa	Q	Ҁ koppa	
20	ra'su "head"	/r/	200		𐤓 rēš	ר rēš	ر rā	P rho	R	Р rĭtsi	ᚱ *raidō
21	šinnu "tooth" / šimš "sun"	/ʃ/, /ɬ/	300		𐤔 šin	ש šin/sin	ش šīn, س sīn	Σ sigma, Ϛ stigma	S	С slovo, Ш ša, Щ šta, Ѕ dzělo	ᛋ *sowilo
22	tawu "mark"	/t/, /θ/	400		𐤕 tāw	ת tāw	ت tā, ث ṯā	T tau	T	Т tvrdo	ᛏ *tiwaz

종족별 알파벳 글자 이름과 순서

산스크리트

산스크리트(Sanskrit)는 힌두교의 핵심 신성어(神聖語)라 할 수 있는데, 힌두교, 자이나교, 불교, 시크교에서 사용되는 철학적 언어이기도 하며 인도문화권에서 공통적으로 사용되는 문어체(文語體)이다. 산스크리트는 원 인도-이란어(Proto-Indo-Iranian)와 원 인도-유럽어(Proto-Indo-European)에 언어적 뿌리를 두며 베다 산스크리트에서 유래된 고 인도-아리안(Old Indo-Aryan)들이 사용하던 표준화된 방언이다. 오늘날에 산스크리트는 인도의 22개 표준 언어들 중 하나이고 우타라칸드(Uttarakhand)주의 공식어이다. 가장 오래된 인도-유럽어 중 하나로서 작성된 상당한 문서들이 존재하는 산스크리트는 인도-유럽어 연구에 중심이 된다. 산스크리트 문학은 시와 연극, 과학기술, 철학, 종교학 분야를 아우른다. 산스크리트는 힌두교 종교의례와 불교에서 찬송과 성가의 형태로 계속 사용이 되고 있는 언어이다. 또한 산스크리트는 몇몇 마을에서 전통연구기관들에 의해 다시 살아나고 있으며, 더 많은 사람들이 쓸 수 있도록 노력하고 있다.

산스크리트로 작성된 신드히샨 신화

kka	kkha	kca	kṇa	kta	ktya	ktra	ktrya	ktva	kna	knya	kma
kya	kra	krya	kla	kva	kvya	kṣa	kṣma	kṣya	kṣva	khya	khra
gya	gra	grya	ghna	ghnya	ghma	ghya	ghra	ṅka	ṅkta	ṅktya	ṅkya
ṅkṣa	ṅkṣva	ṅkha	ṅkhya	ṅga	ṅgya	ṅgha	ṅghya	ṅghra	ṅṅa	ṅna	ṅma
ṅya	cca	ccha	cchra	cña	cma	cya	chya	chra	jja	jjha	jña
jñya	jma	jya	jra	jva	ñca	ñcma	ñcya	ñcha	ñja	ñjya	ṭṭa

산스크리트 활자

쌍어문(雙魚文)과 예수 물고기

동서양의 전통문화에서 물고기가 갖는 상징적 의미는 풍요, 영원, 창조, 여성미, 행운, 행복, 지식, 변화 등이다. 근동의 메소포타미아와 이집트에서 고대 유럽의 이교도 문화와 인도, 중국, 한국 등 아시아 문화에서 물고기, 특히 한 쌍의 물고기가 갖는 상징적 의미와 더 나아가서 예수를 상징하는 물고기까지 그 유래들을 살펴본다.

물고기는 그리스와 로마의 신화에서 성스럽게 여겨졌는데 그 상징적 의미는 변화와 변형이었다. 우리는 흉포한 티폰(어깨에 100마리의 용이 있는 괴물)으로부터 도망가기 위해 물고기로 변신하는 아프로디테(미의 여신)와 영웅들의 신화에서도 이러한 상징을 확인할 수 있다. 기독교에서 물고기는, 오병이어(五餠二魚)의 성경 구절에 나타나 있듯이 풍요와 믿음의 상징이다. 또한 예수와 사도들을 사람을 낚는 어부라고 하듯이 성경 여러 곳에서 물고기가 상징성을 갖고 표현된다. 여기서 사람은 변태하는 물고기를, 바다는 사람이 사는 죄의 심연을 상징한다. 고대 유럽의 이교도(비기독교) 전통에서는 물고기가 생식의 여성적 상징과 여신으로서의 속성을 의미한다. 물은 성스러운 어머니를 표현하는 자연의 상징이고 물고기를 포함하여 물속의 모든 생명들은 여성 신의 힘과 생산성을 나타낸다. 고대 켈트족 상징 중 하나로서 물고기(특히 연어)의 상징적 의미는 지식, 지혜, 영감, 예언 등과 연계된다. 고대 켈트족은 연어가 지식의 우물에서 성스러운 헤즐넛을 먹음으로써 지혜를 갖게 되었다고 믿었으며 더 나아가서 그들은 연어를 먹게 되면 역시 그 우물의 지혜를 얻게 될 것이라고 확신했다. 북부 유럽과 고대 유럽문화에서 물고기는 적응성, 투지 그리고 인생역로에 대한 상징적 의미를 갖는다. 이러한 문화권에서 사람들은 물고기가 스스로 놀라울 정도로 야생에서 적응을 잘한다는 것을 알고 있었다. 연어는 성지순례 하듯 매년 산란을 위해 조류를 거스르며 뭍으로 돌아오는 투지로 인해 모두에게 숭배를 받았던 것이다.

고대 아프리카의 창조신화는 우주의 자궁에 씨를 심는 창조주 망갈라에 대해 이야기를 한다. 이 씨앗들로부터 두 마리의 물고기가 태어나며 창조의 물을 만나서 우주로 나아간다. 이 신화에서 알 수 있듯이 물고기는 새로운 생명을 만들어내는 생식과 창조를 상징한다.

고대 동인도의 신화에서 물고기는 변화와 창조의 상징이다. 이는 고대 홍수 신화에서 찾아볼 수 있는데 '비슈누'는 대홍수로부터 세상을 구하기 위해 자신을 물고기인 마트시아로 변화시킨다. 그는 물고기의 몸을 빌려 왕 마누의 배를 안전한 곳으로 대피시키는데 그 배에는 홍수가 잠잠해지면 세상을 재창조하기 위한 소수의 생존자와 생명의 씨앗들을 싣고 있다. 인도에서 한 쌍의 물고기는 인도의 성스러운 갠지스강과 그 지류인 야무나강에서 유래한다. 이 두 개의 강은 인간 신체의 비혈(鼻穴)에 근간을 두며 호흡 또는 기(氣) 또는 프라나(힌두 철학에서 모든 생명체를 존재하게 하는 힘)의 리듬을 조절하는 음양 두 개의 채널을 상징한다. 그래서 황금 물고기는 생명과 행복을 가져다준다고 믿는 것이다. 이 물고기들은 그 개체가 급격히 복제되듯 번식과 풍요를 나타내기도 한다. 인도에서 황금 물고기는 힌두교, 자이나교, 불교에서 좋은 행운을 나타내는 것으로 변화된다. 불교에서 물고기는 법을 실천하는 중생들이 바다에 빠지는 두려움 없이 물속의 물고기처럼 자유롭게 윤회하는 것을 상징한다.

중국에서 물고기가 때로 쌍으로 수영을 하는 데서 찾아볼 수 있듯이 물고기는 금슬의 상징이다. 그런 의미에서 충실과 완벽한 합체를 기원하는 마음으로 장신구나 작은 인형 형태의 물고기가 새로 결혼하는 부부에게 선물되기도 한다. 중국에서 한 쌍의 물고기를 결혼 선물함은 매우 상서로운 것으로 간주된다. 이는 부부가 함께 행복을 찾고 많은 자손으로 축복을 받을 것을 열렬하게 기원하는 것이다. 한자로 물고기를 나타내는 어(魚, 중국발음으로 '유')는 큰 부(富)를 의미하기도 하여 부부에게 물질적 풍요도 동시에 기원하는 셈이다.

물고기 문양에는 일반적으로 잉어를 사용하는데 이는 잉어가 아름답고, 크기가 크며, 또한 오래 살기 때문에 많은 아시아 문화들에서 성스럽게 여겨지기 때문이다. 인도와 티베트에서 황금 잉어는 특별히 상서롭게 여겨진다. 고대 이집트에서도 한 쌍의 물고기는 성스러운 아이콘으로 간주되었으며, 나일강의 물을 가져다주는 생명을 상징했다. 그래서 물고기를 집에 두는 것은, (특히 한 쌍으로) 매우 상서로운 것이었다. 티베트 불교에서 물고기는 행복과 자유를 상징하며, 부처를 나타내는 8개의 성스러운 상징[양산, 한 쌍의 물고기, 보배 화병, 연꽃, 하얀 소라고둥, 끝없는 매듭, 승리의 당번(幢幡) 그리고 황금 수레바퀴] 중 하나로 여겨진다.

우리나라에서도 한 쌍의 물고기 문양을 찾아볼 수 있다. 11세기 고려시대 역사서인 『삼국유사(三國遺事)』에 따르면 금관가야 김수로왕의 비인 허황옥은 원래 야유타라는 고대 인도왕국의 공주였다고 한다. 그녀는 금관가야의 첫 번째 왕비가 되었으며 우리나라 성씨 중 김해 허씨의 조상으로도 알려져 있다. 경남 김해 김수로 왕릉의 납릉정문에는 서로 입맞춤하는 두 마리의 물고기들이 새겨진 가야 왕국의 쌍어문을 발견할 수 있는데 이는 인도 야유타 왕국의 미쉬라 왕가 고유의 문양으로 확인된다. 이러한 왕가 간의 연결은 AD 48년에 있었던 여왕의 가야 도착 이래로 우리나라와 인도 간에 활발한 상업적 교류가 있었음을 입증하는 것이기도 하다.

쌍어문은 또한 가라티아와 로마의 초기 기독교도 무덤들에서도 발견되기도 한다. 역사적 인물인 이사 아멘 추종자들의 상징으로 알려진 쌍어문이 새겨진 라나지트 팔의 비석에 "예수 그리스도는 가라티아의 아민타스 왕이었다."라는 문구가 새겨져 있다. 기독교와 물고기의 인연은 여기서 그치지 않는다. 기독교를 암시하는 예수 물고기는 물고기 형상을 닮은 두 개의 곡선으로 구성된 잘 알려진 상징이다. 이 상징은 고대 그리스어로 물고기를 의미하는 IXÈYÓ라는 단어에서 유래된 Ichthys로 불리기도 한다. Ichthys는 '하나님의 아들 예수 그리스도는 구세주이시다.'라는 의미를 갖는 단어들의 첫 글자들로부터 합성된 단어이다. 관련된 그리스 단어들은 다음과 같다.

I - Iota or Iesous - 예수(Jesus)

X - Chi or Christos - 그리스도(Christ)

È - Theta or Theou - 하나님(God)

Y - Upsilon or Yios/Huios - 아들(Son)

Ó - Sigma or Soter - 구세주(Savior)

바빌론으로부터 유래된 주교관 미트라

티벳 불교 문양에 표현된
8개의 상서로운 상징 속의 쌍어문

켈트족의 물고기 문양 금속공예

라나지트 팔의 비석에 새겨진 문구
"예수는 가라티아의 아민타스 왕이었다."

김해 김수로 왕릉의 쌍어문

인도 바라 이맘바라의 입구에 새겨진
한 쌍의 물고기 문양

Ιχθύς

Ι	Ιησους	=	Jesus
χ	Χριστός	=	Christ
θ	θεός	=	God
ύ	υἱός	=	Son
ς	σωτήρ	=	Savior

예수 물고기

실크 로드

고대 무역로 네트워크였던 실크 로드(Silk Road)는 여러 세기에 걸쳐 아시아 대륙 여러 지역을 관통하여 동과 서, 중국과 지중해를 연결하는 문화교류의 중심이었다. 그 이름은 현대에 붙여졌는데 실크 로드는 중국 한나라 시대(BC 207~AD 220) 중 시작된 중국의 실크, 즉 비단을 실어 나르는 수익성 좋던 무역에서 유래한 이름이다. 한나라는 BC 114년경 한(漢)의 외교관이자 탐험가였던 장건(張騫)에 의해 무역로의 중앙아시아 부분을 개척했다. 당시 중국은 수출품의 안전에 지대한 관심을 갖고 있었기에 무역로를 보호하기 위해 만리장성을 더욱 확장했다.

실크 로드를 통한 무역은 멀리 떨어져 있던 문명들 간에 정치와 경제적 연결고리를 만들어 중국, 인도, 페르시아, 유럽, 아프리카 북동부, 아라비아, 신라 등 세계 문명의 발전에 중요한 역할을 했다. 비록 비단이 중국으로부터의 주요 수출품목이긴 했지만 다른 물품들로 거래되었고, 다양한 종교, 철학, 기술은 물론 질병들도 실크 로드를 통해 퍼져나갔다. 즉, 실크 로드는 단순히 경제적 무역의 역할만이 아니라 여러 문명권 간에 그 네트워크를 통해 문화의 거래를 일구어냈던 것이다. 이 길에서 중국, 아랍, 투르크, 페르시아, 소말리아, 그리스, 시리아, 로마, 조지아, 아르메니아, 박트리아, 소그드 등 다양한 나라의 무역상들이 활동했다.

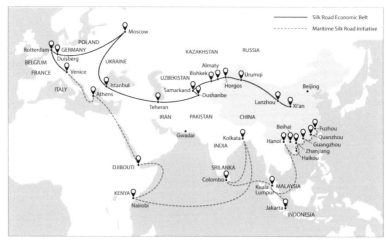

1세기경의 실크 로드

고대 실크 로드 위의 육상무역

투르크와 타타르

　투르크(Turkic) 사람들은 아시아 중부, 동부, 북부, 서부, 그리고 동부 유럽에 걸쳐 사는 다양한 민족들의 연합체이다. 그들은 투르크어족에 속하는 언어들을 사용하며 정도의 차이가 있기는 하지만 문화적 특성과 역사적 배경을 공유한다. 투르킥(Turkic)은 광범위한 민족-언어 그룹을 가리키는데, 이 그룹에는 현존하는 민족들로 알타이, 아제르바이잔, 발카르, 바쉬키르, 츄바시, 크림카라이트, 가가우즈, 카라차이, 카라칼파크, 카자크, 하카스, 크림차크, 키르기즈, 노가이, 콰쉬콰이, 타타르, 투르크멘, 터키, 투반, 위구르, 우즈벡, 야쿠트 등이 포함되며, 고대 및 중세 국가들로 딩그링, 불가르, 아라트, 바스미르, 오노구르, 샤투오, 츄반, 괴크튀르크, 오그후즈 투르크, 칸카리, 카자르, 키르지, 키프차크, 쿠만, 카루크, 바흐리, 마므루크, 오스만 투르크, 셀주크 투르크, 티에레, 티무리드, 투르게쉬, 옌사이 키르기즈 그리고 훈, 투오바, 흉노 등이 포함된다.

　투르크[Turk, 돌궐(突厥), 고대 티베트어로 원주민을 의미하는 두루구 등]라는 단어가 역사적 기록으로 처음 등장하기는 6세기경 어느 투르크 부족을 괴크투르크(Göktürk)라 지칭하면서부터이다. 이쉬바라 카칸(Ishbara Qaghan)이 중국 수나라 문제(文帝)에게 보낸 585년의 서신에서 자신을 '대투르크 칸(the Great Turk Khan)"이라고 지칭했으며, AD 735년에 세워진 오르혼 비석(Orhun inscriptions)에서도 투르크라는 어휘가 사용되었다. 일반적으로 인정되는 것은 최초의 투르크 사람들이 중앙아시아에서 시베리아에 이르는 넓은 지역에 흩어져 살았고 그 대부분은 역사적으로 중국의 지배하에 있었다는 것이다. 투르크 부족들은 역사상 BC 6세기 이후에 형성되었고, 중국 한나라 시대였던 BC 200년경 후기 흉노 연합체 주변에 아직 집단을 형성하지 못한 초기 투르크 사람들이 등장했다. 5세기경 유럽의 상당 부분을 침략하고 정복했던 아틸라(Attila)의 훈(Hun) 부족들도 투르크 사람들이었고 흉노의 후손들일 가능성이 높다. 어떤 학자들은 훈을 초기 투르크 부족들 중 하나로 보기도 하지만, 다른 이들은 그들을 원시 몽골인들로 간주한다. 제임스 밀워드(James A. Millward) 교수는 위구르 원주민들이 타림 분지에 살던 원주민인 백인 종족들과 섞이기 전에는 유전적으로 몽골계였다고 주장했다.

타타르(Tatars)는 아시아와 유럽에 걸쳐 사는 투르크계 민족이다. 이들은 12세기경 몽고가 지배하던 세계에서 5개 핵심 연합부족 중 하나였다. 타타르라는 단어가 기록상에 처음으로 등장하기는 돌궐 제2 카간국의 장군이었던 퀼테긴(Kul Tigin)의 기념비에서이다. 오늘날 타타르라는 단어는 투르크계 언어들 중 하나를 말하는 사람들을 일컫는다. 칭기즈칸이 1206년 건국한 몽골제국은 타타르를 복속시킨다. 칭기즈칸의 손자인 바투 칸(1207~1255)의 영도하에 몽골은 몽골 부족들을 이끌고 러시아 영토를 향하여 서진을 계속했다. 타타르 씨족은 현재까지도 몽골족과 하자라(Hazaras)족 한가운데 살아가고 있다. 러시아와 유럽 사람들은 몽골인들과 몽골 지배하(특히 킵차크 칸국)의 투르크 사람들 모두를 구별 없이 타타르라 불렀다. 나중에는 러시아 사람들과 마주치는 투르크 또는 몽골 언어를 사용하는 모든 사람들에게 타타르라는 이름이 붙여졌다. 하지만 궁극적으로 그 이름은 구러시아 제국에 속했던 무슬림 볼가, 볼가르, 킵차크, 쿠만, 투르크계 몽골, 시베리아 타타르, 쿠아심 타타르, 미샤 타타르 등의 후손들인 우크라이나와 러시아의 투르크계 무슬림들을 통칭하게 되었다. 타타르인들은 투르크 언어를 사용하는 사람들이 모여 사는 타르타리(Tartary) 국가를 형성했는데 이 나라는 14세기에 건국되어 18~19세기경 러시아제국의 침략에 의해 사라지기까지 몽고 정예부대에 의해 통치되었다. 러시아 사람들이 '타타르'라고 불러왔던 가장 큰 집단은 볼가(Volga) 지역('타타르스탄'과 '바쉬코르토스탄')에 살던 '볼가 타타르'인데 이러한 이유로 해서 이들은 그냥 '타타르'로 알려졌고 그들이 쓰던 말을 타타르어라고 통칭하게 되었다. 2002년 현재 추산 인구수는 600만 명에 근접한다. 타타르 사람들의 민족적 뿌리는 그들이 쓰는 말에서 투르크 부족들 고유의 특성들을 간직하고 있는 것으로 보아 투르크 계통임을 확인할 수 있다. 공식적인 역사 과학은 최초의 투르크인들이 아시아로부터 동부 유럽으로 '훈'이라는 공통적 이름하에 진출한 것이 4세기경이었다고 말한다. 아시아로부터 유럽으로의 훈족의 이동은 소위 유럽 내 민족 대이동의 발단이 되었다.

14세기 중엽 '타타르의 땅'이라는 의미의 Tartary에 포함되었고, 중세 라틴어 Tartarus에서도, 페르시아어 Tatar에도 쓰이고 있는 Tatar라는 이름은 13세기에 칭기즈칸 무리들을 지칭하는 말로 처음 사용되었다. 그런데 이 단어는 궁극적으로는 몽골 사람들이 자신들을 지칭하는 Tata에서 나왔다고 알려진다.

유럽어군에서 Tatar의 단어 형태는 아마 지옥을 의미하는 라틴어 Tartarus로부터 영향을 받았던 것으로 보인다. 예를 들어 1270년 '프랑스 생 루이에서 온 편지'에는 "현재 우리에게 닥친 타르타르의 위험 속에서 그들을 다시 그들의 고향인 지옥(Tartarus) 속으로 밀어내지 아니면 그들은 우리를 하늘로 올려 보낼 것이다."라는 표현이 나오기도 한다.

"타타르는 야만적이고, 거칠고, 성을 잘 내는 사람들을 비유적으로 표현하는 말이다."라고 1660년대 글에 소개되었고, 프랑스 소스 타르타르(tartare)에서 유래된 타르타르 소스는 1855년 처음으로 기록에 나타났다. 우리의 육회와 거의 같은 요리인 스테이크 타르타르 역시 타타르로부터 유럽에 전파된 것이다.

타타르의 통치자를 일컫는 칸(Khan)은 중세 유목민들의 집합체였던 몽골과 투르크 부족들이 사용하던 어휘로 원래 군주나 군 통치권자의 직위를 의미한다. '칸'은 283~289년 사이에 존재했던 선비족 연합국에서도 그들의 통치권자를 지칭하는 말로 사용되었다. 유목민족이 세운 유연(柔然)은 그들의 황제를 카간(khagan)과 칸이라 부른 최초의 국가이다. 뒤이어 시베리아의 고대 아쉬나 씨족도 카간이라는 직위를 사용했고 곧 아시아 다른 지역으로 전파되었다. 6세기 중엽 페르시아 사람들은 카간이 투르크의 왕이라는 사실을 이미 알고 있었다. 만주의 여진족 역시 칸(만주어로 '한') 직위를 사용했고, 중국의 청을 세운 누르아치 역시 '겡기엔 한'이라 불렸다. 괴크투르크, 아바르, 카자르 사람들도 지방정부의 통치자들을 카간이라 불렀다. 우리나라의 남부 부족들에서도 '칸'에서 유래된 '한' 또는 '간'이 지도자를 의미했는데, 신라는 왕 중의 왕을 의미하는 마립간을 왕이라는 직위를 내물왕 대에서 채택하기 전까지 사용했다(예: 내물 마립간).

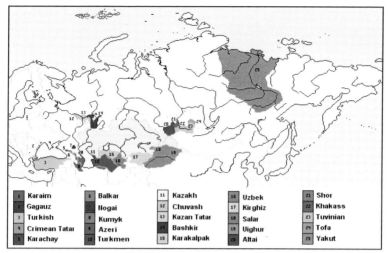

타타르 민족 분포도

위그르 카간(왕)의 초상

타르타르 스테이크와 소스

크림반도의 타타르인

타타르 민속의상

투르크 인종 목록

민족	주 거주국가	인구	현대어	지배 종교
Turks	Turkey	70M	Turkish	Sunni Islam
Azerbaijanis	Iranian Azerbaijan, Republic of Azerbaijan	35M	Azerbaijani	Shia Islam
Uzbeks	Uzbekistan	28.3M	Uzbek	Sunni Islam
Kazakhs	Kazakhstan	13.8M	Kazakh	Sunni Islam
Uyghurs	Altishahr(China)	9M	Uyghur	Sunni Islam
Turkmens	Turkmenistan	8M	Turkmen	Sunni Islam
Tatars	Tatarstan	7M	Tatar	Sunni Islam
Kyrgyzs	Kyrgyzstan	4.5M	Kyrgyz	Sunni Islam
Bashkirs	Bashkortostan(Russia)	2M	Bashkir	Sunni Islam
Crimean Tatars	Crimea(Russia/Ukraine)	0.5 to 2M	Crimean Tatar	Sunni Islam
Qashqai	Southern Iran	1.7M	Qashqai	Shia Islam
Chuvashes	Chuvashia	1.7M	Chuvash	Orthodox Christianity
Karakalpaks	Karakalpakstan (Uzbekistan)	0.6M	Karakalpak	Sunni Islam
Yakuts	Yakutia(Russia)	0.5M	Sakha	Orthodox Christianity
Kumyks	Dagestan(Russia)	0.4M	Kumyk	Sunni Islam
Karachays and Balkars	Karachay-Cherkessia and Kabardino-Balkaria(Russia)	0.4M	Karachay-Balkar	Sunni Islam
Tuvans	Tuva(Russia)	0.3M	Tuvan	Tibetan Buddhism
Gagauzs	Gagauzia(Moldova)	0.2M	Gagauz	Orthodox Christianity
Turkic Karaites and Krymchaks	Ukraine	0.2M	Karaim andKrymchak	Judaism

흉노

고대 중국 사마천의 역사서 『사기(史記)』에 따르면 흉노(匈奴)는 여러 유목민들의 연합체로서 BC 3세기에서 AD 1세기에 걸쳐 동아시아의 스텝(steppe) 지대에 존재했다. 역시 중국의 사료에 따르면 BC 209년 묵돌선우(冒頓單于)는 흉노제국을 세웠다. 여기에서 '선우'란 흉노제국의 황제를 나타내는 말이다. 선우 밑에 여러 명의 왕을 두었는데, 이 왕은 평화 시에는 번왕이나 제후로서 다스리고 전쟁 시에는 장군으로서 나가 싸웠다. 흉노를 구성하던 여러 제후국 중 하나로 추정되는 월지(月氏)는 묵특선우 시기인 2세기쯤 서방으로 쫓겨 가고 명칭을 대월지로 변경했다. 이후 박트리아에 자리 잡은 대월지의 일부는 인도로 들어가 쿠샨 제국을 건설한다. 흉노는 후에 몽골로 알려진 아시아 북동부의 스텝 지대에서 지배력을 확보했다. 흉노는 오늘날의 시베리아, 내몽고, 간쑤성, 신장 위구르 자치구 등에 해당되는 지역에서도 활발한 활동을 보였다. 또한 남동부로 인접한 중국의 왕조들과 침략과 교역 그리고 혼인 등을 통해 복잡미묘한 관계를 이어갔다.

그동안 흉노의 정체성을 후대에 존재했던 서방의 유럽계 스텝 지대 무리들과 구별하고자 하는 시도들이 있었지만 학계에서 정립된 이론은 없다. 흉노의 중심 민족이 누구였는지 명확하지 않은 것이 다양한 가설들에 기초하며 단지 몇 개의 단어와 직책, 이름만이 중국 사서들을 통해 전해지기 때문이다. 흉노가 훈족과 같은 씨족일 것이라는 이론도 있지만 이론(異論)의 여지가 있다. 흉노가 쓰던 말이 이란, 몽골, 터키, 우랄-에니세이, 토카라, 또는 다양한 민족들이 쓰던 언어와 친척관계라는 학자들이 주장도 있지만 이 가설들 역시 논란의 여지가 많다. 흉노가 다른 언어들을 사용하는 여러 민족들의 연합체라는 점은 학계에서 정설로 받아들여지지만, 그들이 사용하던 주도적 언어가 무엇이었는지, 부족들 간의 관계는 어떠했는지 등 의문투성이다.

몽골 에그강 계곡에 살고 있는 사람들의 미토콘드리아 DNA 분석연구 결과, 같은 지역에서 발원한 투르크계 사람들 간에 혈족 관계에 있다는 것이 밝혀졌다. 흉노 미토콘드리아 DNA의 89%는 아시아 하플로그룹(haplogroups)에 속하지만 거의 11%는 유럽인종의 하플로그룹에 해당한다. 이러한 발견은 흉노 문화가 시작되기 이전부터 유럽인과 아시아인 사이에 접촉이 있었음을 가리키는 것으로 BC 3세기경의 스키타이-시베리아 사람들의 유골에서 채취된 샘플들과도 일치하는 결과이다.

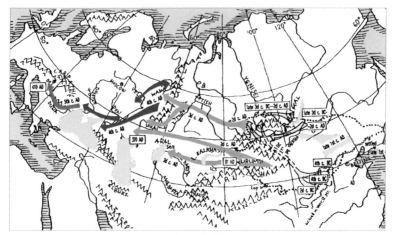

흉노의 대이동

흉노 가족의 모습

로마니 - 집시

로마니(Romani, Romany) 또는 로마(Roma)는 대부분 유럽과 북남미에 거주하는 전통적 유랑 민족이다. 이들의 뿌리는 인도 북서부지역으로 오늘날의 라자스탄(Rajasthan), 하리아나(Haryana), 펀잡(Punjab) 등의 주들에 해당되는 땅이다. 로마니는 영어권 사람들에게는 '집시(Gypsies)'라는 별칭으로 더 많이 알려져 있는데, 이들의 불법과 부정에 대한 반감으로 인한 경멸적 표현으로 간주되기도 한다.

로마니 언어에서 롬(Rom)은 남성명사로서 로마(Roma) 인종집단의 남자 또는 사내, 남편을 가리키며, 복수형은 Roma이다. 로마니 언어에서 Rom의 여성명사는 Romni이다. 하지만 대부분의 다른 언어들에서 이제는 Rom이 성에 구별 없이 적용된다. Romani는 여성 형용사이고, Romano는 남성 형용사이다.

로마니들은 흩어져 사는데, 그래도 중부, 동부, 그리고 남부 유럽에서 가장 많이 모여 사는 지역은 터키, 스페인, 그리고 프랑스 남부이다. 그들은 인도 북서부에 뿌리를 두며, 아시아 중서부를 거쳐 유럽으로 약 1,000년 전에 이동했다. 이들은 인도-아리안 인종에 속하는 돔(Dom) 사람들로부터 분리되었다고 보기도 하는데, 최소한 유사한 역사적 배경을 갖고 있다. 로마니와 돔 조상들 모두 6세기에서 11세기 사이에 인도북부를 떠났다.

영어 단어 Gypsy(또는 Gipsy)는 중세 영어 Egipcien의 약어인 gypcian 에 뿌리를 둔다. 스페인어 Gitano와 프랑스어 Gitan도 유사한 어원들을 갖는다. 이 어휘들은 궁극적으로는 이집트 사람들을 지칭하는 그리스 어 Αἰγύπτιοι(Aigyptioi)가 라틴어를 거쳐 변형된 것들이다. 이러한 지칭 은 로마니나 돔 사람들이 떠돌아다니는 이집트인들이라는 중세 시대 유 럽인들의 통상적 믿음에 기인한다.

로마니 인종의 이동

유럽에서의 로마니 인종 분포도
(2007년 기준 약 총 9,800만 명)

빈센트 반 고흐,
⟨The Caravans-Gypsy Camp near Arles⟩(1888)

스벤코 밴드(Svenko Band),
로마니-집시 음악그룹

바바리안, 버베리언,
바이에른, 바버라, 베르베르

서구에서 바바리안(barbarian)은 문명화되지 못한 야만인을 일컫는다. 이러한 명칭은 일반적 선입견을 일반화하는 데서 만들어진다. 바바리안은 덜 문명화되었다가 판단되는 나라 또는 체계가 덜 잡혔다고 간주되는 부족사회의 모든 구성원들에 적용될 수 있지만, 자기 자신의 나라 안팎의 원시적 그룹(예: 유랑민)이나 사회적 계층(예: 산적이나 마적)을 지칭할 수도 있다. 때로는 바바리안들이 부러움의 대상이 되거나 멋들어진 야수로 미화되기도 한다. 바바리안은 관용구에서 잔인하며, 싸우기 좋아하고, 의식 없는 사람을 가리키기도 한다.

이 단어는 그리스어 βάρβαρος(barbaros)에서 유래되었다. 고대 그리스어에서 이 말은 주로 다른 문화권의 사람들을 지칭하는 데 사용이 되었지만 그리스 내에서도 한 도시의 사람들이 다른 도시 사람들을 경멸하는 데 사용하기도 했다. 근대에서는 그리스 사람들이 특히 투르크 사람들을 경멸적으로 부르는 데 이 단어를 사용했다. 그리스인들은 그리스어를 사용하지 않는 이집트, 페르시아, 메디아, 페니키아 사람들을 자신들과 구별하기 위해 바바리안이라는 표현을 사용하곤 했다. 한편, 로마인들은 게르만족, 갈리아족, 훈족들을 가리지 않고 모두 야만인이라는 의미의 바바리안이라 불렀다. 여자이름 바버라(Barbara)는 원래 바바리안 여성을 의미하며 경멸적인 의미를 내포하는데 실제로 그리스-로마 사회에서 이 여성들은 대부분 노예와 같이 낮은 계층에 속했다.

　바이에른(Bayern)의 영어 표현은 버베리아(Bavaria)이다. 이는 독일영토의 1/4을 차지하며 남동부에 위치하는 독일에서 가장 큰 주의 이름이고 그 주도는 뮌헨(München)이다. 로마 시대에 현재의 버베리아 지역에는 게르만족의 한 줄기인 'Bayuvaren'들이 살고 있었다. 그들은 버베리안(Bavarians) 사람들과 티로리안(Tyroleans) 사람들의 조상이 된다. 아마도 로마인들의 눈에 비친 이 게르만족들은 바바리안, 즉 야만인들이었을 것이다. 로마인들은 아프리카 북부의 베르베르(Berber) 사람들도 바바리안이라 불렀다. 그 이름은 아랍인들에게 받아들여져 북아프리카에 사는 아랍인이 아닌 다른 부족 사람들을 베르베르라 통칭한다.

훈족을 바바리안으로 묘사한 19세기의 그림

필립 크류베르(Philipp Clüver)의 〈게르마니아 안티쿠아
(Germania Antiqua)〉(1616)에 표현된 게르만 전사

춤추는 독일 버베리언

FC 바이에른 축구클럽의 로고

러시아와 마트료시카

Rus는 유럽 동쪽 가장자리에 살던 사람들의 이름이었으며 또한 그들 나라 이름(아랍어로 Rus, 중세 그리스어로 Rhos)이었고, 러시아 사람들이란 의미의 1530년대 중세 라틴어 Russi로부터 유래되었다. 원래 Rus는 9세기경 키에브(Kiev) 주변에 터를 잡고 구 러시아 공국을 세운 스웨덴 상인들과 전사들의 이름이었다. 아마도 Rus라는 이름은 핀란드 사람들이 스웨덴 사람들을 처음 마주쳤을 때 이들을 지칭하던 이름이었던 Ruosti와도 연관되는데, Ruosti는 고대 스칸디나비아 말로 '노를 젓는 사람들의 땅'이라는 의미의 Roþrslandi에서 유래된 말이다.

9세기에 수립된 동슬라브족 국가였던 키에판 루스(Kievan Rus)는 발트해 지역에서 흘러 온 바랑 사람(Varangian, 발트해 연안을 휩쓴 스칸디나비아 유랑 민족의 하나), 상인, 전사, 이주민 등이 이 지역에 정착한 시기와 맞아 떨어진다. 원래 그들은 동쪽 발트해에서 출발하여 흑해와 카스피해로 연결된 수로를 따라 탐험을 떠났던 스칸디나비아 원주민인 바이킹들이었다. 러시아(Russia) 이름은 바로 Rus에서 유래했으며, 루스(Rus)는 동슬라브족들이 주축을 이루었던 중세 국가였다. 하지만 이 애매한 이름은 후대에 더욱 확실해지는데 주민들에 의해 'Rus들의 국가'라는 의미의 '루스카자 젬리아(Русская Земля)'로 불리게 된다.

러시아 둥지 인형으로도 알려진 마트료시카(matryoshka) 인형은 더 작은 크기가 안으로 들어가는, 나무로 만든 둥지형태의 인형이다. 마트료시카라는 이름은 영어로 'little matron(작은 여인)'인데 러시아 여성 이름인 'Matryona' 또는 'Matriosha'의 소담스러운 표현이다. 최초의 러시아 둥지 인형은 1890년 러시아 산업가이며 미술 후원가였던 사바 마몬토프(Savva Mamontov)의 아브람체보 에스테이트(Abramtsevo Estate) 소속 민속 공예화가였던 세르게이 마류틴(Sergey Malyutin)이 디자인하고 바시리 즈비오즈도츠킨(Vasily Zvyozdochkin)가 조각했다. 인형 세트는 마류틴이 채색했다. 마류틴의 인형 세트는 8개의 인형들로 구성되었는데 가장 바깥쪽의 인형은 수탉을 들고 있는 전통의상의 소녀상이었고 안쪽의 인형들은 소녀상들과 하나의 소년상이었으며 가장 안쪽은 아기상이었다. 즈비오즈도츠킨과 마류틴은 일본 혼슈로부터 들어온 하나의 인형에서 마트료시키의 영감을 얻었다고 전해진다. 속설에 따르면 그 인형이 둥글고 속이 빈 다루마 인형이었다고 하기도 하고, 삭발한 불교 승려의 모습이었다고도 하며, 7개 행운의 신들로 이루어진 둥지 인형이었다고도 한다. 사바 마몬토프의 부인은 1900년 파리에 열렸던 만국전람회(Exposition Universelle)에 이 인형들을 출시했는데, 이 장난감은 동상을 받았다. 곧이어 마트료시카 인형은 러시아 여러 곳에서 만들어져 전 세계로 팔려나가게 된다.

러시아의 포크댄스 축제

11세기경의 키에판 루스

마트료시카 인형

일본 다루마 인형

메디치 가문

메디치(Medici) 가문은 이태리의 금융가였고, 권력가였으며, 나중에는 15세기 전반 코시모 데 메디치(Cosimo de' Medici)의 통치하에 프로렌스 공국(Republic of Florence)의 왕족이 되었다. 메디치가는 원래 투스칸(Tuscan) 변두리의 무겔로(Mugello) 지역에서 시작한 별 볼일 없던 가문이었지만 점차 성장하여 메디치 은행을 설립하게 되었다. 메디치 은행은 15세기 동안 유럽 최대의 규모였으며 프로렌스, 즉 피렌체에서 메디치가가 강력한 정치적 힘을 갖게 했으나 메디치가는 공식적으로는 왕족이 아닌 시민으로 남아 있었다. 메디치 가는 교황 레오(Leo) 10세(1513~1521), 교황 크레멘트(Clement) 7세(1523~1534), 교황 레오(Leo) 11세(1605) 등 3명의 천주교 교황들과 카트린 데 메디치(Catherine de' Medici, 1547~1559), 마리 데 메디치(Marie de' Medici, 1600~1610) 등 2명의 섭정여왕들을 배출했다.

1531년 메디치가는 피렌체의 세습 공작이 되었다. 1569년에는 공국에서 영지가 확장됨에 따라 대공국으로 신분이 상승하여 메디치가는 투스카니 대공국을 잔 가스토네 데 메디치(Gian Gastone de' Medici)가 사망한 1737년까지 통치했다. 대공국의 초기에는 경제적으로 상당히 성장했으나 코시모 3세(Cosimo III)에 이르러서는 회계적으로 파산하게 되었다.

메디치가의 가장 큰 업적은 미술과 건축을, 주로 초기와 절정기 르네상스 미술과 건축을 후원한 것이었다. 메디치가가 지배하던 시기에 피렌체의 대다수 미술작품들은 메디치의 후원으로 탄생되었다고 보면 된다. 이 시기에 그들의 돈은 중요한 역할을 했는데 그 근거는 당시 미술가들은 선금을 받고서야 그림을 그렸기 때문이다. 지오바니 디 비치 데 메디치(Giovanni di Bicci de' Medici)는 가문에서 처음으로 화가들을 후원했는데 그는 이탈리아 화가 마사치오(Masaccio)를 도왔고, 자금을 지원해서 건축가 브루넬레스키(Brunelleschi)가 1419년 피렌체 산 로렌조의 바실리카(Basilica of San Lorenzo) 성당을 재건하도록 했다. 코시모 원로가 도운 유명 작가들에는 도나텔로(Donatello)와 프라 안젤리코(Fra Angelico) 등이 포함된다. 메디치가가 후원한 화가들 중 가장 유명한 화가는 미켈란젤로 부오나로티(Michelangelo Buonarroti, 1475~1564)로서 그는 메디치가를 위해서 수많은 작품들을 남겼다. 위대한 로렌조(Lorenzo the Magnificent)는 어린 미켈란젤로에게 지극한 관심을 보였고, 그를 집으로 초대하여 가문의 고대 조각상 컬렉션들을 연구할 수 있도록 했다고 알려진다. 로렌조는 또한 레오나르도 다 빈치(Leonardo da Vinci, 1452~1519)를 7년간 후원했다. 실제로 로렌조 자신도 나름의 화가였고, 시인이었으며, 노래 작사가이기도 했다. 로렌조의 지원은 메디치가의 화가들에 대한 후원의 절정이었다. 비록 메디치가의 누구도 과학자가 아니었지만, 이 가문은 그 유명한 갈릴레오 갈릴레이(Galileo Galilei)를 후원한 것으로 또한 잘 알려져 있다. 그는 여러 세대에 걸쳐 메디치가 아이들의 가정교사를 지냈으며 권력을 지향하는 메디치가의 중요한 간판이었다.

산드로 보티첼리, 〈성모 마리아 송가〉에 그려진
'피에로 데 메디치 가족'의 초상화

레오나르도 다빈치의 〈모나리자〉

베노초 고촐리, 〈동방박사들의 행렬〉
(프레스코화, 1459)

피렌체 산 로렌조의 바실리카 성당

메디치가 문장

합스부르크 가문

    합스부르크 가문(House of Habsburg 또는 House of Austria)은 한때 유럽에서 가장 영향력 높은 황실들 중 하나였다. 합스부르크 가문은 신성로마 제국의 왕권을 1438년에서 1740년 사이 계속해서 장악했다. 또한 이 가문은 많은 황제들과 왕들을 배출했는데 보헤미아 왕국, 잉글랜드 왕국, 프랑스 왕국, 독일 왕국, 헝가리 왕국, 러시아 제국, 크로아티아 왕국, 2차 멕시코 제국, 아일랜드 왕국, 포르투갈 왕국, 합스부르크 스페인 등을 포함하며 네덜란드와 이탈리아 지방정부의 총독들도 다수 배출한 바 있다. 16세기부터는 카를 5세(Charles V)의 집정 이후 합스부르크 가문은 오스트리아와 스페인 두 브랜치로 나누어진다. 비록 이 두 브랜치들은 다른 지역들을 통치했지만 그들 간의 긴밀한 관계는 계속 유지되었고 이는 빈번한 두 브랜치 간의 결혼으로 이어졌다.

    이 가문명은 1020년 크레트가우의 라드보트 백작(Count Radbot of Klettgau)이 현재의 스위스에 해당되는 지역에 요새를 짓고 명명한 합스부르크 성의 이름을 따라 붙여졌다. 그의 손자 오토 2세(Otto II)는 처음으로 자신의 이름을 이 요새의 이름으로 바꾸고 그의 직함을 '합스부르크 백작'이라 했다. 합스부르크 가문은 11~12세기 그리고 13세기를 거치면서 역동적인 순간들을 경험하게 된다. 1276년까지는 라드보트 백작의 7대손인 루돌프(Rudolph of Habsburg)가 합스부르크 성에서 오스트리아 공국으로 가족의 본진을 옮긴다. 루돌프가 1273년 독일의 왕으로 등극하고, 1276년에 오스트리아의 통치자가 되면서 합스부르크 왕조는 단단히 자리를 잡고 1918년까지 그들의 시대는 계속된다.

합스부르크 가문은 근친결혼으로 인해 스스로가 고통을 받고, 궁극적으로는 폐망한 집안이다. 그들의 가장 알려진 모습은 바로 '합스부르크 주걱턱(Habsburg Jaw)'이다. 과학자들은 1980년대에 와서야 스페인에서 유사한 얼굴형을 가진 한 가족을 분석하며 오래된 유전적 퍼즐을 맞추게 된다. 결국 합스부르크가는 18세기에 들어와 멸족하게 된다. 더 손위인 스페인 지부는 1700년 카를 2세(Charles Ⅱ of Spain)의 죽음으로 문을 닫게 되고 부르본 가문(House of Bourbon)으로 대체된다. 남아 있던 오스트리아 지부는 신성로마제국 카를 6세(Charles Ⅵ)의 사망으로 1740년 가문 남성 계통의 씨가 마르고, 1780년에 장녀 마리아 테레사(Maria Theresa of Austria)의 죽음으로 가문 전체가 문을 닫는다. 오스트리아 왕가는 로레인(House of Lorraine) 가문 중 바우드몬트(Vaudemont) 브랜치가 뒤를 잇는다.

오스트리아 합스부르크가의 마지막 침체기에 과도한 경비가 소요되는 공공건물 치장계획에 대한 합스부르크 황실의 지원금과 더불어 당시 사회의 미래를 비관적으로 보았던 미술가 집단의 냉소적 거절은 클림트(Klimt)의 몽상적 예술에게는 하나의 기회가 된다. 가장 표현력이 강하고 화려한 현대 미술의 시대는, 성과 환각을 탐구하던 구스타프 클림트(Gustav Klimt)와 에곤 실레(Egon Schiele)와 같은 동시대의 작가들과 함께 쇠망하던 합스부르크 제국으로부터 시작된 것이다.

뮤흘베르크(Mühlberg) 전투 이후의 합스부르크 통치 지역 지도(1547)

합스부르크가 문장

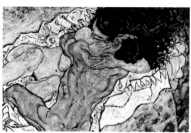

에곤 실레, 〈포옹〉(1917)

합스부르크 가문의 특징인 주걱턱

구스타프 클림트, 〈연인(키스)〉(1907~1908)

로스차일드 가문

　로스차일드 가문(Rothschild family)은 마이어 암쉘 로스차일드(Mayer Amschel Rothschild)로부터 시작된 부자 가문으로 그는 1760년대 독일 프랑크푸르트 자유도시에서 은행을 설립했던 독일인 헤세-카셀 가문의 란트그라베(Landgraves of Hesse-Kassel)의 법원업무를 돌보던 유대인이었다. 로스차일드는 당시 대부분의 법원 유대인들과 달리 란트그라베의 유산을 상속하게 되고 다섯 아들을 통해 런던, 파리, 프랑크푸르트, 비엔나, 나폴리 등에 국제적 은행 그룹을 창립한다. 19세기 중 로스차일드 가문은 세계 최고 부자에 등극하고, 현대 세계사에서 가장 많은 재물을 소유하게 된다. 이 가문의 부는 많은 후손들에게 나누어졌고, 오늘날에는 그들의 관심을 금융, 부동산, 광산, 에너지, 농업, 자선 등으로 넓혀 나갔다. 마이어 암쉘 로스차일드의 후손들인 로스차일드 가족의 전 세계 재산을 모두 합치면 대략 3,500억 불에 이른다고 하며 이는 인류역사상 최대의 재산이라 할 수 있다.

　가족 내에서 유대적 결속이 일치하지는 않았던 것 같다. 많은 로스차일드 가족원들은 시오니즘의 지지자들이었지만, 일부 구성원들은 유대 국가의 창립에 반대했다. 대표적으로 빅토 로스차일드(Victor Rothschild) 경은 2차 대전 중 나치의 유대인 대학살 동안 유대 피난민들을 돕거나 이들의 망명을 지원하는 데 반대편에 섰다. 바론 로스차일드 2세인 월터 로스차일드는 1917년 시오니스트 연방을 선포하는 밸푸어 선언의 연설자였으며, 그는 당시 영국의 식민지였던 팔레스타인에 유대인의 국가를 수립하는 것을 대영제국 정부로부터 허락받는 데 주도적 역할을 했다.

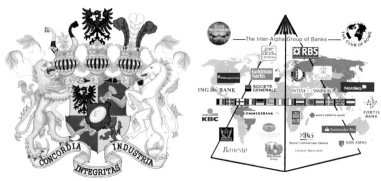

오스트리아 황제 프란시스 1세가
바론 로스차일드에게 수여한 문장

로스차일드 가문의 금융 카르텔

로스차일드 가문이 소유한 잉글랜드의 와데스던 저택

숫자

상서로운 숫자 '7'과 '3'

1주일을 7일로 나누는 것은 고대 바빌론에서 시작되었다. 달의 지구 주변 공전궤도상에서 1주일은 보름달에서 다음 보름달까지 경로의 약 ¼(23.659%)에 해당된다. 바빌론 사람들은 4개의 분기를 구별하도록 새로운 달이 시작되는 밤으로부터 7일째 되는 하루를 성스러운 날로 기념했다. 1주일 중 매 요일은 전통적인 행성, 신, 천체를 따라 이름이 붙여졌다. 월요일(달), 화요일(화성), 수요일(수성), 목요일(목성), 금요일(금성, 비너스 신), 토요일(토성), 그리고 일요일(태양). '행운의 숫자 7'은 전 세계적으로 사람들이 가장 좋아하는 수이기도 하다.

1주일은 7일이고, 무지개도 7가지 색깔이며, 음계도 7도로 구성되고, 바다도 7개, 대륙도 7개이다.

백설공주는 도망처 7인의 난쟁이들과 살았다. 〈7인의 신부〉와 〈7인의 사무라이〉라는 영화도 있다. 신드바드의 항해는 7개의 여정으로 구성된다.

피타고라스는 삼각형과 사각형의 3과 4를 합쳐 7을 완벽한 수라 했다.

미그리오, 노바라, 테고로의 '기억능력'에 대한 2008년 연구에 따르면 사람의 뇌 신경조직인 수상돌기가 '7'이라는 숫자로 자극을 주었을 때 가장 잘 반응했다고 하며, 이로 미루어 우리 뇌가 '7'을 가장 잘 기억한다고 한다. 중국 문화권에서도 '7'은 행운의 숫자인데, 북경식 중국어 발음이 '일어서다'를 의미하는 '기(起)'나 생명의 정수를 나타내는 '기(気)'와 유사하기 때문이다. 광동식 중국어에서도 '3'과 '7' 모두 어떠한 환경에서도 성공할 수 있다는 것을 상징한다. 이러한 이유로 '7'은 상서로운 숫자로 받아들여진다.

숫자 3(三)은 탄생을 의미하는 생(生)과 발음이 같아 중국문화권에서는 행운의 수로 여겨진다. 또한 중국에서는 인간의 생에서 탄생, 결혼 그리고 죽음과 같이 3개의 중요한 단계를 거치기 때문에 3을 중요한 수로 인식한다. 3은 유교와 도교에도 그 뿌리를 두고 있다. 3은 천(天), 지(地), 인(人)을 가리키며, 도(道)는 이 세 가지 요소들을 연결하는 역할을 한다. 중국에서 3이 들어가는 삼황오제(三皇五帝)는 고대 중국의 모든 황제와 제후들을 일컫는 문구로 사용되며, 3은 중국 문화권에서 격언, 역사, 상식 등 많은 분야에서 널리 사용되는 숫자이기도 하다. 또한 숫자 3은 중국 이외의 다양한 문화권에서도 특별한 의미로 사용되는데 그 예는 다음과 같다.

- 이슬람 이전의 근동: 마난트(Manant)는 알-이탑(Al-Itab), 알-우짜(Al-Uzza), 알-마나트(and Al-Manat) 등 성처녀 셋이 일체화된 여신으로서 석비(石碑), 암석, 돌기둥 등에 인각된 것이 발견되었다.
- 이집트: 플라톤주의자 등이 지혜·학문·마법의 이집트신인 토트(Thoth)에게 트리메기스토스(Trismegistus)라는 이름을 붙였다.
- 일본: 거울, 검, 보석 등의 세 가지 보물이 오늘날은 진리, 용기, 연민 등으로 바뀌었다.
- 멕시코: 삼위일체가 하나는 크고, 둘은 작은 세 개의 십자가로 표현되었다.

- **켈트족**: 세 명의 축복받은 숙녀들(Three Blessed Ladies), 성삼위일체 등 3이라는 수를 실로 다양하게 사용한다.
- **유대인**: 끝없는 빛과 신성한 지성을 상징한다.
- **마오리족**: 해, 달, 지구의 삼위일체인 하늘의 신과 과거, 현재, 미래의 자연의 신
- **슬라브족**: 머리가 셋인 달의 신
- **기독교**: 성부, 성자, 성령의 삼위일체, 베드로의 3번 부정, 갈보리의 세 십자가, 예수가 장사한 지 3일 만에 부활함, 믿음·사랑·소망의 세 가지 신학적 미덕 등
- **불교**: 불보(Buddha), 법보(dharma), 승보(Sangha)의 삼보(三寶)
- **힌두교(삼신일체설)**: 창조신(Brahma)·보지신(保持神)(Vishnu)·파괴신(Shiva)을 일체로 하는 사상. 그 상(像)은 한 몸에 세 신의 머리를 붙여서 나타낸다.
- **도교**: 천지인(天地人)

불길한 숫자 '4'와 '13'

서방 세계에서 사람들이 13을 싫어하듯이 중국인들은 일반적으로 4라는 숫자를 좋아하지 않는다. 그 이유는 4가 중국어로 '시'라 발음되는데 죽음을 의미하는 사(死)와 발음이 같기 때문이다. 그래서 많은 건물들, 특히 호텔의 경우 4층, 14층, 24층 등 4를 포함하는 층을 두지 않는다. 전화번호나 차량등록번호를 선택할 때도 많은 사람들이 4라는 수를 피하려고 한다. 반면에 저장성 지방의 방언에서는 4가 '수(水)'와 같이 들리기 때문에 부정적이건 긍정적이건 어떤 의미도 갖지 않는다. 음계에서 4가 중국어에서 행운을 의미하는 발(发)과 같은 '파로 발음되기 때문에 어떤 중국인들은 4를 오히려 행운의 수로 여기기도 하는데 4계절 내

내 부유하라는 의미의 '사계발재(四季发财)'라는 옛말도 있다. 4라는 숫자는 중국에서 주로 부정적 의미를 갖지만 중국 문화에서, 특히 일부 종교적 사상을 표현하는 데 자주 사용된다. 예를 들어, 불교에서의 토(土), 수(水), 화(火), 풍(風) 등을 지배하는 사천왕이나 도교에서의 도(道), 천(天), 지(地), 인(人) 등 4개의 중심이 그것이다. 더 나아가 고대 중국인들은 인(仁), 의(義), 예(禮), 지(智) 4가지 도덕의 기준을 지켰는데, 이 기준은 때로는 부모에 대한 효(孝), 국가에 대한 충(忠), 친구에 대한 신(信), 어른에 대한 경(敬)을 가리키기도 했다. 중국인들은 문방사우(文房四友)를 공부에서 4가지 보물로 여기기도 한다.

서구에서는 숫자 13에 대한 공포를 전문용어로 Triskaidekaphobia(13 공포증)라 하는데 10명 중 1명은 이 공포에 시달린다고 알려져 있다. 많은 대형 호텔들은 12층에서 바로 14층으로 층수가 바뀐다. 왜 13이라는 수가 불길하다고 하는지에 대한 근거를 정확히 아는 사람은 없지만 많은 설들이 존재한다. 그중 하나가 마지막 만찬에서 예수를 배신한 사도인 유다를 포함한 모임에서의 13명을 가리킨다는 것이다. 또 다른 가설은 고대 노르웨이 구전설화로 신들의 고향인 발할라(Valhalla)의 한 파티에 말썽꾸러기 신인 로키(Loki)가 악마를 초대했는데 그 악마가 13번째로 도착한 손님이라는 것이다. 하지만 이탈리아에서 13은 특히 놀음에서 행운의 수로 여겨지기도 한다.

이탈리아에서는 오히려 17이 불운을 의미하는데 왜 이러한 숫자들이 중요한 의미를 갖게 되었는지는 명확히 알려져 있지 않다. 한 가설에서는 17을 로마 숫자로 표현하면 XVII이 되는데 순서를 바꾸면 VIXI으로 표기되고 로마어로 그 의미는 고대 무덤의 묘비에 쓰인 '나는 살았었노라(I have lived)'를 의미하기 때문에 불행과 연관된다고 한다.

숫자 '8', '12', '60', '구글'

중국어 발음으로 '8(八)'은 '번영'이나 '부(富)'를 의미하는 '발(發)'과 유사하다. 광동어와 같은 중국어 방언에서도 '8'은 '행운'이라는 단어와 유사하게 발음되며, 발음상 '100(百)'과도 비슷해서 더 큰 부를 암시하기도 한다. 또한 이 특별한 수 '8'이 수학 기호에서 무한대와도 같은 모양이어서 중국 사람들에게는 '영원'과 '번영'의 합성어로 인식되는 것 같다.

고대 이집트에서는 '12'를 특별한 수로 생각했는데 이집트 신화에서 사후세계는 12개의 영역으로 나누어진다. 1ft는 12inch이고, 영국 돈 1실링은 12페니, 1년은 12개월, 예수의 12사도, 하루를 둘로 나누어 12시간씩 등 역사적으로 '12'는 특별한 수로 사용되었다.

고대 바빌론에서 가장 의미 있는 숫자가 '60'이었다고 한다. 그래서 그들은 '60'에 기초하여 수학과 달력을 맞추었다. 수천 년이 지난 오늘날의 우리도 바빌론의 전통을 계승하여 1시간을 60분으로, 1분을 60초로 나누어 사용한다.

대표적인 인터넷 검색엔진 중 하나인 구글(Google)은 불가해한 숫자 10^{100}을 나타내는 구골(googol)에서 철자를 조금 바꾼 창작 어휘이다. 구골은 1920년에 미국 수학자 에드워드 카스너(Edward Kasner)의 9살 조카 밀톤 시로타(Milton Sirotta)가 생각해낸 가장 큰 숫자를 일컫은 데서 시작된 단어이다.

유대인들에게는 '7'은 총명의 수이며,
7일의 대성일(大聖日)이 있다.

〈백설공주〉의 일곱 난쟁이

𒁹 1	𒌋𒁹 11	𒌋𒌋𒁹 21	𒌍𒁹 31	𒐏𒁹 41	𒐐𒁹 51
𒈫 2	𒌋𒈫 12	𒌋𒌋𒈫 22	𒌍𒈫 32	𒐏𒈫 42	𒐐𒈫 52
𒐈 3	𒌋𒐈 13	𒌋𒌋𒐈 23	𒌍𒐈 33	𒐏𒐈 43	𒐐𒐈 53
𒐉 4	𒌋𒐉 14	𒌋𒌋𒐉 24	𒌍𒐉 34	𒐏𒐉 44	𒐐𒐉 54
𒐊 5	𒌋𒐊 15	𒌋𒌋𒐊 25	𒌍𒐊 35	𒐏𒐊 45	𒐐𒐊 55
𒐋 6	𒌋𒐋 16	𒌋𒌋𒐋 26	𒌍𒐋 36	𒐏𒐋 46	𒐐𒐋 56
𒐌 7	𒌋𒐌 17	𒌋𒌋𒐌 27	𒌍𒐌 37	𒐏𒐌 47	𒐐𒐌 57
𒐍 8	𒌋𒐍 18	𒌋𒌋𒐍 28	𒌍𒐍 38	𒐏𒐍 48	𒐐𒐍 58
𒐎 9	𒌋𒐎 19	𒌋𒌋𒐎 29	𒌍𒐎 39	𒐏𒐎 49	𒐐𒐎 59
𒌋 10	𒌋𒌋 20	𒌍 30	𒐏 40	𒐐 50	

바빌론의 수 체계

점술(占術)

영어의 Fortune-telling은 우리말로 점(占)이라 하는데 사람의 인생에 대한 정보를 예견하는 행위이다. Fortune-telling의 관점은 원칙적으로 divination(占術, 점술)과 동일하다. 차이가 있다면 divination은 신이나 영혼을 불러내는 종교적 의례의 한 부분이고 fortune-telling은 덜 엄격하고 덜 형식적인 행위로서 대중문화의 하나라 할 수 있다는 것이다. Fortune-telling은 예언 뒤편의 주술적 작업에 대한 믿음이 덜 뚜렷하며 오히려 제언, 정신적 조언이나 긍정의 말에 더 가깝다. 이처럼 영어 문화권에서는 fortune-telling과 divination이 구별되지만 우리의 일상생활에서 한자의 점 또는 점술은 특별한 구분 없이 사용된다.

역사적으로 fortune-telling은 르네상스 마술을, 특히 집시와 연관시켜 민속의 한 부분으로 수용하면서 성장했다. 19세기와 20세기 동안 주역(周易)과 같은 다양한 점술법들이 비서구권 문화들로부터 fortune-telling의 방법으로 서구 대중문화에 수용되었다. 유럽과 남북 아메리카에서 점을 치는 통상적인 방법은 점성(astromancy), 순간점성술(horary astrology), 진자(pendulum reading), 신령판(spirit board reading), 찻잎점(tasseography), 카드점(cartomancy), 타로점(tarot reading), 수정점(crystallomancy), 손금점(chiromancy) 등 실로 다양하다. 이들 중 타로점, 수정점, 손금점은 전통적으로 '집시'라 불리는 로마니(Romani)와 연관된다고 대중들은 생각한다.

중국 점술(算命; 글자 그대로 '운명 계산')은 여러 왕조시대를 거치며 다양한 divination, 즉 점술법들이 발달했다. 오늘날 중국, 대만, 홍콩 등에서는 다양한 점술법들이 행해지고 있으며, 시간을 두고 이러한 개념들 중 일부는 우리나라, 일본, 베트남 문화권으로 전파되었다. 예를 들어 우리나라의 사주는 말 그대로 중국의 사주(四柱)와 같은 것이다.

가장 오래된 점치는 법에 대한 문헌은 점술이란 '궁금한 것을 풀어주는 방법'이라고 서술하고 있다. 점술의 잘 알려진 두 가지 방법은 복(卜; 거북의 등껍질 위에 나타남)과 서(筮; 톱풀의 줄기 위에 나타남)로 고대 상(商)과 주(周) 시대 이후로 국가의 통제를 받았다. 사람 신체의 일부나 동물 등 외모를 이용하여 점을 치는 상(相) 점술은 때로 비판을 받기도 했다. 실제로 순자는 상 점술은 점술이 아니라고 말한 바 있다. 한편 수많은 점술법들이 별을 관측하면서, 또 장례를 치르면서 발달되었다.

외모를 이용하는 방식은 의학과 수의학의 한 부분이었으며 동시에 결혼중매와 상거래에서 유용하게 사용되었다. 우리 식으로 관상이라고 하는 면상(面相)은 3,000년이나 된 도교의 행위로서 문자 그대로 얼굴을 읽는 것이다. 우리는 잠깐 사이에 사람의 5개의 기본 성격 유형인 5행(五行)을 판단할 수 있는데, 성격, 행동, 건강 상태 등을 그 사람의 얼굴을 분석하면 알 수 있다. 도교의 목(木), 화(火), 지(地), 금(金), 수(水) 등 5행은 고대 도교 철학자들이 우주의 모든 사물들의 관계, 상호작용, 지속적 변화 등을 설명하기 위해 고안된 은유들이다.

수상(手相)은 유라시아 대륙 여러 다른 지역에서 공통적으로 행해지는 점술이다. 인도, 티베트, 중국, 페르시아, 수메르, 고대 이스라엘, 바빌론 등에서 수상, 즉 손금점을 보며 운명을 예측했다. 일본의 침구사 요시키 오무라는 인도 점성술, 중국의 주역 그리고 집시들의 fortune-telling에서 손금점의 기원을 찾을 수 있다고 했다. 수천 년 전의 힌두 현인 발미키(Valmiki)는 567개의 스탠자(4행 이상의 각운이 있는 시구)를 포함하는『발미키 마하시의 남성 수상(手相) 교본(The Teachings of Valmiki Maharshi on Male Palmistry)』의 저자로 추정되기도 한다. 수상은 인도로부터 중국, 티베트, 이집트, 페르시아, 유럽의 여타 국가들로 퍼져 나갔으며, 그리스로 전파되어 철학자 아나크사고라스(BC 500?~428)도 손금점을 봤다는 기록이 남아 있다. 철학자 아리스토텔레스(BC 384~322)는 헤르메스(Hermes) 신의 제단에서 손금점에 대한 문헌을 발견하고는 알렉산더 대왕에게 선물한 바 있다. 알렉산더 대왕은 부하들의 성격을 이들의 손금으로 판단하는 데 재미를 붙였다고 한다.

『주역(周易)』은 고대 중국의 점술 교본으로 중국 고전 중 가장 오래된 문헌이다. 지난 2,500년 동안『주역』또는『역경(易經)』에 대한 논평과 분석이 꾸준히 이어졌고, 전 세계적으로 종교, 정신분석, 사업, 문학, 예술 등에 영향을 미쳐왔다. 주역은 원래 서주 시대(BC 1000~750)의 점술 교본이었다가 춘추전국시대와 초기 제국시대(BC 500~200)를 거치면서 소위 십익(十翼)이라 하는 10개의 철학적 평론서와 함께 우주원리의 교과서로 변모한다.『주역』은 임의의 수를 만들어 내는 주사위점이라 불리는 점술 형태를 사용한다. 6에서 9 사이의 수 중 6개의 숫자는 6선 성형(六線星形)으로 바뀌어 문왕괘서(文王卦序)라 알려진 순서에 따라 배열된 주역 책에서 해당되는 점을 찾는다. 주역의 내용에 대한 해석은 여러 세기에 걸쳐 논란의 대상이 되어 왔으며, 많은 평론가들은 이 책을 상징적 의미로 사용하여 왔고, 이 책을 이용하여 간혹 도덕적 판단에 대한 도교와 유교의 지침을 제시하기도 했다. 6선 성형은 음양오행(陰陽五行)과 같이 우주 삼라만상의 변화 과정에 대한 다른 전통적 어휘들과 마찬가지로 간혹 그 자체로 우주철학의 상징이 되기도 한다.

8개의 글자란 의미의 팔자(八字)는 운명의 4기둥을 가리키는 사주(四柱)로 구성된다. 이 고전적 행위의 기원은 고대 중국의 신화로 거슬러 올라간다. 수천 년 동안 사람의 운명을 예측하는 주수단으로 생년을 이용하다가 송나라 시대에 이르러 서자평이라는 사람이 전통적인 방식을 현재의 형태인 생일을 사용하여 개인의 운을 예측하는 방식으로 재구성했다. 이렇게 하여 현재의 '자평팔자(子平八字)'란 이름이 붙여진 것이다. 팔자란 운명을 예견하는 도구로서 전문 역술가라면 사람의 생년월일시만을 갖고 그 사람의 성격상의 특성, 행동, 가족과 사회관계, 직업 선택, 미래에 대한 주요 결정, 성취, 건강 등을 높은 정확도로 점칠 수 있다고 한다. 생년월일시 데이터는 한문 숫자 4쌍으로 번역된다. 각 쌍은 '주(柱)'라 하는데 2개의 숫자를 겹쳐서 만든다. 각 쌍 중 머리에 있는 숫자를 천간(天干)이라 하며 후미 숫자를 지지(地支)라 한다. 10개의 천간은 갑을병정무기경신임계(甲乙丙丁戊己庚辛壬癸)이며, 5개 요소, 즉 5행에는 목화토금수(木火土金水)가 해당되는데 이들의 음양(陰陽)이 존재한다. 한편, 12개의 지지는 자축인묘진사오미신유술해(子丑寅卯辰巳午未申酉戌亥)인데 일반적으로 알려지기는 동양권에서 사람들의 띠를 나타내는 12간지(zodiac)의 동물들이다. 10개의 천간과 12개의 지지를 한 쌍으로 머리와 후미에 순차적으로 배열하면 60개의 조합이 만들어지고 팔자를 구성하는 기본 단위가 된다. 팔자를 더 깊이 이해하기 위해서는 먼저 중국적 우주관의 음양오행을 알아야 한다. 사주 또는 팔자에서 공통적으로 참고하는 것은 생시(生時)의 사주이다. 이를 팔자라 부르는데 태어난 년, 월, 일, 시 4개의 각 기둥은 2개의 글자로 이루어지고 하나의 글자는 양(陽)을 나타내는 10개의 천간에서 다른 하나는 음(陰)을 나타내는 12개의 지지에서 만들어지기 때문이다.

수정점

타로점

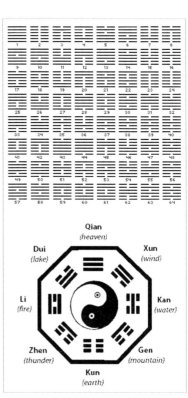

주역의 문왕괘서와 6선 성형

수상

구첨(求籤; 제비뽑기)

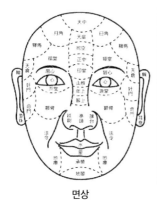

면상

사주명리표

오방색

　중국의 황제가 노란 기와집에서 노란 옷을 입고 사는 이유는 오방색 (五方色)에 기원한 것으로서, 자신들이 우주의 중심이라는 뼛속 깊은 중화사상에 따른 것이다. 오방색은 색상학적으로도 색의 삼원색과 무채색의 양극단인 흰색과 검정색을 합친 것과 같다. 중국에서는 이 5라는 숫자를 좋아하여 자금성의 정문의 개수가 다섯 개인 것도 이러한 이유에 따른다. 물론 가운데 문은 황제의 문이다. 참고로 5 말고 좋아하는 숫자가 9인데 이는 3이라는 좋은 숫자가 3개 있기 때문이다. 짝수는 음, 홀수를 양이라 보았는데 『주역』에 따르면 아홉과 다섯이 임금의 자리라 황제를 다른 말로 구오(九五)라 한다.

　오방색의 기원이 되는 오행에 따르면 방위 말고도 세상의 수많은 것들을 다섯 가지로 구분하여 나눈다. 그래서 다섯 가지만 가져도 그 다섯 가지가 대표적인 다섯 가지이기 때문에 풍족한 의미를 준다. 예를 들어 오곡밥도 칠곡밥, 팔곡밥으로 먹으면 더 다양하게 먹는 것이겠지만 쉽게 상징적으로 대표적인 다섯 가지만 골라 먹는 것이다. 오방색은 오행에 해당하는 빛이고 그에 해당하는 물질도 있는데(마치 세계를 이루는 오원소 개념과 조금은 비슷하지만 다르다. 차라리 다섯 에너지라고 보는 편이 옳을 듯하다), 파랑은 나무, 빨강은 불, 노랑은 흙, 하양은 쇠, 검정은 물을 뜻한다. 나무를 태우면 불이 나고, 불이 탄 곳에서 흙(재)이 생기고, 흙이 뭉쳐 돌(쇠)이

되고, 돌 사이에서 맑은 물이 나오니(숯과 모래로, 자갈 따위로 물을 거르는 정수기를 생각해보면 쉽다) 이를 상생(서로 산다)이라 하며, 쇠는 나무를 베고, 나무는 흙에 뿌리를 내려 흙을 먹고, 흙은 물이 흐르지 못하도록 가두고, 물은 불을 끄고, 불은 쇠를 녹이니 이를 상극(서로 이긴다)이라 한다. 물론 상극은 영웅 대 악당처럼 서로 싸우는 개념은 아니며, 일종의 '제어' 정도의 느낌으로 보면 된다. 사주팔자 등 한자 문명권 내 운명학의 기반엔 이러한 오행의 상생·상극 개념이 들어 있다. 어쨌든 오방색은 세계의 대표적 빛깔 다섯 가지를 모두 모은 것이고 다 갖추었으며 골고루 있는 것이기 때문에 복을 상징하기도 한다. 보자기나 저고리 등에 오방색을 쓰는 이유는 여기에서 유래한다.

오방색의 상징 의미와 사용 예

흑색(黑)
북쪽, 겨울
신장(腎腸)
짠맛, 슬픔
지(智)

백색(白)
서쪽, 가을
폐장(肺腸)
코, 매운맛
분노, 의(義)

황색(黃)
중앙
비장(脾臟)
단맛, 욕심
신(信)

청색(靑)
동쪽, 봄
간장(肝腸)
신맛, 기쁨
인(仁)

적색(赤)
남쪽, 여름
심장(心臟)
쓴맛, 즐거움
예(禮)

12궁과 12지

'작은 동물들의 원판'이라는 의미를 갖는 영어단어 조디악(zodiac)은 고대 그리스어 zōidiakòs kýklos(æω διακò ς κύκλος)의 라틴어 버전인 zōdiacus에서 유래한다. 이름에서 드러나듯이 12개의 상징 중 대부분은 동물이다.

황도(黃道)의 구간을 12궁의 별자리로 나누는 조디악(zodiac)은 BC 500~1000년 사이 바빌론의 점성술로부터 시작되었다. 황도는 약 BC 1세기경에 제작된 물.아핀(MUL.APIN) 카탈로그와 같은 초기 바빌론의 별 목록들에 포함된 별들을 기반으로 한다. 여기서 물.아핀은 바빌로니아 천문학과 점성술의 여러 가지의 성위(星位)를 다루고 있는 바빌로니아식 일람표를 일컫는 전통적인 명칭이다. 몇몇 별자리들은 청동기 시대인 구 바빌론으로 거슬러 올라갈 수 있는데 쌍둥이(Gemini)자리, 큰게(Cancer)자리 등이 그 예이다. BC 5세기 말 무렵 바빌론 천문학자들은 마치 각 30일로 구성된 1년 중 12개 달처럼 황도를 12개의 궁으로 나누었다. 각 궁은 황경(黃經) 30도를 포함하는데 이로써 최초의 천구좌표계가 창조된 것이다. 태양이 춘분점에 위치할 때 백양 자리의 시작점을 놓는 현대 천문학자들과는 달리 바빌론 천문학자들은 별들과 황도를 고정하고, 큰게 자리의 시작점을 쌍둥이자리 â에 놓고, 물병자리의 시작점을 염소자리 ä에 배치했다.

한자로 12간지(干支) 또는 12지지(地支)라고 표현되는 영어 표현 Chinese zodiac은 12년을 주기로 각 해마다 다른 동물을 배치하는 분류법으로 우리말로는 띠라고 한다. 12지에서 12년의 주기는 태양계에서 가장 큰 행성인 목성의 주기 11.86년과 근사하다. 12지는 매해에 해당되는 동물의 속성에 따라 미래의 운세를 예측하는 풍습으로 중국, 베트남, 한국, 일본, 필리핀, 태국, 타이완 등 여러 아시아 국가들에 남아 있다. 이러한 분류법을 영어 zodiac이라는 단어로 번역하는 것은 서양의 12궁(zodiac)과의 여러 미신적 유사성 때문이다. 두 개의 zodiac은 시간 주기를 12개로 나누고, 각 구간당 동물들의 이름을 대체로 붙이며, 각 구간의 상징에 따라 해당되는 사람의 성격과 미래를 예측한다는 점에서 유사성이 있다. 그럼에도 불구하고 주요 차이가 존재하는데 동양의 zodiac은 서양의 zodiac과 달리 달이 아닌 해에 해당된다는 점이다. 서양의 조디악에서 몇몇 상징 또는 궁은 말의 어원과 달리 동물이 아니지만 동양의 조디악 12지는 12개 모두 동물로 표현된다. 당연히 12지의 동물들은 황도의 별자리와는 무관하다. 염소 대신 양이 들어가는 것을 제외하고는 우리나라의 12지는 중국의 12지와 거의 같다. 베트남 12지는 소 대신에 물소가 들어가고 토끼 대신에 고양이가 들어가 문화적 특성이 반영되어 있음을 짐작하게 한다. 일본 12지 역시 염소 대신에 양을, 산돼지 대신에 돼지를 넣고 있어 우리와 12지를 더 가깝게 공유한다.

물.아핀, 아시리아 마슈르바니팔 왕(BC 687)

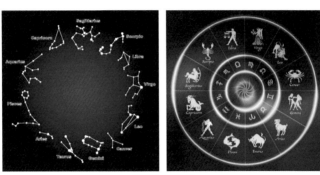

천문과 황도12궁

중국 12지

한국 12지

나라별 황도12궁(zodiac)

순서	심볼	라틴어	영어	그리스어	수메르-바빌론 이름
1	♈	Aries(백양)	Ram	Κριός (Krios)	Agrarian Worker
2	♉	Taurus(황소)	Bull	Ταῦρος(Tavros)	Steer of Heaven
3	♊	Gemini(쌍둥이)	Twins	Δίδυμοι(Didymoi)	Great Twins
4	♋	Cancer(큰 게)	Crab	Καρκίνος(Karkinos)	Crayfish
5	♌	Leo(사자)	Lion	Λέων (Leōn)	Lion
6	♍	Virgo(처녀)	Maiden	Παρθένος(Parthenos)	Furrow; Furrow, the goddess Shala's ear of corn
7	♎	Libra(천칭)	Scales	Ζυγός(Zygos)	Scales
8	♏	Scorpio(전갈)	Scorpion	Σκορπιός(Skorpios)	Scorpion
9	♐	Sagittarius(궁수)	Archer	Τοξότης(Toxotēs)	Soldier
10	♑	Capricorn(염소)	Goat-horned	Αἰγόκερως(Aigokerōs)	Goat-Fish
11	♒	Aquarius(물병)	Water-Bearer	Ὑδροχόος (Hydrokhoos)	Great One, later pitcher
12	♓	Pisces(물고기)	Fish	Ἰχθύες(Ikhthyes)	Tail of the Swallow, later fish-cord

무예

마샬 아츠(Martial arts, 武藝, 무예)라는 어휘가 오늘날에는 동양의 싸움기예(技藝)라는 의미로 자리 잡았지만, 최소한 1550년대 이전까지는 원래유럽의 전투체계를 의미했다. 이 단어는 로마신화 속 전쟁의 신인 마르스(Mars)의 기예(技藝)라는 의미의 라틴어에서 유래한다. 몇몇 작가들은직업 군인들이 전투에 사용하지도, 이들이 만들어내지도 않았다는 데근거하여 'martial arts'보다는 싸움 기예를 뜻하는 'fighting arts'가 현대의 무예를 더 잘 설명한다고 주장한다.

전투에 관한 가장 오래된 미술작품은 사람들의 싸움을 보여주는 BC 3400년경의 고대 이집트 벽화이다. BC 3000년경 메소포타미아의 바빌론에서도 다툼을 묘사하는 시들을 새긴 비석이 발견된다. 베트남에서도 BC 2879년의 그림과 스케치들이 검, 봉, 창, 활 등을 사용하여 전투를 하는 모습을 보여준다.

중국의 무예는 최소 4,000년 전의 하(夏)나라부터 시작되었다고 본다. 전설에 따르면 재위 기간 중 황룡이 나타나 토덕의 상서로운 징조가 있다고 하여 붙여졌다는 황제 헌원씨가 BC 2698년 무예의 원형을 중국에처음으로 소개했다고 한다. 황제는 중국의 통치자가 되기 이전에 이미유명한 장군이었는데 의학, 천문, 무예에 대한 장문의 논문들을 썼다고한다. 또한 그의 주적 중 하나였던 치우(蚩尤)는 현대 중국 씨름인 솔각

(捧角)의 원형인 각저(角抵)를 창시했다고 전한다.

현대 동양 무예의 기본은 중국과 인도의 초창기 무예들을 섞어놓은 것처럼 보인다. 중국 전국시대(BC 480~21)에 손자병법(BC 350)과 같이 전쟁에 대한 폭 넓은 철학과 전략들이 개발되었다. 전설에 따르면 보리달마가 인도로부터 중국으로 건너온 5세기 초반에 불교가 중국으로 전파되었고 소림 쿵푸가 달마에 의해 시작되었다고 한다. 인도 남부의 상남 문학은 무예가 BC 2세기에서 AD 2세기 사이의 시작되었다고 기록한다. 상남 시대의 전투 기예들이 인도 무예인 카라리파야투(Kalaripayattu)의 최초 원형이었다. 유럽에서 무예의 전통에 대한 가장 오래된 기록은 고대 그리스로 거슬러 올라간다. 복싱, 레슬링, 판크라티온이 고대 올림픽 게임에 포함되었다. 로마인들은 대중들의 관람용으로 검투사 싸움을 만들어냈다.

동양의 무예들은 중세에 이르러 기록으로 정리되는데, 일본 무예는 12세기 사무라이 계급이 정립되면서, 중국 무예는 명(明)의 무장 척계광(戚継光)이 『기효신서(紀效新書)』를 편집하면서, 인도 무예는 중세 무술교본 『아그니 푸라나(Agni Purana)』와 『말라 푸라나(Malla Purana)』로, 우리나라의 무예는 조선 시대 임진왜란 당시 명나라 군대의 활약에 자극받아 척계광의 『기효신서』를 토대로 『무예제보(武藝諸譜)』가 1598년 작성되면서 정리되었다.

일본에서는 중세부터 19세기까지 에도 시대에 무예학교들을 되살리며 유도, 주짓수, 가라테, 검도 등 현대 형태의 무예들을 정립했다. 하지만 이후 메이지 유신 때는 무예가 냉대를 받는다. 태국의 현대 무에타이는 1920년대에 정립된다. 중국에서는 국민당 정권하에서 1928년 중앙국술관(中央國術館)이 설립되고 이어서 1930년대의 난징 시대에 무예의 현대사가 시작된다. 우리나라에서도 1950년대 한국 전쟁의 맥락에서 전통

무예인 택견과 일본 가라테를 조합하여 태권도가 개발된다. 킥복싱은 일본 권투 프로모터인 오사무 노구치가 무에타이와 가라테를 혼합하여 1950년대에 처음으로 만들었다.

〈복싱하는 아이들〉,
크레타 크노소스 프레스코화(BC 550)

쿵푸

태권도

무에타이

무에타이

할로윈

　서구 기독교인들의 축제인 만성절(萬聖節, All Hallows' Day) 전야제가 열리는 매년 10월 31일에는 수많은 나라들이 할로윈(Halloween)을 기념하는데, 이날은 또한 All Hallows' Eve, All Saints' Eve 등으로도 알려져 있으며, 3일간 계속되는 만성절 기간은 교회력에서 성인과 순교자, 선한 청지기들을 포함한 망자들을 추모하는 시간이다. 할로윈의 많은 전통들은 이교도인 켈트족의 추수 축제에서 기원했다고 여겨지며, 특히 스코틀랜드 하일랜드(Highland) 또는 아일랜드의 켈트족인 게일(Gael) 사람들의 삼하인(Samhain) 축제에서 비롯되었다고 한다. 즉, 이교도 축제인 삼하인이 기독교화되어 할로윈으로 바뀐 것이라는 주장이다. 하지만 어떤 학자들은 할로윈은 독자적인 기독교 성일로 삼하인과는 무관하게 시작되었다는 관점을 견지하기도 한다.

　할로윈(Halloween 또는 Hallowe'en) 이란 단어는 약 1745년 기독교에서 시작되었다고 본다. 여기서 'Hallowe'en'은 'hallowed evening' 또는 'holy evening' 또는 우리말로 '성스러운 저녁'이란 의미를 갖는 스코틀랜드어(Scottish)이다. 스코틀랜드어에서 'eve'라는 어휘는 'even'인데, 압축하면 e'en 또는 een이 된다. 시간이 흐르며 (All) Hallow(s) E(v)en는 Hallowe'en으로 진화하게 되었다. "All Hallows"라는 구(句)가 고대 영어사전에 나오긴 하지만, "All Hallows' Eve"라는 단어는 1556년 이후에야 등장한다.

할로윈의 기원을 연구한 역사가 니콜라스 로저스(Nicholas Rogers)는 "일부 민속학자들이 할로윈의 뿌리를 로마의 '과실의 여신' 포모나(Pomona) 축제나 로마에서 1년에 한번 조상을 모시던 제사인 파렌탈리아(Parentalia)에서 찾기도 하지만, '여름의 마지막'을 기념하는 고대 아일랜드 전통인 켈트족의 삼하인 축제와 보다 긴밀하게 연결되어 있다."고 말한다. 켈트어로 '사-윈(sah-win)'이라 발음되는 삼하인(Samhain)은 중세 게일(Gaelic) 달력으로 1년 4분기 중 첫 번째 날이고 가장 중요한 날이다. 삼하인은 10월 31일과 11월 1일 사이에 아일랜드, 스코틀랜드, 맨 섬(Isle of Man) 등에서 기념되었다. 유사한 축제들이 같은 시기에 브르타뉴(프랑스 북서부의 반도, 프랑스명 Bretagne), 웨일즈 등의 켈트족들에 의해서도 열렸는데, '겨울의 첫날'을 의미하는 카란개아프(Calan Gaeaf), 카란 그와브(Kalan Gwav), 카란 고아브(Kalan Goañv) 등으로 불렸다.

오늘날의 할로윈 관습은 기독교의 교리와 행위들에서 상당한 영향을 받아왔을 것으로 여겨진다. 할로윈은 기독교 만성절(All Hallows' Day)인 11월 1일과 이튿날인 위령의 날(All Souls' Day)의 하루 전 10월 31일 저녁이다. 초기 교회시대 이래로 기독교의 크리스마스, 부활절, 성령강림일 등 주요 축일들에는 그 전날 저녁부터 시작되는 철야기도를 하여 왔듯이 만성절 축제도 이러한 관습을 따른다. 이 3일들을 모아서 올할로우타이드(Allhallowtide)라 불리는데 성인들을 받들고, 아직 천국에 도달하지 못한 근래에 떠난 혼령들을 위해 기도하는 시기이다. 한데 교단에 따라 순교자들을 기념하는 축일들은 대부분 봄철의 날들을 정해 지켜진다. 교황 보니파티우스 4세(Pope Boniface IV)는 609년 5월 13일 로마의 판테온(Pantheon, 만신전)을 '성모 마리아와 모든 순교자들'에게 재헌정했다. 이날은 고대 로마의 위령제인 레무리아(Lemuria)와 같은 날이며, 또한 그 이전 메소포타미아 에프렘(Ephrem) 시대에 에데사(Edessa)에서 행해졌던 만성절과도 같은 날이다.

켈트 족에게 하루는 일몰 때 끝나고 또한 새로 시작된다. 즉, 현대의 셈법으로 축제는 11월 1일 전날의 저녁에 시작되는 것이 맞는 것이다. 삼하인(Samhain)과 카란 개아프(Calan Gaeaf)는 가장 초기의 몇몇 아일랜드 및 웨일즈 문학작품들에서 언급이 되었다. 역사가들은 19세기까지의 켈트 할로윈 관습을 지칭하는데 이 이름들을 사용해 왔으며, 오늘날에도 여전히 게일과 웨일즈 사람들의 할로윈에 이 이름들이 사용된다.

트릭-오어-트릿(Trick-or-treat)은 할로윈 날 아이들이 즐기는 놀이이다. 할로윈 복장을 한 아이들은 집에서 집으로 옮겨 다니며 사탕이나 초콜릿 때로는 돈을 요구하며 트릭-오어-트릿이라는 질문을 집주인들에게 던진다. "trick"이라는 단어는 대접하지 않으면 집주인이나 그들의 재산에 나쁜 짓을 하겠다는 위협이다. 이 행위는 배우들이 가장(假裝)을 하는 중세의 무언극(Mummers play)에서 기원한다고 여겨지는데, 집마다 돌아다니며 음식을 얻는 소울링(souling)이라는 관습과도 밀접하게 연관된다. 존 핌(John Pymm)은 "배우들이 특이한 복장을 하는 가장 무언극들이 행해졌던 과거의 많은 축일들을 기독교 교회에서도 그대로 기념했다."라고 쓰고 있다.

전통적으로 할로윈 복장들은 흡혈귀, 괴물, 유령, 해골, 마녀, 악마 등 초자연적 존재들을 모방하여 만들어진다. 할로윈 날 가장을 하고 평상시와 다른 모습으로 돌아다니는 행위는 19세기 말까지 아일랜드와 스코틀랜드에서 만연했다. 이 행위가 20세기 초반 이후 미국으로 건너와 할로윈 파티에서 어른들이나 아이들이나 가장을 하는 것으로 유행하게 되었다. 할로윈 복장들도 트릭-오어-트릿 놀이가 대중화되던 1930년대에 들어서서 대량 생산되어 처음으로 가게에서 팔기 시작했다.

채소 무로 만든 아일랜드 할로윈 랜턴   '트릭-오어-트릿(Trick-or-treat)' 놀이를 즐기는
스웨덴 어린이들

만성절 전야에 사랑하던 사람들의
묘지를 찾는 기독교인들

마사지와 안마

마사지(Massage)는 체계적으로 또는 비체계적으로, 때론 정적으로, 때론 동적으로 신체에 압력을 가하는 행위로서 수동으로 또는 기계를 이용하여 밀고, 당기고, 꺾고, 반복적으로 두드리는 동작 등을 포함한다. 마사지는 손, 손가락, 팔꿈치, 무릎, 팔, 발 또는 마사지 도구를 사용하여 적용될 수 있다. 사용되는 기술과 적용 부위에 따라 마사지는 피로를 풀어주고 기분을 좋게 하며 운동 중 부상이나 근육통이나 자세 교정에 도움을 준다. Massage라는 단어는 '주무르기와 마찰'을 의미하는 프랑스어 massag에서 또는 '만지고 느끼는'을 나타내는 아랍어 massa 또는 '덩어리, 반죽'을 뜻하는 라틴어 massa 또는 '손으로 주물럭대다'라는 그리스어 μάσσω(massō)에서 유래되었다고 추정된다. 반면에, 고대 그리스어에서 마사지를 의미하는 어휘는 anatripsis였고, 라틴어에서는 frictio였다.

마사지에 대한 고고학적 증거는 중국, 인도, 일본, 한국, 이집트, 로마, 그리스, 메소포타미아 등 다양한 고대 문명들에서 발견된다. 이집트 사카라에 있는 아크만토르(Akmanthor)의 무덤 벽화에는 두 남자가 손과 발에 마사지로 추정되는 행위를 하는 모습이 담겨 있다.

• BC 722~481년: 『황제내경(黃帝內經)』은 중국 춘추시대(春秋時代)에 편집

되었다. 내경은 당시까지 알려진 의학지식의 집대성이었고 중국전통의학의 기초가 되었다. 내경의 30개 다른 장들에서 발과 손에 행하는 마사지가 언급되어 있다.

- BC 500년: 태국에서 전통의학의 아버지라 존경받는 지바카 코마라브하카(Jīvaka Komarabhācc)는 전통 타이 마사지와 타이 의학의 창시자로 알려져 있다. 팔리 대장경에 따르면 지바카는 석가모니 부처의 주치의였다고 한다. 그는 경락, 반사요법, 요가자세 등을 종합하여 치료체계를 집대성했다. 전통 타이마사지는 인도와 중국의 전통의학 모두에 기초한다.
- BC 493년: 페르시아의 왕 크세르크세스의 부인들의 미용 식이요법의 하나로 몰약 기름을 사용한 일상의 치료(마사지로 추정)에 대한 기록이 성경에 있다(에스더, 2:12).
- BC 460년: 히포크라테스는 "의사는 문지르기(마사지)를 포함하여 많은 것들을 경험해야 한다."라고 설파한 바 있다.

투이나(推拿, 추나)는 중국 물리요법의 하나로 때로 침술, 뜸질, 부황, 약초, 태극권, 기공 등과 연계하여 사용된다. 투이나는 직접 손으로 하는 물리요법으로 중국 도교의 전통중국의학의 8대 원리(里表, 寒熱, 虛實, 陰陽)의 균형을 추구하는 치료법이다. 치료사는 8개의 문(門)으로 알려진 마디들 간의 부위들을 닦거나 주무르거나 구르거나 누르거나 비비거나 하여 신체를 보호하는 기를 열어 경락과 근육에 에너지를 흐르게 한다.

안마(按摩)는 중국이 기원으로 투이나에서 유래된 것으로 추정된다. 투이나 치료법은 다른 전통중국의학과 함께 나라시대(710~793)에 일본으로 전파되어 공공 병원들에서 시행되었다. 독특한 치료체계인 안마는 1320년 아카시 칸 이치에 의해 창시되었다. 스기야마 시대 이래로 안마는 소경과 강하게 연계되어왔다. 소경이었던 스기야마는 장님들에게 안마를 가르치는 많은 학교들을 설립했다. 도쿠가와 시대에는 안마의 시술 자격을 소경들에게만 허용하는 칙령이 통과되었다. 즉, 정상 시력을 가진 사람들은 안마를 시술할 수 없게 된 것이었다. 결과적으로 소경 안마는 일본문화에서 일반적인 전통이 되었고, 현대에 와서도 일본에서는 상당수의 소경들이 안마사 직업을 택하고 있다.

누엣 타이 또는 타이 마사지는 중국의 지압과 인도의 아이어베이더 원리(Ayurvedic principles)와 지원 요가 자세를 결합한 고대로부터 내려온 치료체계이다. 타이 마사지를 지바카 코마라브하카 한 사람이 창시했다고 하지만 그 역사는 생각보다 복잡하다. 타이 전통의학과 같이 타이 마사지는 인도, 동남아시아 문화권의 지대한 영향을 받았으며, 현재 형태의 타이 마사지는 19세기에 들어와 타이 왕국 전체의 다양한 치료 전통들을 집대성하며 탄생되었다. 하지만 지금까지도 타이 지역에 따라 마사지 형태와 이론은 상당히 다양하며 한 가지 표준은 존재하지 않는다.

일본 안마

중국 투이나

방콕 왓포 사원의 인체 경락 그림

누엣 타이

이집트 아크만토르 무덤의
마사지하는 사람들 벽화

매사냥

매사냥(Falconry)이란 훈련된 맹금류를 이용하여 야생 또는 사육된 사냥감을 사냥하는 것을 의미한다. 서구에서는 전통적으로 매의 한 종류인 팰콘(falcon)을 날리는 팰코너(falconer)와 또 다른 매의 종류인 호크(hawk)나 독수리(eagle)를 사용하는 아우스티링거(austringer) 등으로 매사냥을 하는 사람을 구별한다. 현대의 매사냥에서는 붉은꼬리호크(red-tailed hawk), 해리스호크(Harris's hawk), 송골매(peregrine falcon) 등이 매사냥의 맹금류로 보다 많이 사용되고 있다.

매사냥은 BC 2000년경 메소포타미아 지역에서 최초로 시작된 것으로 추정되며, 북부 알타이나 서부 몽고지역에서도 매사냥의 흔적을 찾아볼 수 있다. 팰콘은 고대의 몽고종족들이 사육하던 상징적인 맹금이었다. 7세기 투르크가 지배하던 중앙아시아 키르기스 지역에서 말 등에 앉아있는 팰콘이 뚜렷하게 보이는 암반화가 발견되었고, 훈족이 동쪽으로부터 침공했던 4세기를 전후하여 유럽에도 매사냥이 소개된 것으로 보인다. 이후 매사냥은 중세유럽, 중동, 몽고제국 등에서 귀족들의 신분을 나타내는 상징과 인기 있는 스포츠로 맥을 이어나갔다.

오늘날에는 매사냥이 많은 나라들에서 이루어지고 있다. 팰코너들이 전통적으로 선택하는 맹금은 참매와 송골매이고, 북미와 영국에서 현대의 매사냥에서도 이 맹금들은 인기가 여전하다. 하지만 붉은꼬리호크와 해리스호크가 더 폭 넓게 사용되고 있다. 동유럽에서는 참매와 검독수리가 다른 지역보다 매 사냥에 더 많이 활용되며, 중동 지역에서는 세이커매(saker falcon)가 후바라능에(houbara bustard), 사막꿩(sandgrouse), 스톤컬류(stone-curlew) 등의 새들이나 토끼를 잡는 가장 전통적인 맹금류이다. 송골매와 기타 수입 사육 팰콘들도 흔히 볼 수 있으며, 매사냥은 아랍의 전통과 문화에서 중요한 부분으로 남아 있다.

우리나라에서는 매를 길들여 사냥을 하는 전문 사냥꾼을 가리켜 한자로 응사(鷹師), 우리말로는 매부리, 매받이(꾼) 또는 봉받이(꾼)라고 부르며, 13세기 이후 몽골로부터 유입된 수할치라는 단어로도 불린다. 우리나라에서 매사냥은 상당히 이른 시기부터 행해졌다. 고구려의 도읍지 국내성이 위치한 지안시(集安市)의 삼실총 무덤 제1실 남쪽 벽에 달리는 말 위에서 왼팔에 매를 얹은 매사냥꾼을 그린 그림이 그려져 있어 이미 이 시기에 매사냥이 존재했음을 볼 수 있다. 백제의 경우『삼국사기(三國史記)』에는 백제 아신왕에 대해 "성품이 호매하고, 매 기르고 말 달리는 것을 좋아했다."는 기록이 있다. 또한『일본서기』에는 백제에서 도래한 백제 왕족 주군(酒君)이 오진천황(應神天皇)에게 바쳐진 희한하게 생긴 새가 매임을 알려주면서 천황에게 매사냥을 가르쳐 주었다고 하여, 일본에서의 매사냥이 백제로부터 전래되었다고 적고 있다. 또한 법왕은 즉위한 뒤 겨울 11월에 조를 내려 민가에서 기르는 새와 매를 모두 풀어주게 하는 등의 금살령을 내렸다고『삼국사기』및『삼국유사』에 기록되어 있다. 우리가 통상 사용하는 '시치미를 떼다'라는 말에서 시치미는 매의 주인을 밝히기 위해 주소를 적어 매의 꽁지 속에다 매어 둔 네모꼴의 뿔을 가리킬 만큼 전통적으로 우리 민족에게 매사냥은 생활의 한 부분을 차지했다.

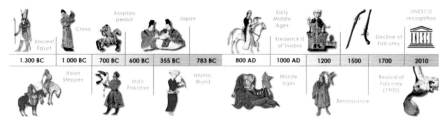

매사냥의 역사

독수리, 솔개, 팰콘, 호크

매의 시치미

낙타의 전파

낙타(camel)는 발굽이 있는 유제류 동물로서 낙타 속(屬) 또는 학명 Camelus에 해당되는 등에 혹처럼 생긴 지방 저장층이 있는 동물이다. 생존하는 낙타 종(種)에는 세 가지가 있는데 중동과 아프리카 북동부에 서식하는 단봉낙타(dromedary)와 중앙아시아의 쌍봉낙타(Bactrian), 그리고 마지막으로 중국 북서부와 몽골 먼 지역에 사는 멸종위기종인 야생 쌍봉낙타(wild Bactrian camel)이다. 단봉낙타와 쌍봉낙타 모두 가축화되어 젖과 고기, 그리고 직물을 만들기 위한 털을 인간에게 제공하며 사람이 타거나 짐을 싣는 이동수단이 되기도 한다.

영어의 카멜(Camel)이라는 단어는 히브리어 또는 페니키아어 gāmāl이 라틴어와 그리스어를 거쳐 전래되었다. 카멜은 앞서의 세 종류의 낙타에 남미의 라마(llama), 알파카(alpaca), 구아나코(guanaco), 비쿠냐(vicuña) 등을 더하여 낙타과(Camelidae)에 속하는 7가지 낙타와 유사한 포유동물들을 일컫는 것으로 보다 폭넓게 사용되기도 한다.

낙타와 그 친척들은 여러 대륙에서 발견되는데 원조 낙타들은 아시아와 아프리카, 라마와 유사 종들은 남미에 서식한다. 북미에는 야생 낙타가 존재하지 않는데 진화론에 따르면 북미에도 낙타들이 원래 서식했으나 멸종되었다고 한다.

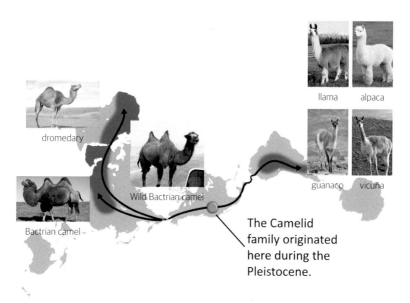

dromedary

Wild Bactrian camel

Bactrian camel

llama　　alpaca

guanaco　　vicuña

The Camelid
family originated
here during the
Pleistocene.

낙타의 전파경로

터키와 터키

새의 한 종류인 터키(Turkey), 즉 칠면조와 중동에 위치한 국가 중 하나인 터키(Turkey)는 이름이 같은데 어떤 배경이 숨어 있는지 알기 위해서는 먼저 또 다른 새인 기니아 뿔닭(guinea fowl)을 살펴보아야 한다. 이 새는 터키와 어느 정도 모습이 유사하긴 하다. 비록 이 새가 아프리카 동부의 토종이기는 하나 기니아 새인 뿔닭은 오스만 투르크(Ottoman Turkey) 제국을 통해 유럽에 수입되었고 그러한 이유로 터키 닭(fowl)으로 불리게 되었던 것이다. 신세계 아메리카에 정착한 유럽의 이주민들은 비슷하게 보이는 아메리카의 칠면조를 유럽에 보냈고, 이들은 이 새들을 터키로 오인했던 것이다.

칠면조를 부르는 이름은 신기할 정도로 나라별로 매우 다양하다. 터키 사람들은 칠면조를 힌디(hindi)라 하는데 문자 그대로 인디안 또는 인도사람을 의미한다. 프랑스어로는 원래 인디아 수탉이라는 의미의 코크 던드(coq d'Inde)라 했는데 나중에 던드(dinde)로 부르게 된다. 이러한 이름들에 붙은 인디아 꼬리표는 당시 인도와 신세계를 같은 것으로 오인한 데서 유래했다. 한편, 포르투갈 사람들은 칠면조를 페루 새(Peru bird)라 하고 말레이시아에서는 네덜란드 닭(Dutch ckicken)이라고 부른다.

칠면조

기니아 뿔닭

신화 속 생명체
- 용, 유니콘, 페가수스

　용은 신화 속 생명체로서 비늘이 있고, 불을 뿜어대며, 구불구불하게 생긴 날아다니는 파충류로 묘사된다. 전 세계 다양한 문화권에서 신화 속에 용이 등장하는데 가장 잘 알려진 두 가지 용들은 다음과 같다.

　유럽의 용은 유럽의 민속 전통들에 나타나는데 궁극적으로는 발칸과 서 아시아 신화들에 기원한다. 대부분의 신화 속에 묘사되는 용들은 동물 수준의 지능을 갖는 파충류이며 4개의 다리와 2개의 날개를 갖는다.

　아시아의 용은 중국을 중심으로 한국, 일본 등을 포함하여 동남아시아권 국가들의 전설 속에 등장한다. 대부분의 용은 평균 이상의 지능과 4개의 다리를 갖고 뱀처럼 구불구불한 생명체로 묘사된다.

　두 전통은 개별적으로 진화했을지 모르지만 문화 접촉을 통해 서로 간에 영향을 어느 정도는 미쳤을 것으로 짐작된다. 영어 단어 dragon과 라틴어 draco는 그리스어 δράκων(drákōn)에서 유래했으며, 커다란 뱀이나 물뱀을 의미한다.

　유니콘(unicorn)은 신화 속의 생명체로서 길고 쭉 뻗은 하나의 나선형 뿔을 갖는 동물로 아주 오래전부터 묘사되었다. 유니콘은 인더스 문명의 고대 인장에 등장했고, 고대 그리스의 여러 작가들이 자연사와 관련하여 언급하고 있는데 이들 중에는 크테시아스(Ctesias), 스트라보(Strabo),

프리니 더 영거(Pliny the Younger), 이리안(Aelian) 등이 포함된다. 성경에도 레엠(re'em)이라 일컫는 전설 속 동물이 묘사되는데 유사한 모습 때문에 유니콘으로 오역되기도 한다. 유니콘은 그리스 신화 속의 동물이기보다는 자연사와 관련하여 그리스 작가들이 먼 동경 속의 인도에 실제 존재하는 것으로 확신한 동물이었다. 크테시아스는 그의 저서 『인디카(Indika, 인도에 관하여)』에서 유니콘은 크고 넓은 발과 약 70㎝ 길이의 뿔을 갖는 야생 나귀로서 색깔은 흰색, 붉은색, 검정색 등이 있다고 최초로 묘사했다. 아리스토텔레스(Aristotle)는 크테시아스를 따라서 오릭스(oryx)와 인도 나귀 등 두 가지 뿔이 하나인 동물들을 언급한 바 있다. 스트라보(Strabo)는 코카서스에 가면 뿔이 하나 달리고 머리가 수사슴처럼 생긴 말들이 산다고 했다.

페가수스(Pegasus)는 고대 그리스어로 Πήγασος로 표기되며 그리스 신화에서 가장 잘 알려진 전설의 동물이기도 하다. 이 수말은 통상 깨끗한 백색으로 그려지는 날개가 달린 성스러운 종마로서 페르세우스가 메두사를 죽이자 포세이돈이 메두사의 죽은 영혼을 자신이 좋아하는 말에 가두어 날개가 달린 말인 페가수스로 다시 태어나게 했다고 알려진다. Pegasus의 어원은 번개를 의미하는 루비어(Luwian) pihassas인데, Pihassassi는 실리시아(Cilicia) 남부의 루비-히타이트 기상 신의 이름으로 천둥과 번개를 관장한다. 이러한 어원설을 지지하는 사람들은 페가수스의 역할이 제우스신에게 천둥과 번개를 가져다주는 것으로 헤시오도스 시절부터 알려졌다고 주장한다. 이러한 가설은 1952년에 처음으로 제시되었고 현재도 폭 넓은 인정을 받고 있지만 로빈 래인 폭스(Robin Lane Fox)와 같은 학자는 옳지 않은 주장이라고 비판한다.

네덜란드 스헤르토헨보스의 금용상

유니콘과 같이 있는 야생녀(1500~1510)

존 싱어 사전트,
〈페가수스를 타고 메두사를 죽이는 페르세우스〉

북경 베이하이 공원 구룡벽의 중국 황제 용 조각

동서양의 불사조

　그리스 신화에서 불사조인 피닉스(phoenix, φοῖνιξ)는 주기적으로 재탄생하는 장수의 새이다. 태양과 연관되는 피닉스는 먼저 태어난 새가 죽으면 그 재에서 새로운 생명을 얻어 다시 태어난다. 어떤 문헌에 의하면 피닉스는 다시 태어나기까지 1,400년 이상을 살 수 있다고 했다. 역사적 기록물에서는 피닉스를 거듭남, 태양, 시간, 제국, 윤회, 성화, 부활, 천국에서의 삶, 그리스도, 성모마리아, 처녀성, 특별한 남자, 그리스도인의 삶 등 다양한 의미로 해석하기도 한다.

　그리스의 역사가 헤로도토스는 BC 5세기경 그의 이집트 관련 저서에서 헬리오폴리스의 사람들이 피닉스를 그에게 알려주었다고 쓰고 있다. 그들이 말하기를 이 새는 죽은 뒤 소생하여 몰약으로 아버지 새의 장례용 알을 만들어 헬리오폴리스에 있는 태양의 사원으로 가져가기 전까지 500년을 산다고 한다. 그는 피닉스가 태양을 연상시킬 만큼 붉은 금색의 깃털을 가진 독수리와 유사하다고 묘사하고 있다. 불, 화장용 장작더미, 죽어가는 새의 재 등의 테마는 헤로도토스 한참 후에야 정립된 것이다. 피닉스의 이름은 '베누(Bennu)'로부터 유래되었을 수 있는데 이집트 자료에서 새의 죽음을 언급하고 있지는 않지만 재탄생, 태양과의 연관성 등은 이집트 신화 속의 불사조인 베누를 꼭 닮았다.

　동아시아 신화 속의 봉황 또는 중국 발음으로 팽황(鳳凰)은 새 중의 제

왕이다. 원래 수컷은 봉 또는 팽이라 하고 암컷은 황이라 불리는데 전통적으로 수컷을 상징하는 중국의 용과 쌍을 이루는 암컷으로 성적 구별 없이 통칭되기도 한다. 봉황은 또한 '위엄 있는 수탉(鴨雞)'으로 불리기도 하는데 이는 간혹 중국의 황도별자리에서 수탉을 대신하여 자리하기 때문이다. 봉황은 서구의 피닉스와의 신화 속 유사성이 별로 없음에도 서양에서는 통상 중국 피닉스 또는 단순히 피닉스라 한다. 봉황은 날개를 펼친 상태에서 발톱으로 뱀을 공격하는 모습으로 통상 묘사된다. 일반적으로 가장 많이 알려진 모습은 크기가 1m 이상 되고, 머리는 닭, 턱은 제비, 목은 뱀, 다리는 학, 꼬리는 물고기, 깃털은 원앙, 등은 거북, 발톱은 매를 닮았으며, 오색찬란한 빛(빨강, 파랑, 노랑, 하양, 검정 등의 5색)으로 빛나는 몸에 다섯 가지의 아름다운 울음소리를 내며, 오동나무에 거주하며, 예천(醴川)을 마시고 천년에 한 번 열리는 대나무의 열매만을 먹고 산다고 한다.

중국에서 이러한 신화 속의 봉황에 대한 이미지는 8,000년 전의 홍산 신석기 문화에서도 옥이나 도자기의 문양으로 발견되며, 후대에는 동이나 옥으로 만든 작은 형상들의 장식에도 나타난다. 학자에 따라서는 봉황이 중국 고유의 상상 속 새가 아니라 동이족의 행운을 상징하는 토템에서 기원한다고 주장하기도 한다.

다리가 셋인 까마귀를 가리키는 삼족오(三足烏)는 동아시아의 다양한 신화와 미술작품에서 찾아볼 수 있는 생명체이다. 동아시아 문화권에서는 실존하는 새이며 태양을 표현하는 것으로 믿어졌다. 삼족오는 터키 남동해안의 리키아(Lycia)와 팜필리아(Pamphylia)에서 발견된 고대 동전에서도 찾아볼 수 있기도 하나 삼족오의 기원은 중국으로 알려져 있다. 가장 초기의 새-태양의 도안 또는 토템적 글들은 양자강 하류 삼각주 지역에서 출토된 BC 5000년경의 유물들을 통해 확인된다. 이러한 새-

태양의 토템전통은 이후의 양사오와 룽샨 문화에서도 발견된다. 중국인들에게는 여러 다른 버전의 태양까마귀 이야기들이 알려져 있는데 그중 가장 잘 알려진 이야기는 양우나 진우의 황금까마귀 버전이다.

우리나라의 신화에서도 삼족오가 나오는데 고구려 시대에 삼족오가 태양의 상징으로 간주되었다. 고구려 사람들은 삼족오가 태양에 살며 거북이는 달에 산다고 생각했으며, 그 힘이 용이나 봉황보다도 더 세다고 여겨졌다. 고구려 이후의 고려나 조선 왕조에서도 삼족오의 흔적은 남아있다. 중국의 신화나 문화에서는 다리가 셋인 까마귀를 삼족오의 중국 발음인 산주우라 불렸고 많은 신화 속에서 찾아볼 수 있다. 가장 초기의 삼족오는 양사오 문화의 신석기 도자기 표면의 그림에서 찾아볼 수 있으며, 고대 중국 황실제복의 장식으로 사용된 12개의 메달에도 나타나 있다. 일본의 신화에서는 날개폭이 8척이나 되는 큰 까마귀라는 의미의 야타가라수(八咫烏)라 불리는데 하느님의 의지를 증거하거나 인간 길흉화복을 관여하는 새로 전해진다.

FJ Bertuch(1747~1822)의 전설 속 생명체에
관한 저서에 묘사된 피닉스

타이페이의 Longshan Temple(龍山寺)
지붕 위의 봉황

고구려 고분 내부에 그려진 용, 봉황, 중앙의 삼족오

이집트 신화 속의 베누

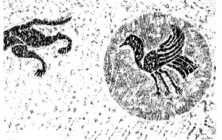

중국 한나라 고분 내부 벽화에 나타난 삼족오

일본 삼족오인 야타가라수

솟대

솟대는 조각된 새가 꼭대기에 얹어져 있는 키 큰 나무 막대기나 돌기둥을 가리키는 말로서 우리나라의 민속신앙에 기초한다. 사람의 얼굴을 조각한 나무 토템 폴(totem pole)인 장승과 마찬가지로 솟대는 통상 마을 입구 근처에 세워져 악령들을 내쫓고 좋은 일들만 들어오기를 바라는 주민들 염원의 표현이다. 기다란 막대는 전 세계적으로 종교적, 상징적 의미를 갖는다. 솟대의 막대기는 세상의 축과 연관된다. 아시아 북방 샤머니즘의 우주관에서 상·중·하 3개의 우주 단계가 존재하며, 이 세 단계의 우주는 세상 축(World axis)으로 서로 연결된다. 나무는 뿌리를 땅 속으로 내리며 하늘을 향해 커 가므로 세상 축의 상징이 되었다. 즉, 나무로 만든 막대들이나 기둥들은 신령들이 하늘에서 땅으로 내려오는 통로들이 될 수 있다고 여겨졌기 때문에 성스러운 숭배의 대상이 된 것이다. 솟대 위의 새는 거위, 갈매기, 따오기, 까치, 까마귀 등도 될 수 있지만 가장 흔하기는 오리이다. 오리는 솟대에 중요한 상징적 의미를 부여한다. 오리는 물 위에서, 물속에서, 땅 위에서, 공중에서 이동할 수 있다. 오리의 물과의 연관성으로 사람들은 오리가 비나 천둥을 통제할 수 있는 능력이 있어 사람들이 홍수에도 살아남을 수 있고, 마을을 화마로부터 지켜줄 것이라고 믿었다. 이러한 믿음으로 사람들은 고대 농경사회에서 오리를 그들을 지켜주는 수호자로 믿게 된 것이다.

솟대와 같은 사물들에 대한 숭배행위는 아시아 북방에서 흔히 찾아볼 수 있다. 솟대 그림이나 무늬가 새겨진 다수의 청동기 유물들이 이 지역 여기저기에서 발견되었다. 사람들이 금속기술을 발전시키기 시작하며 농업생산성도 증가하게 되었고, 부족들 사이에 힘의 편차가 부상되었다. 지배계급은 그들의 권력을 유지하기 위해 필요한 정치적, 종교적 기반을 하늘의 신들로부터 추구했다. 그래서 이들은 솟대의 외형을 '우주 나무'와 '하늘 새'를 결합한 모습으로 빗댔던 것이다.

에벤크(Evenks)족의 솟대라 할 수 있는 새 신령 막대(Evenki bird spirit poles)는 성물로서 다양한 모습의 새들을 조각하여 약 4.5~6.0m의 긴 막대 위에 올려놓은 조형물이다. 에벤크족은 신석기 이래로 시베리아 남부의 바이칼호 주변에 거주하여왔다. 에벤크의 뿌리는 시베리아 북방 고대 부족들의 피가 투르크어와 몽골어들과 친척인 언어들을 사용하는 원주민 부족들과 시간을 두고 섞이는 복잡한 과정을 반복하며 형성되었다. 솟대의 공통적 특징만 보아도 우리 민족의 시원이 이들과 무관하지 않을 것 같다.

한반도의 솟대 분포 | 에벤크 솟대

솟대

단위 Lb, OZ, £, ₤

Lb는 라틴어 리브라(libra)의 약자이다. 리브라의 기본 의미는 천칭 또는 저울이지만, 고대 로마의 무게를 측정하는 단위 파운드(pound)를 가리키는 라틴어 리브라 폰도(libra pondo)를 의미하기도 한다. 미국이나 영국의 무게 단위인 파운드는 libra pondo 중 pondo에서 유래되었고, 약자는 libra에서 나온 것이다. 또한 Libra는 왜 영국 화폐 파운드의 상징이 L 중앙에 선을 가로 지른 £로 표현되는지를 설명해준다. 유로화를 사용하기 전 이탈리아의 화폐였던 lira와 그 상징으로 왜 L에 두 개의 가로선이 관통한 ₤이 되었는지도 설명이 된다. 이탈리아 'lira'는 libra의 약자인 셈이다.

온스(ounce)는 라틴어 uncia와 연관되는데, 이 이름은 로마의 무게 단위 온스와 길이 단위 인치(inch)와 관련된다. 이 단어를 unce 또는 ounce로 쓰는 앵글로-노만 프랑스어(Anglo-Norman French)를 거쳐 영어로 들어왔지만 그 약어는 중세 이탈리아어 onza로부터 차용되었다. 오늘날의 이탈리아어는 oncia이지만 로마제국이 한때 지배했던 이 지역에서 표준 메트릭 체계를 채택한 지는 꽤 오래되었다.

리라(Lira; 복수형 lire)는 여러 국가들의 화폐 단위 이름이다. 리라는 터키에서 현재 사용하는 화폐이고, 레바논과 시리아의 화폐 이름도 리라이다. 이전에는 이탈리아, 말타, 산마리노, 바티칸 시티 등에서도 사용되었는데 2002년 이후 모두 유로로 바뀌었다. 이스라엘에서도 리라를 화폐 이름으로 사용하다가 1980년에 쉐켈(old shekel)로 전환했다. 리라의 기원인 라틴어 libra는 고순도의 은(銀) 1트로이 파운드(Troy pound) 무게의 가치였다. 프랑스의 카롤링거 왕조 시절 유럽의 화폐체계를 복원했을 때 로마의 체계를 채택했고, 화폐 이름이 £sd(librae, solidi, denarii)였다. 이 화폐체계는 특히 영국, 프랑스, 이탈리아 등에서 중세로부터 현대까지 유지되었다. 이 국가들에서 libra가 각각 지역 언어로 영국에서 pound, 프랑스에서 livre, 이탈리아는 lira로 번역되었다. 베니스 리라는 이탈리아에서 사용되던 화폐 중 하나였고, 베니스 공화국의 경제력이 막강했기 때문에 지중해 동부의 무역에서 공용화폐로 사용되었다.

19세기 중 이집트와 오스만 제국도 리라를 화폐 이름으로 채택했으며 1리라가 100피아스터(piasters) 또는 쿠루스(kuruş)와 같은 가치였다. 오스만 제국은 1918~1922년 사이에 몰락했는데 계승국가들에서도 리라를 화폐로 사용했다. 오스만 제국과 대영제국 모두에 속했던 사이프러스와 같은 국가들에서 리라와 파운드는 같은 의미로 사용된다. 터키 리라 상징은 ₺이고, 다른 국가들에서는 ₤ 또는 £ 또는 L 등이 화폐 상징으로 사용된다.

영국 파운드화 £

터키 리라

리브라(천칭)

바벨의 무게 표시

캐럿과 캐럿

캐럿(carat)은 다이아몬드나 다른 보석의 무게를 재는 단위로서 1캐럿은 0.200그램과 같다. 반면에 발음이 같은 캐럿(karat)은 금의 순도를 표시하는 단위로 24캐럿이 순금을 나타낸다. 순금은 매우 연하기 때문에 통상 금에 구리나 은과 같은 금속을 섞어 귀금속을 만든다. 이 경우 1캐럿은 전체의 1/24에 해당되는 금의 순도이다. 예를 들어, 귀금속이 금 18/24, 구리 6/24의 비율로 혼합되었다면 18캐럿 금이 되는 셈이다.

캐럿(carat)이라는 단어는 고대 세계의 거래상들로 거슬러 올라간다. 고대 지중해와 중동지역 상인들이 고가의 보석들을 거래할 때 표준 무게라는 것이 필요했고 합리적이고 일관된 측정단위에 의존할 수밖에 없었을 것이다. 그러한 이유로 하여 보석상들은 씨앗과 곡물을 표준 측정단위로 받아들이게 되었다. 캐로브(carob) 씨앗과 밀 낱알 모두 음식의 재료로 사용되었지만, 무게의 단위로도 적합하다는 것이 발견되었다. 이는 어떤 캐로브 씨앗의 무게도 실용적 차원에서 다른 캐로브 씨앗의 무게와 언제나 같다는 사실이 확인되었기 때문이다. 더욱이 밀 낱알의 경우도 무게의 균질성이 검증되었다. 시간이 흐르면서 캐로브 씨앗은 보석의 무게를 측정하는 표준 단위가 되었다. 캐로브라는 단어는 캐로브 씨앗인 퀴라트를 가리키는 아랍어에서 왔다. 이 단어는 문명의 흥망성쇠를 거치며 오염되는데 그리스어 케라톤(keration)으로 변하고 마침내 우리가 아는 현대의 carat이 된다.

여러 세기 동안 캐로브 씨앗은 고가의 보석 무게를 재는 단위로 자리 잡았다. 중세에 들어와 무역로가 바뀌어 무역의 중심이 유럽으로 옮아갔다. 무역 중심이 이동하면서 어느 순간 이후 캐로브 씨앗은 더 이상 캐럿(carat)의 측정도구로 사용되지 않게 되었고 캐럿은 4개의 낱알 트로이(Troy) 무게로 바뀐다. 트로이 캐럿은 약 0.2053그램과 같으며, 20세기에 이르기까지 캐럿을 측정하는 무게 단위로 유지되었다. 캐럿은 1907~1914년 사이에 메트릭 단위와 결합되었다. 미국은 0.2053그램의 트로이 캐럿을 1914년 이후 더 이상 사용하지 않게 되었고, 현재의 0.2그램인 메트릭 캐럿 단위를 채택하게 되었다.

캐로브(carob) 씨앗

24캐럿 순금

젓가락과 포크

젓가락이 같은 길이를 갖는 막대기 한 쌍으로 이루어지는 것을 모르는 우리나라 사람은 없을 것이다. 젓가락은 지금으로부터 약 9,000년 이전에 고대 중국에서 처음으로 발명되었다고 하며 이후 동아시아와 동남아시아 모든 지역으로 전파되었다. 중국에서 발명된 젓가락은 한나라 제국의 지배를 받은 뭍으로 이어진 이웃 국가들로 초기에 전파되다가 나중에는 명나라의 정희 제독의 해상탐험을 수반하던 화교들을 통해서 동남아시아 여러 국가들로 전달된 것으로 알려지고 있다.

영어 단어 'chopstick'는 중국의 피진(pidgin) 영어로부터 전래된 것인데 여기서 'chop chop'이라는 말의 의미는 '빨리'라고 한다. 옥스퍼드 영어사전에 따르면 1699년 윌리엄 댐피어(William Dampier)의 저서 『Voyages(여행)』에서 최초로 공식 사용된 단어라고 한다. 여기서 피진어란 어떤 언어의, 특히 영어·포르투갈어·네덜란드어의 제한된 어휘들이 토착 언어 어휘들과 결합되어 만들어진 단순한 형태의 혼성어로서 서로 다른 언어를 쓰는 사람들의 의사소통 필요에 의해서 형성된 언어를 의미한다. 젓가락의 한자는 쾌(筷) 자인데 筷에서 快는 '신속하다'는 의미이고, 여기서 대나무를 의미하는 竹이 위에 얹어져 있으니 중국 사람들이 사용하는 젓가락 또는 'chopstick'이란 빠르게 사용할 수 있는 대나무로 만든 작대라는 의미를 가진다고 해야 할 것이다.

다음은 중국·한국·일본의 젓가락들이 어떻게 다른지 살펴보자. 간단히 이야기해서 중국 젓가락이 가장 길고, 다음은 한국의 젓가락이, 그리고 일본 젓가락이 가장 짧다. 중국 사람들은 주로 기름에 튀기거나 볶은 요리를 먹는다. 즉, 손가락에 기름이 묻지 않도록 음식으로부터 가장 멀리 손가락을 놓기 위해 가장 긴 젓가락을 사용하게 된 것이다. 반면에 일본 젓가락이 가장 짧은 배경에는 일본은 역사적으로 쌀이 귀해서 다른 덜 찰진 곡식들을 섞어서 밥을 먹었기 때문에 흘리지 않기 위해 밥그릇을 손으로 들어 입에 가까이 대고 젓가락으로 밥을 훑어 내려 먹던 식습관이 자리 잡았다고 한다. 중국이나 일본과 달리 우리나라는 식사를 할 때 젓가락과 숟가락을 모두 사용한다. 젓가락의 길이는 중국보다 짧고, 일본보다는 길다. 우리나라는 역사적으로 고기가 귀해서 고기를 채소나 다른 양념과 더불어 물에 넣어 끓여 국이나 찌개 형태로 여러 사람들이 같은 그릇에서 먹었다. 즉, 젓가락으로 국물을 먹을 수 없었기 때문에 숟가락을 젓가락과 더불어 사용하는 식습관이 발달된 것이다. 중국·일본·한국 3국 중 한국 사람만 밥을 먹을 때 숟가락을 사용하는 것으로 알려져 있으며, 튀긴 음식보다는 김치와 같은 채소를 주로 먹기 때문에 젓가락의 길이도 중국식보다 짧게 된 것이다.

중국·한국·일본 3국의 식사 예절을 간략히 정리하면 다음과 같다.

- **중국**: 공기로부터 쌀밥을 먹을 때 왼손으로 공기를 잡아 입에 가까이 대고 젓가락으로 밥을 삽질하듯 입에 밀어 넣는다.
- **한국**: 밥, 국, 찌개는 숟가락을 사용하고, 젓가락은 딱딱한 반찬을 먹을 때만 사용한다. 밥을 먹을 때 젓가락을 사용하기도 하지만, 전통적으로는 딱딱한 반찬을 집는 데 사용하며 젓가락을 상 위에 내려놓고 숟가락을 들어 밥과 국을 먹는다.

- **일본**: 공동으로 먹는 음식접시에 공용 젓가락이 없는 경우에는 젓가락을 뒤집어 깨끗한 반대 끝을 사용하여 음식을 옮기는 것이 보통이다. 공적인 모임에서 나무젓가락을 사용할 경우 식사를 마친 후 포장지 안에 다시 젓가락을 담는 것이 예절이다.

동서양이 공통으로 사용하는 스푼(spoon) 또는 숟가락은 자연에서 가장 흔히 발견되는 식사도구이므로 그 경쟁이 되는 포크(fork)보다 당연히 먼저 만들어졌다. 조개껍질부터 박, 대나무 칸, 나무 등 스푼은 모든 지역에서 다양한 형태로 출현했다. 그 모양은 바닷가 지역에서 소형 공기로부터 태평양 북서부에서 미국 인디언들이 사용했던 납작한 노처럼 생긴 주걱 형태까지 실로 다양하다.

고대 잉글랜드식(Anglo) 스푼은 재질의 차이에도 불구하고 남부 유럽 스푼에서 영향을 받았을 가능성이 매우 높다. 로마인들은 주전 1세기경 두 가지 스푼을 디자인했는데 하나는 리굴라(ligula)로 국이나 부드러운 음식을 먹기 위한 것으로 작은 타원형 공기를 한 끝에 뾰족하게 달고 모양을 낸 손잡이를 갖추고 있다. 다른 하나는 코크리어(cochleare)라 하며 조개나 계란을 먹기 위해 사용되며 둥근 공기와 뾰족한 손잡이를 갖는다. 로마인들이 영국 땅을 점령했던 기원전 43년에서 서기 410년 사이에 식사도구들을 가져왔을 가능성이 높고 잉글랜드식 스푼 디자인에 영향을 미쳤을 것이다.

한 전설에 따르면 포크(fork)는 종교가 지배하던 중세 유럽에서 시작되었다. 11세기 비잔틴제국의 어느 공주가 베네치아 총독의 아들인 도메니코 셀보(Domenico Selvo)와의 결혼식에서 두 개의 가지로 된 섬세한 금장 포크를 사용했는데 이는 자신의 결혼식을 모욕한 것으로 간주되었다고 전해진다. 당시 베네치아 서기는 이 상황에 대해 "하나님은 인간에게 자연의 포크, 즉 손가락을 주었는데 금속으로 된 포크를 인간이 만든 것은 하나님의 배려에 대한 조롱이다."라고 기술했다. 더 나아가서 포크의 사용은 과도한 섬세함을 의미했고, 확실히 매우 나쁜 식사예법으로 여겨졌다. 결혼식 이후 그 공주가 급작스레 죽게 되었을 때 사람들은 천벌을 받은 것으로 생각할 정도였다.

루이 14세 시대에 이르기까지 음식을 자르고 먹는데 사용되던 식사용 나이프(knife)는 끝이 날카롭고 뾰족하게 만들어져 음식을 자르는 것은 물론 찌르는 데 사용되었다. 하지만 사람들은 나이프가 무기로도 동시에 사용될 수 있음을 항상 잊지 않았다. 따라서 식사를 하는 경험은 다소 불편할 수 있었고, 식사도구는 어느 순간에, 심지어는 친화적으로 보이는 분위기에서도 잠재적인 위협이 될 수 있었기 때문이었다. 1669년 프랑스의 왕은 모든 뾰족한 칼들을 식사 테이블에 놓는 것을 불법으로 규정했다. 그러한 이유로 해서 식사도구들은 폭력적인 상황을 예방하기 위해 뭉툭하게 갈아졌다. 미국에서도 포크는 드물게 수입되었지만, 뭉툭하고 넓은 나이프의 사용은 일반화되었다.

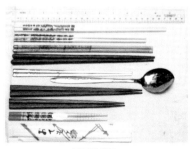

젓가락 비교

(위쪽부터) 대만 멜라민 젓가락, 중국 도자기 젓가락,
티벳 대나무 젓가락, 베트남 종려나무 젓가락, 한국
스테인리스 젓가락과 숟가락, 일본의 커플 세트,
일본 어린이 젓가락과 일회용 나무젓가락

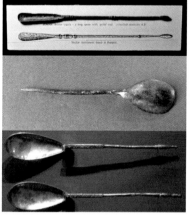

(위쪽부터) 로마 시대의 리굴라 및
코크리어 스푼과 잉글랜드식 스푼

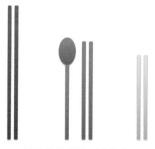

중국·한국·일본 젓가락 비교

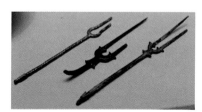

8~9세기경 페르시아에서 동으로 제작된 포크

38. 젓가락과 포크   145

악기

악기(樂器)란 음악적 소리를 만들어내기 위해 개발되었거나 채택된 도구이다. 원칙적으로 소리를 생성하는 어떤 사물도 악기가 될 수 있으며 음악을 목적으로 사용되는 사물은 악기가 된다. 악기의 역사는 인류 문화의 시작과 함께한다. 초기의 악기들은 트럼펫이 사냥의 성공을 알리는 데 이용이 됐다든지, 드럼이 종교의식에서 사용이 된 것처럼 주로 의례의 용도로 활용되었던 것 같다. 문화의 발전과 더불어 마침내 여흥을 위한 멜로디의 작곡과 공연이 시작되었다. 이처럼 악기들은 적용 분야를 바꿔가면서 점진적으로 진화했다.

악기로 간주될 수 있는 최초의 장치가 언제 어디서 만들어졌는지에 대해서는 논쟁의 여지가 있다. 일부 학자들에 의하여 악기라고 일컫는 가장 오래된 장치는 단순한 플루트(flute)인데 무려 6만 7,000년 전으로 거슬러 올라간다. 어느 정도 공감대를 형성하는 플루트의 최초 사용 시점은 3만 7,000년 전이다. 하지만 대부분의 역사가들은 악기 발명의 특정 시점을 판단하는 것은 불가능하다고 믿는다. 왜냐하면 정의의 주관성과 악기를 만드는 데 사용된 재료의 불안정성 때문이다. 다수의 초기 악기들은 동물 가죽, 뼈, 나무, 그리고 다른 내구성 없는 재료를 사용하여 만들어졌다.

악기들은 전 세계 여러 인구 밀집 지역들에서 독자적으로 개발되었다. 하지만 문명 간의 접촉은 대다수 악기들이 원산지로부터 먼 다른 지역으로 급속히 전파되고 채택되게 했다. 중세까지는 메소포타미아의 악기들이 동남아시아의 해양지역에서 사용되었으며, 북아프리카의 악기들을 유럽에서 연주했다. 아메리카 대륙에서 악기의 개발은 천천히 이루어졌지만, 북부, 중앙 그리고 남아메리카는 악기들을 공유했다. 1400년까지는 악기의 개발이 많은 지역에서는 더디 이루어졌지만 서양에서는 개발이 활발히 진행되었다.

악기의 분류법은 나름대로의 원칙이 존재하겠지만, 다양한 분류체계들이 병행하여 사용되었다. 악기들은 음역, 재질, 크기 등에 따라 분류될 수도 있다. 하지만 가장 보편적이며 학술적인 방법은 호른보스텔-작스(Hornbostel-Sachs)가 제시한 분류법으로서 소리를 만들어내는 데 사용되는 수단으로 분류하는 것이다.

체명악기(體鳴樂器, idiophones)

종래의 타악기 중에서 주로 북 종류를 제외한다. 이것은 피막(皮膜)이나 현같이 인위적인 장력(張力)을 가하여 진동시키는 것이 아니라, 나무나 금속 등이 본래 지니고 있는 탄성으로 진동하는 악기이며, 자명(自鳴)악기라고도 한다.

막명악기(膜鳴樂器, membranophones)

혁명(革鳴)악기, 피명(皮鳴)악기라고도 하며, 피막을 어떤 몸통에 씌워서 그것을 주로 '타주(打奏; 때리다)', '찰주(擦奏; 비비다)'하는 것이다. 대부분은 종래의 타악기 중에서 북(드럼)류이나, 특수한 것은 '취주(吹奏; 불다)', '가주(歌奏; 몸통 밑에 엷은 막을 씌워 음성을 불어넣어 진동시키다)' 하는 것도 있다.

현명악기(絃鳴樂器, chordophones)

현악기를 말하는 것으로서 어떠한 주법으로 하든 현의 진동으로 발음하는 모든 악기를 포함한다. 이 분류로는 피아노도 현명악기이다. 현을 치는 것이나 건반이 있다는 것은 문제가 되지 않는다. 현악기에는 그 형상에 따라 치터족(zither族), 류트족(lute族), 하프족(harp族), 하프 류트족 등으로 분류되기도 한다.

기명악기(氣鳴樂器, aerophones)

대개 종래의 관악기를 가리킨다. 즉 연주자의 입으로 직접 공기를 불어넣기도 하고, 또는 파이프 오르간같이 기계적으로 공기를 불어넣기도 하여 관 속의 공기주(空氣柱)를 진동시켜서 발음하는 것이 대부분이다. 그러나 리드 오르간같이 관을 쓰지 않고 주위의 공기를 직접 진동시키는 것도 기명악기이다.

전명악기(電鳴樂器, electrophones)

전기악기라고도 하며, 엄밀하게 말하면 발음의 근원이 되는 진동 자체를 전기적인 처리로 만들어내는 것으로서 역사도 짧다. 이와 같이 진동 자체를 전기적(電氣的)으로 만들어내는 것이 아니라, 전기 기타나 비브라폰과 같이 현이나 금속판에 의해 발생하는 진동을 다시 전기적으로 처리하여 증폭하는 것은 본래의 전명악기에는 들지 않으며 반(半)전기악기라고 한다.

발견된 것 중 가장 오래된 플루트는 수천 년이 되었고 동물의 뼈로 만들어졌다. 이러한 플루트들은 사냥이나 주술 의식에서 사용되었고, 후대에 만들어진 나무나 대나무로 만들어진 플루트들이 발견되었다. 모든 플루트들은 구멍이 일직선으로 나 있으며, 오른쪽 또는 왼쪽으로 플루트를 붙잡거나 리코더처럼 쭉 앞으로 잡고 연주를 한다.

가장 오래된 몇몇 현악기는 고대 메소포타미아 유적에 대한 고고학적 발굴에서 확인되었는데 3,000년 이상 된 공예품들 속에 우르(Ur) 지역의 리라(lyre)가 포함되었다. 리라와 같은 현악기의 개발은 이 시대에 이미 현의 장력을 조절하는 메커니즘을 개발할 수 있는 기술이 있었다는 것을 의미한다. 나무로 만든 동체에 현들이 걸려 있고, 활을 사용하거나 손가락으로 뜯는 방식으로 연주하는 리라는 후대에 하프와 바이올린 유형의 현악기들로 발전한다. 한편, 인도에서 7~21개의 현을 갖는 BC 500년경의 현악기들이 발굴된 바 있다.

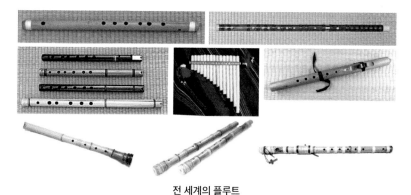

전 세계의 플루트
(왼쪽 위부터) 인도 북부 반수리 플루트, 중국 대나무 플루트, 남아메리카 케나 플루트,
남아메리카 팬 파이프 시쿠-잠포냐, 북아메리카 인디언 프루트, 일본 샤쿠하치, 한국 단소, 한국 대금

세계의 현명 악기

(왼쪽 위부터) 중국 구쳉, 인도네시아 카카피, 라트비아 코클레,
베트남 단 트란, 한국 가야금, 한국 거문고, 일본 코토

장기와 체스

장기는 굽타 왕조 시절 인도에서 기원했다고 알려져 있다. 6세기경 장기의 초기 형태는 '차투랑가(chaturaṅga)'라 알려지며, 보병부대(infantry), 기마병부대(cavalry), 코끼리병부대(elephantry), 전차부대(chariotry) 등 4개의 분할 부대란 의미로 번역할 수 있다. 이러한 장기말의 형태들은 각각 현대의 졸(pawn), 기사(knight), 주교(bishop), 성장(城의 장수; rook) 등의 장기말로 진화한다. 장기 관련 역사가들인 게하드 조스틴(Gerhard Josten)과 아이삭 린더(Isaak Linder)는 장기의 기원을 BC 50~AD 200년 사이의 고대 아프가니스탄 쿠샨 왕조로 보기도 한다.

장기는 이후 인도에서 페르시아로 전파되어 페르시아 귀족의 고급상류 교육의 한 부분으로 자리매김했다. 600년경 페르시아 사산왕조에서는 그 이름이 챠트랑(chatrang)으로 변했고 바로 샤트라니(shatranj)로 다시 바뀌었다. 그 이유는 아랍 무슬림들에게 'ch'와 'ng' 발음이 없기 때문이었고 페르시아에서 장기의 게임 룰은 더욱 발전했다. 게임을 하는 사람들이 상대방의 왕을 공격할 때 페르시아 왕의 명칭인 '샤(Shāh)!'를, 왕이 더 이상 피할 수 없을 때 '샤마트(Shāh Māt)!'라 부르기 시작했고, 이러한 감탄사들은 장기가 다른 나라에 전파되어서도 계속 사용되었다.

이슬람의 페르시아 정벌 이후에 무슬림 세계로 게임이 소개되었지만 페르시아의 장기말 이름들은 그대로 사용되었다. 아프리카 북서부의 무어인들은 페르시아 말인 샤트라니를 샤트라네이(shaṭrej)로 바꾸어 발음했고, 스페인에서는 아헤드레스(ajedrez)로, 포르투갈에서는 사드레스(xadrez) 등으로 발음이 변했다. 하지만 유럽 대부분의 국가들에서는 페르시아 샤 shāh(king)의 버전(예: chess)들로 장기의 이름이 대체되었다. 이 게임은 9세기 이후 유럽과 러시아에 적어도 3가지 루트를 통해 전달되었으며, 1000년경에는 유럽 전역에 소개되었고 10세기에 다시 무어인들에 의해 이베리아 반도로 전달되었다.

장기는 인도에서 전 세계로 퍼져나가며 다양한 변종 게임들이 자리 잡기 시작했다. 불교 전도사들, 실크 로드 무역상들을 포함하여 여러 무리들이 이 게임을 극동 지역까지 소개했는데 인도의 차투랑가 게임에서는 네모 칸에 말을 놓는 반면 동양의 장기는 보드에 그려진 금들의 교차점에 놓는 방식으로 변질되었다. 중국의 전략 보드 게임인 장기 역시 인도의 차투랑가에서 변형된 것이다. 중국 장기는 차투랑가와 유사한데 예를 들어 상대방 한쪽에서는 장(將)으로 다른 쪽에서는 수(帥)로 불리는 왕을 공격하는 식이다.

중국 장기는 최소 기원 6세기 이전부터 중국에서 즐기던 바둑 게임의 요소들을 차용했다. 바둑의 영향으로 네모 칸 위에 말을 놓는 대신 선들의 교차점에 중국장기 말들이 놓이게 되었다. 중국장기 게임은 네모 칸으로 나누어지지 않은 강을 표현하는 중앙 부위가 있다는 점이 특징이다. 중국 장기의 말들은 일반적으로 납작하고 그 표면에 이름들이 쓰여 있어 구별한다. 한국의 장기는 한국에서 인기 있는 전술 보드게임인데 중국의 장기로부터 유래하여 말들의 시작 위치라든지, 9×10 크기의 게임보드라든지 중국 장기와 매우 유사하나 보드의 중앙을 갈라놓는 강이 없다는 것이 차이라 할 수 있다.

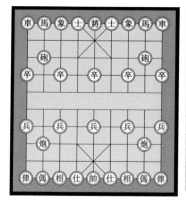
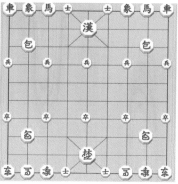

중국과 한국의 장기판 세팅

64칸으로 구성된 서양 체스보드

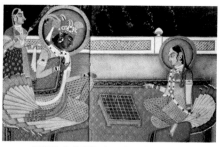

차투랑가 게임을 하고 있는 인도의 신들
(그리슈나와 라드하)

이솝 우화

이솝(Aesop)의 삶과 죽음에 관한 단편적인 이야기들을 담은 여러 고대 문헌들과 함께 『이솝 전기(The Aesop Romance)』 또는 『이솝의 삶』 또는 『철학자 크산투스(Xanthus)와 그의 노예 이솝』 등으로 알려진 소설적 자서전이 존재하는데 이 책은 1세기경 익명의 그리스 대중문학 작가에 의해 쓰인 것으로 알려졌다. 이솝 전기는 작가가 누군지 모르고 전래되는 하나의 이야기책이 되었으며, 시간을 두고 여러 익명의 작가들이 마음이 내키는 대로 이 책의 내용을 수정하고 덧붙이기도 했을 것으로 추정된다. 이솝 전기는 여러 버전들이 전래되는데 때로는 이들의 내용이 서로 어긋나기도 한다. 알려진 최초 버전은 1세기경이지만, 이보다 최소 수세기 이전부터 다른 버전들이 먼저 돌아다녔을 것으로 여겨지며 이 책의 어떤 이야기들은 BC 4세기경에 쓰인 것으로 보인다. 학자들은 이솝 전기의 역사적·자전적 의미를 오랜 기간 묵살해왔으며, 이 작품에 대한 광범위한 연구는 20세기 말에 들어서야 시작되었다.

이솝 전기에서 이솝은 프리지아(Phrygia) 사모스(Samos) 섬 출신의 매우 못생긴 노예로 나온다. 그는 원래 벙어리였는데 이시스(Isis, 고대 이집트의 풍요의 여신)를 받드는 여성 사제에게 친절을 베푼 이후 이시스 여신에게서 말할 수 있는 능력뿐 아니라 현명한 이야기를 잘할 수 있는 재능도 부여받게 된다. 이솝은 이러한 재능으로 주인인 철학자 크산투스를 그의 제자들 앞에서 때론 돕기도 하고, 때론 당혹스럽게 하며, 나중에는 그의 부인과 잠자리까지 하게 된다. 사모스 사람들의 불길한 징조를 해석하고 나서 이솝은 자유를 얻게 되고, 사모스 섬 사람들과 크로에수스(Croesus) 왕 사이의 사절로 활동하게 된다. 후에 그는 상상 속 통치자들인 바빌론의 리쿠르구스(Lycurgus)와 이집트의 넥타나보(Nectanabo)의 법정들로 여행을 가는데 이 내용은 그 이전에 출간된『아히가르(Ahiqar) 전기』의 내용을 거의 베낀 것으로 보인다. 이야기는 이솝의 델포이(Delphi) 여행으로 끝이 나는데 그는 델포이 시민들에게 모욕감을 주는 우화를 들려주다가 이들을 분노하게 하고 법정에서 사형 언도를 받는다. 결국 그는 델포이 시민들을 저주하며 형장의 이슬로 사라진다.

한참 후에 나온 어떤 문헌들에서는 그를 에티오피아에서 온 아프리카 흑인으로 묘사하기도 한다. 우화「세수하는 에티오피아 백인」에서 그리스어를 사용하는 지역에 이런 노예들이 실존한다고 쓰어 있는데, 이 노예가 바로 이솝 자신을 암시한다는 것이다. 우화 속에는 흑인 노예를 사는 사람이 나오는데 그는 전 주인에게 무시를 당해서 피부의 검은색을 지워버리려 갖은 애를 쓴다. 그러나 그 우화에서 이러한 내용이 이솝 자신에 관한 이야기라는 힌트를 어디에서도 찾아볼 수는 없다.

다음은 많은 이솝 우화들 중 우리에게 친숙한 제목들이다.

늑대와 어린양(The Wolf and the Lamb)

곰과 두 나그네(The Bear and the Two Travelers)

양의 가죽을 쓴 늑대(The Wolf in Sheep's Clothing)

당나귀와 배짱이(The Ass and the Grasshopper)

사자와 생쥐(The Lion and the Mouse)

숯 굽는 사람과 가죽 장사(The Charcoal-Burner and the Fuller)

아버지와 아들들(The Father and His Sons)

메뚜기를 잡는 아이(The Boy Hunting Locusts)

암탉과 보석(The Cock and the Jewel)

사자의 왕국(The Kingdom of the Lion)

늑대와 두루미(The Wolf and the Crane)

어부와 피리소리(The Fisherman Piping)

개미와 배짱이(The Ants and the Grasshopper)

나그네와 개(The Traveler and His Dog)

개와 그림자(The Dog and the Shadow)

토끼와 거북이(The Hare and the Tortoise)

헤라클레스와 마부(Hercules and the Wagoner)

두더지와 어머니(The Mole and His Mother)

목동과 잃어버린 소(The Herdsman and the Lost Bull)

석류나무, 사과나무, 그리고 딸기나무(The Pomegranate, Apple-Tree, and Bramble)

농부와 황새(The Farmer and the Stork)

농부와 뱀(The Farmer and the Snake)

아기 사슴과 어미(The Fawn and His Mother)

곰과 여우(The Bear and the Fox)

제비와 까마귀(The Swallow and the Crow)

요동하는 산(The Mountain in Labor)

거북이와 독수리(The Tortoise and the Eagle)

사람과 사자(The Man and the Lion)

구두쇠(The Miser)

병든 사자(The Sick Lion)

당나귀와 강아지(The Ass and the Lapdog)

뽐내는 여행자(The Boasting Traveler)

크레이톤 대학에서 출간한 이솝 우화 모음집

이솝의 초상들

유리

　자연에서 생성되는 유리는, 특히 화산 유리인 흑요석은, 석기시대의 지구촌 다양한 부족들이 날카롭게 자르는 도구를 제작하는 데 사용되었는데 제한된 지역에서만 생성된 반면 거래는 넓은 지역에 걸쳐 일어났다. 하지만 통상적 의미에서 최초의 진짜 유리는 시리아 북부 해안선, 메소포타미아, 고대 이집트 등에서 만들어졌다는 고고학적 유물이 발견되었다. 유리로 만든 가장 초기의 제품은 BC 3000년대 중반의 유리구슬로 확인되며, 아마도 유리구슬은 처음에는 금속작업 중 우연한 부산물로 만들어졌거나 또는 광택과 유사한 절차에 의해 만들어지는 유리 이전의 유사유리 물질인 파이앙스(faience)의 제조 과정 중 얻어졌을 것으로 추정된다. 초기부터 유리는 사치품으로 남아 있었는데 청동기 시대 후반에 일어난 재난들로 인하여 유리 제작을 중단하게 되었다. 특이하게 남아시아의 토착민들에 의한 유리 기술 개발이 BC 1730년 시작되었고, 중국의 경우는 유리제조가 도자기나 다른 금속제품들에 비하여 늦게 시작된 것으로 보인다.

　Glass라는 단어는 로마제국 후반에 나타났다. 게르만어로 투명하고 광택이 나는 물질이라는 의미의 후대 라틴어 Glesum이 지금은 독일에 속하는 트리어(Trier)의 로마유리 제조센터에서 만들어졌다. 로마제국 전 지역에서 내수용·산업용·장례용 등으로 사용된 다양한 유리공예제품들이 발견된다.

우리나라에서 처음으로 유리가 제작된 것은 삼국시대로, 이 시대의 유리 유물은 계속 발견되고 있으나 유리의 기원이나 고려, 조선 시대의 제작상태에 대해서는 명확하게 알 수 없다. 당대의 유리는 제조기술의 취약으로 그리 활용되지 못했을 것이라는 추측이 한국 유리의 기원이나 제작상태를 알기 힘들게 한다. 국립부여박물관에 있는 부여읍 합송리 청동기 유적에서 출토된 원통형 유리장신구가 우리나라에서 만들어진 최초의 유리제품이라는 발표를 한 적이 있지만 이 또한 명확히 확인되지 않은 사실이다. 우리나라의 고대 유리 제품들은 대부분 로마 시대 형태의 유리(Roman Glass)이며 동양적인 유리가 출현한 것은 통일신라 이후 불교문화가 도입되면서부터이고 실크 로드를 통해 유리가 본격적으로 유입되었을 것이라는 주장이 있다.

이집트의 말카타 카데리스코스
(Malqata Kateriskos) 유리그릇

황남대총에서 출토된 유리그릇

바지

바지(trousers)는 두 다리를 각각 감싸며 허리부터 발목까지 내려오는 의복이다. 영국에서 '팬츠(pants)'라는 단어는 미국과 달리 일반적으로 속옷을 의미하며 바지를 지칭하지 않는다. 쇼츠(shorts)는 바지와 유사하지만, 허리에서 발목이 아닌 무릎 근처에서 스타일에 따라 더 위로 또는 더 아래로 내려간다. 영국 같은 경우 학교 교복에서 바지를 쇼츠와 구별하기 위해 바지는 'long trousers', 쇼츠는 'short trousers'라 부르기도 한다.

시베리아 지역의 말타-부레트(Mal'ta-Buret') 문화 유적지에서 발견된 작은 조각상들에서 볼 수 있듯이 이미 후기 구석기시대부터 바지를 입었다는 것을 확인할 수 있다. 가장 오래된 바지는 중국 서부 신장 현 투르판의 양하이 묘지에서 발견된 것으로 BC 13~10세기 사이의 유물로 추정된다. 양털로 만든 바지는 쭉 뻗은 다리에 넓은 가랑이를 가진 것으로 보아 말을 타기 위해 만들어졌던 것으로 보인다. BC 6세기에 접어들며 바지는 기록의 역사 속으로 들어가는데 페르세폴리스의 암각화와 예술 작품들에서 그리스 민속지학(ethnography)에 바지를 입고 말을 탄 유라시아 유목민들이 등장한다. 당시 스키타이, 사르마티아, 소그드, 박트리아와 같은 이란 계통의 종족들과 아르메니아, 흉노, 훈 등 아시아인들이 바지를 입었던 것으로 알려지며 남녀 구별이 없었던 것으로 여겨진다.

고대 그리스인들은 동양 국가들에서 입는 바지를 'ἀναξυρίδες (anaxyrides)'라 부르고, 스키타이 사람들이 입는 헐렁한 바지를 'σαράβαρα(sarabara)'라고 지칭했다. 하지만 그들은 결코 바지를 입지 않았는데 바지를 입은 모습이 우스꽝스럽다고 생각했던 것 같다. 그들은 페르시아와 동양 사람들이 입던 헐렁한 바지를 은어로 보따리를 의미하는 'θύλακοι(thulakoi)'라 부르며 놀렸다고 한다.

고대 그리스 아티카의 붉은 접시에 그려진
스키타이 궁수(BC 520~500), 대영박물관

그리스 아티카에서 발굴된 도기에 그려진 바지를
입은 여전사(Amazon)(BC 470), 대영박물관

바퀴

BC 3500년쯤 지금은 이라크에 속하는 메소포타미아 지역에서 최초로 바퀴(wheel)가 발생되었다. 바퀴가 운송용으로 처음 사용된 시점은 대략 BC 3200년경으로 메소포타미아의 전차에 적용되었다. 가장 오래된 유적은 역시 현대의 이라크에 속하는 우르(Ur)에서 발견되었는데 대략 BC 3100년경에 제작된 것으로 보인다. 순전히 역사적 관점에서만 본다면 바퀴의 처음은 구석기 시대인 1만 5,000년 전에서 75만 년 전까지 거슬러 올라가야 한다. 바퀴 진화의 다음 단계라 할 바퀴살의 발명에 이르기까지 다시 1,500년의 세월이 필요했다. 더 빠른 운송수단에 대한 수요와 더 적은 재료를 사용하고자 하는 아이디어는 이 기술적 돌파구로 연결되었다. 이집트인들은 바퀴살이 적용된 바퀴 모델을 BC 2000년경의 전차에 처음으로 적용했다. 그들은 바퀴 양면을 깎아 바퀴살 모양을 만들었다. 하지만 크로스바(cross-bar) 형태 또는 H-타입의 바퀴를 처음으로 소개한 것은 그리스인들이었다.

바퀴 가장자리를 두르는 철로 만든 최초의 림(rim)은 BC 1000년경 켈트족의 전차에서 찾아볼 수 있다. 바퀴살이 적용된 바퀴의 형태는 1802년 바우에르(G. F. Bauer)가 와이어 장력 방식의 바퀴살(wire tension spoke)에 대한 특허를 출원하기까지 거의 변하지 않았다. 이 와이어 장력 바퀴살은 똑같은 길이의 와이어를 바퀴의 림과 허브(hub) 양단에 연결하는 방식이었고, 이후 몇 년이 되지 않아 오늘날 자전거에서 볼 수 있는 원형장력 바퀴살(round tension spoke)로 진화했다.

와이어장력 바퀴살이 발명되던 비슷한 시기인 1845년 또 하나의 주요 발명인 공기압식 타이어가 톰슨(R. W. Thompson)에 의해 특허출원 되었다. 그의 아이디어는 스코틀랜드 수의사인 던롭(John Dunlop)에 의해 더욱 개량되어 1888년 특허등록이 되었다. 부드러운 승차감으로 인해 던롭의 공기압식 타이어는 당시 모든 자전거들에 사용되던 단단한 고무바퀴들을 대체하게 된다.

1. Bugatti Chiron - $2,600,000

2. Koenigsegg Regera - $1,900,000

3. Hennessey Venom GT - $1,200,000

4. Rolls-Royce Phantom Coupe/Drophead Coupe - $443,425/$497,100

5. Rolls-Royce Phantom - $422,925

6. Lamborghini Aventador LP700-4 Coupe - $406,695

7. Bentley Mulsanne - $310,125

8. Rolls-Royce Ghost - $300,450

9. Ferrari F12berlinetta - $323,745

10. Rolls-Royce Wraith - $306,350

세계에서 가장 비싼 10대 양산차(2015)

우르에서 출토된 BC 2500년경의
수메르 당나귀 마차

바퀴의 진화

맷돌

맷돌은 아주 다양한 음식재료들을 손으로 가는 데 사용되는 돌로 만든 도구이다. 맷돌은 한 쌍으로 만들어져 있는데, 아래쪽의 고정되어 있는 돌을 영어로 밑돌(quern)이라 하고, 위쪽의 움직이는 돌을 손잡이 돌(handstone)이라 한다. 맷돌은 신석기 시대 이래로 곡물을 가루로 만드는 데 사용되었다.

가장 초기의 밑돌 형태는 안장이나 구유 모양이었다. 가장 오래된 밑돌은 BC 9000년경 시리아의 아부 후레이라(Abu Hureyra) 지역에서 발견되었다. 손잡이 돌은 후대에 개발되었는데 여러 가지 형태가 있다.

안장형(saddle type) 맷돌

밑돌은 손잡이 돌(rubbing stone)을 밀고 당기고 하여 갈아 가운데가 움푹 들어가 말안장 형태로 만든다. 가장 오래되고 널리 사용되는 맷돌 형태이다.

회전형 맷돌

곡물을 갈기 위해 원형으로 돌아간다. 따라서 밑돌이나 손잡이 돌 모두 원 형태가 일반적이다. 회전형 맷돌의 손잡이 돌은 안장형 맷돌의 손잡이 돌보다 훨씬 무거워서 생곡물을 가루로 만드는 데 필요한 적절한 무게를 제공한다. 손잡이 돌과 밑돌이 닿는 표면은 서로 잘 맞게 되어 있는데, 어떤 경우는 윗돌이 약간 볼록하게, 그리고 밑돌은 움푹 들어간 형태로 만들어진다.

벌통형 맷돌(Beehive quern)

윗돌이 반구 또는 빵 모양으로 중앙에는 호퍼(V자형 용기, 곡물·석탄·짐승 사료를 담아 아래로 내려 보내는 데 씀)가 있어 곡물은 구멍을 통해 갈리는 면까지 떨어진다. 윗돌은 밑돌의 중앙 구멍과 들어맞도록 중심축으로 고정되었다. 윗돌에는 또한 깊은 수평 소켓이 있어 그 안에 나무로 만든 손잡이를 끼워 넣어 윗돌을 돌릴 때 손잡이로 사용하게끔 되어 있다. 회전형 맷돌의 가장 초기 형태라고 할 수 있는 벌통형 맷돌은 영국 도서에서 발견된다. 이러한 형태의 맷돌은 영국 섬에는 철기시대(BC 400~300)에 도달했는데 BC 2세기 이후에는 아마도 스코틀랜드로부터 아일랜드의 북부로 전파된 것으로 보인다.

인도에서도 숫돌(Chakki, 차키)이 곡물과 향신료들을 가는 데 사용됐다. 차키는 실린더 형태의 고정 돌과 그 위에 더 작은 실린더 돌이 얹어져 돌아간다. 차키라는 단어는 두 개의 돌판 사이에 밀을 넣어 가는 전통적 인도 방식에서 유래했다. 오늘날의 방앗간들도 밀가루를 만드는 과정에서 돌을 사용하여 밀을 분쇄한다. 한반도에서도 신석기시대 이래로 원시인들이 최초로 회전축을 이용한 움직이는 도구를 만들었고, 그것이 빗살무늬토기인의 맷돌이었다고 주장하지만, 다른 지역에서나 마찬가지로 처음에는 편평한 돌 위에 적당한 돌 또는 물건으로 문지르는 것으로부터 시작된 것으로 추정된다. 우리나라의 회전형 맷돌은 형태의 유사성으로 보아 근동 지역에서 출발하여 인도, 중국을 거쳐 한반도까지 도래한 것으로 보인다. 한편, 일설에 따르면 '어이가 없다.'는 말에서

어이는 손잡이 돌의 손잡이를 지칭한다고 하지만 문헌적 근거는 없다고
한다.

철기시대의 맷돌(BC 300~200)

안장형 맷돌

벌통형 맷돌

고대 인도의 차키(Chakki)

한국의 전통 맷돌

안경

　누가 안경렌즈를 최초로 발명했는지는 알려지지 않았으나, 로마의 비극작가 세네카(Seneca, BC 4~AD 65)는 이미 2,000년 전에 물로 채워진 유리구(glass globe)를 확대경으로 사용하여 로마의 모든 책들을 읽었다고 전해진다. 또한, 중세의 수도사들은 유리구를 확대경으로 사용하여 책들을 읽었다고 보고되었다. 13세기 베네치아 유리장인들은 뿔이나 나무로 만든 단일렌즈형 프레임을 손잡이로 붙인 고체유리렌즈로 독서용 스톤(stones)을 제작했다고 알려진다. 이 독서용 스톤들은 오늘날의 손잡이 확대경과 유사했다. 대부분의 역사가들은 1285~1289년 사이에 이탈리아 피사 또는 베니스의 수도사들이나 기술자들이 처음으로 안경의 원형을 제작했을 것이라고 믿는다. 이 책을 읽기 위한 확대용 렌즈들은 두 개의 작은 확대용 유리들을 뼈, 금 또는 가죽들로 만들어진 받침에 쏙 들어가도록 모양이 만들어졌고 이 받침들은 코에 걸쳐서 균형을 잡도록 고안되었다. 안경의 사용에 대한 최초의 미술적 표현은 1352년 토마소 다 모데나(Tommaso da Modena)의 그림에서였다. 그의 그림은 원고를 읽고 쓰는 수도사를 묘사했는데 한 수도사가 확대용 유리를 사용하고 있고, 다른 수도사는 코에 안경을 걸치고 있다. 최초의 안경은 단지 원시와 노안을 교정하는 데 사용되었다. 근시를 교정하는 안경은 한참 후인 1400년대 초기에 나타났다. 독서용 스톤(stone)이라 불리던 최초의 시력

보조기는 1000년경에 발명되었는데 종이 위에 올려놓는 유리구가 활자를 확대하는 기능을 했다. 1284년 이탈리아에서 살비노 아르마티(Salvino D'Armate)는 최초의 쓰는 안경을 발명했다. 선글라스는 고대 중국과 로마에서 시작되었다. 가장 초기의 선글라스는 오늘날의 그것들과는 모양이 달랐고 사용 목적도 전혀 달랐다. 대중용 선글라스를 최초로 제작한 사람은 18세기 영국 제임스 아이스코프(James Ayscough)였다.

우리나라에서는 학봉 김성일이 사용한 안경이 최초의 안경으로 여겨지며 조선 숙종 때인 17세기에 안경이 청나라 상인을 통해 국내에 유입되었다. 정조는 안경을 신기하게 여겼고 눈이 좋지 않아 안경을 끼고 정무를 보기도 했다. 안경을 쓰는 데 대한 예법도 까다로웠다. 지위가 높거나 나이 많은 사람 앞에서 안경을 쓰는 건 금물이었다. 신분이 높더라도 공식적인 자리에서는 안경을 쓰지 않았다. 임금도 어전회의에서는 안경을 벗는 게 원칙이었다. 우리 역사에서 처음 안경을 쓴 임금은 조선 정조였다.

1500년대 김성일 선생이 쓰던,
국내에서 가장 오래된 안경

토마소 다 모데나,
〈안경을 사용하여 책을 읽고 있는 수도사〉(1352)

조선 시대에 쓰였던 실다리 안경과
석류 모양의 나무 안경집

독서용 보석(AD 1000)

시계

수천 년의 세월 동안 시간을 측정하기 위해 다양한 장치들이 사용되어왔다. 현재의 60을 단위로 하는 시간 측정체계는 대략 BC 2000년경 수메르로부터 시작되었다. 고대 이집트인들은 하루를 2개의 12시간 단위로 나누었고, 태양의 움직임을 추적하는 데 거대한 오벨리스크를 사용했다. 그들은 또한 물시계를 발명했는데, 아마도 이집트 아문-레 구역(Precinct of Amun-Re)에서 처음으로 사용되었던 것 같고 후에 이집트 밖에서도 사용되었다. 이 물시계들은 고대 그리스인들에게 전파되었고, 그리스인들은 물시계란 의미로 크렙시드라(clepsydra)라는 이름을 붙였다. 중국의 주나라도 비슷한 시기에 물시계를 처음 사용했을 것이라 여겨지는데, 물시계 장치들이 메소포타미아로부터 BC 2000년경 도입되었던 것으로 보인다.

여타 고대의 시간측정장치 중에는 촛불시계가 포함되며, 고대 중국, 일본, 잉글랜드, 메소포타미아 등에서 사용되었다. 인도와 티베트 그리고 유럽의 일부 지역에서 시간막대(timestick)가 사용되었다. 또한 물시계와 비슷한 기능을 갖는 시간글라스(hourglass)와 맑은 날 그림자를 이용하여 시간을 측정하는 해시계도 발달했다.

회전 에너지를 단속운동으로 변환시키는 방식의 수력을 이용하는 가장 오래된 시계는 BC 3세기 고대 그리스로 거슬러 올라간다. 중국의 기술자들은 10세기에 들어와서 수은으로 구동되는 탈진기(脫進機) 시계를 발명했고, 뒤이어 11세기경 이란의 기술자들이 기어와 중력을 이용한 물시계를 발명했다. 밸런스 휠(balance wheel)을 사용한 경계 탈진기(verge escapement) 기구를 채택한 최초의 기계식 시계들은 14세기 초반 유럽에서 발명되었고, 1656년에 진자 방식의 괘종시계가 발명되기 전까지는 표준 시간측정장치로 자리 잡았다.

15세기 초 주 스프링(mainspring)이 발명됨으로써 이동형(portable) 시계가 개발되는 기반이 되었고, 17세기에는 최초의 주머니 시계 (pocketwatches)가 탄생했다. 하지만 이 시계들은 그다지 정확하지 않았고, 균형 스프링(balance spring)이 더해져 휠(wheel)의 균형을 잡아주는 17세기 중반에 이르러서야 정확한 시계가 완성된다. 1930년대에 수정 발진기(quartz oscillators)가 발명되고, 2차 세계대전 이후 원자시계가 발명되기 이전까지는 괘종시계가 가장 정확한 시간측정장치의 자리를 유지했다. 비록 초기에는 실험실에 국한되었지만, 1960년대 미전자공학 (microelectronics)의 발달은 쿼츠(quartz) 시계를 작고 싸게 만드는 데 기여했으며, 1980년대까지는 벽시계, 탁상시계, 손목시계 모두에서 가장 주도적인 시간측정기술로 자리 잡게 되었다.

하지에 스톤헨지 위로 떠오르는 태양

밸런스 휠을 사용한 경계 탈진기 기구

고대 이집트의 낮을 12개 구간으로 나눈
태양다이얼(BC 1500). 왕들의 계곡에서 발굴

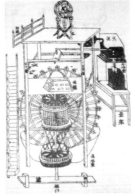

중국 송나라 수송(蘇頌)이 발명한
시계탑의 내부 구조도(11세기)

촛불시계

고대 페르시아 물시계

1. Chopard 210 karat . $26 million.

2. Patek Philippe Super Complication . $11 million.

3. Patek Philippe Platinum World Time. $4 million.

4. Vacheron Constatin Tour de I'lle . $1.5 million.

5. Patek Philippe Sky Moon Tourbillon . $1.3 million.

6. Chopard Super Ice Cube . $1.1 million.

7. Hublot Black Caviar Bang – $1 million.

8. Louis Moinet Magistralis – $860,000.

9. Blancpain 1735 Grande Complication – $800,000.

10. Brequet Pocket Watch 1970 BA/12 – $734,000.

세계에서 가장 비싼 10대 손목시계(2015)

우산과 양산

　현대의 우산(umbrella) 또는 양산(parasol)은 나무나 금속으로 만든 갈빗대 모양의 가는 막대들이 받쳐주는 접이식 덮개(canopy)가 나무, 금속 또는 플라스틱 기둥 위에 얹어진 형태를 갖는데, 사람들은 비를 막는 데 우산을 주로 사용하고, 양산은 특히 햇빛을 가리는 데 이용한다. 양산은 꼭 방수일 필요가 없지만, 우산의 덮개는 방수처리된 천, 종이 또는 비닐로 만들어진다. 스페인어 또는 프랑스어인 parasol이란 단어에서 para는 멈추거나 또는 가린다는 뜻을 갖고 있고, sol은 태양을 의미한다. 한편, umbrella라는 단어는 라틴어 umbella(umbel은 위가 평평하고 둥근 꽃을 지칭한다) 또는 umbra에서 유래되었는데 그늘 또는 그림자를 의미한다.

　햇빛을 가리는 양산 또는 파라솔의 최초 사용에 대한 기록은 3,500년 전의 고대 이집트로 거슬러 올라간다. 초기에는 야자수 잎과 같은 단순한 형상에 막대기를 붙인 모양이었는데, 이집트 파라솔은 곧 귀족이나 제사장 또는 왕족들이 사용할 수 있는 고급스런 형태로 진화했다. 당시 파라솔은 제사장들이나 귀족들의 상징이었고, 이들은 햇볕에 타지 않은 창백한 피부를 갖는 게 유행이었다. 고대 이집트 유적지들에서 발견되는 여러 상형문자 벽화들에는 머리 위에 파라솔을 쓰고 있는 왕족과 신들의 생활모습이 그려져 있다. 이웃 왕국인 아시리아에서는 왕들만이 정성스레 만든 파라솔로 햇볕을 가릴 수 있는 특권이 있었다고 전해진다.

아프리카 북부와 중동 지역의 환경과 같은 건조한 사막 지역에서는 파라솔에 방수기능을 더한 우산을 발명할 필요가 없었을 것이다. 우산의 발명은 BC 11세기경 중국에서 일어났는데, 비단으로 만든 방수 우산은 이집트의 파라솔과 마찬가지로 귀족과 왕족의 전유물이었다. 권력의 상징으로 영향력 있던 사람들은 여러 겹의 우산을 사용했는데, 그 예로 중국 황제 자신은 매우 공들여 만든 4겹의 파라솔을 사용했다. 유사한 전통이 국경을 가로질러 사이암이나 미얀마에 전파되어 이 왕국들의 통치자들은 심지어 8~24겹의 파라솔을 사용하기도 했다고 한다.

오늘날과 같은 접이식 우산에 대한 최초의 문헌은 21년 신(新)나라 황제 왕망(王莽)이 제식용 4륜 마차에 접이식 우산을 고안했다고 기록하고 있다. 2세기의 논객 부첨(傅僉)은 왕망의 마차에 부착한 접이식 우산은 길이를 늘이거나 줄일 수 있도록 굽힐 수 있는 접합 부위가 있었다고 첨언했다. 1세기에 만들어진 이러한 접이식 우산이 한반도 낙랑군 지역에 위치한 왕광의 무덤에서 발견된 적이 있다. 하지만 중국의 접이식 우산 개념은 왕광의 무덤보다 최소 수 세기 이상 이전에 존재했던 것 같다. BC 6세기경의 주(周)나라 시절 뤄양(洛陽)의 한 유적지에서 파라솔이나 우산의 부품들을 만들 수 있는 복잡한 청동 주물이 발견된 적이 있다.

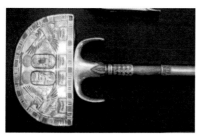

이집트 투탕카멘(Tutankhamun) 무덤에서
출토된 햇볕가리개

진시황 무덤에서 출토된
우산이 고정된 테라코타 마차(BC 210)

팁 예절

　해외여행 시 레스토랑에서 식사를 할 경우 어떤 나라에서는 팁(tip)을 관행적으로 내야 하고, 어떤 나라에서는 팁을 내지 않는다. 국내 특급호텔의 경우나 고급 음식점의 경우는 아예 10%의 봉사료가 계산서에 찍혀 나오기도 한다. 팁을 주더라도 음식 값의 10%를 주어야 하는지 아니면 20%를 주는 게 적당한지 고민을 해 본 경험이 있을 것이다. 여기에서는 팁 예절에 대해 살펴본다.

　봉사료 또는 팁은 서비스 분야에서 서비스를 제공하는 작업자에게 기본요금에 추가하여 관행적으로 지급하는 금전의 합이다. 팁은 영어로 'gratitude'라는 단어를 사용하기도 하는데, 그 의미는 감사이다. 즉, 작업자의 봉사에 대한 감사로 지급하는 돈이 팁인 것이다. 나라나 장소에 따라 술집, 음식점, 택시, 미용원 등에서 관행적으로 팁을 지급해야 할 수 있다. 팁과 팁의 크기는 사회의 관습이나 예절에 관한 문제로서 국가별로 그리고 장소에 따라 다양하다. 국가와 장소에 따라서 때로 팁을 주는 것이 거부되며 심지어 모욕으로 여겨질 수도 있다. 반면에 어떤 장소에서는 고객들로부터 팁을 받는 것이 당연시되기도 한다. 팁의 관행적 크기는 요금의 규모나 받은 서비스의 질에 따라 좌우된다. 음식점에서 별도의 팁을 요구하는 나라들로는 알바니아, 아일랜드, 영국, 캐나다, 미국, 멕시코 등이 포함된다. 이 나라들에서 여행을 할 경우 특히 웨이터나 웨이트리스가 서브를 하는 레스토랑에서 반드시 적절한 팁을 준비하는 것을 잊지 말아야 할 것이다. 미국의 경우 대략 음식가격의 15~20% 정도 팁을 주는 것이 적당하다.

지명의 유래 1 - 우리나라

　내 천(川/巛) 자와 고을 주(州) 자는 부모와 자식 같은 사이로 두 글자 모두 강물이 흘러가는 모습에서 유래된 글자이다. 내 천 자가 흘러가는 강물의 모양을 본떠 만든 글자라면 고을 주 자는 내 천 자 사이에 세 개의 점이 찍혀 있는데 그 이유는 바로 강물이 흘러가는 사이에 있는 섬의 모습을 나타내기 때문이다. 지리 용어로 강 사이에 있는 섬을 '삼각주'라고 부르는데 농사를 짓는 중국의 마을들은 양자강이나 황하강의 삼각주에 많이 자리하고 있다. 이렇게 강이 자연스러운 경계가 되어 각각의 섬은 고을이 되었다. 그래서 주 자는 마을, 혹은 고을이라는 의미를 갖는 것이다. 중국 도시 이름을 보면 항주(杭州), 소주(蘇州), 광주(廣州), 귀주(貴州) 등 끝에 주(州)자가 많이 들어가는 것은 이러한 이유가 때문이다. 물론 우리나라의 경주(慶州)나 상주(尙州), 그리고 전주(全州), 나주(羅州) 등도 모두 강을 끼고 있다. 상형문자를 보면, 내 천(川)자는 물 수(水) 자와 비슷한 글자에서 출발했다. 또한 섬을 뜻하던 주(州) 자가 고을이란 뜻으로 쓰이게 되어 원래의 뜻을 살리기 위해 물 수(氵) 자를 붙여 섬 주(洲) 자를 따로 만들게 되었다. 그래서 삼각주(三角洲)를 한문으로 쓸 때에는 섬 주(洲) 자로 써야 맞다.

　'원(院)'은 고려 및 조선 시대 역원제의 실시로 공무여행자에게 편의를 제공하기 위한 목적으로 설치된 것으로 공관이 별도로 마련되었고 누각도 있었다. 서울 동대문 밖의 보제원(普濟院), 남대문 밖의 이태원(梨泰院), 서대문 밖의 홍제원(弘濟院) 등이 대표적이다. 서울뿐 아니라 장호원, 조치원, 사리원, 풍수원 등도 모두 원이 운영되면서 얻은 지명이다.

영동(영동대교, 영동대로, 영동중학교 등에서 지명이 남아 있음)의 이름은 '영등포의 동쪽'에서 유래되었다. 영등포는 한강 남쪽에서 가장 먼저 서울에 편입된 지역이다. 그리고 이후 지금의 강남, 강동, 송파 일대는 나중에 서울로 새로 편입되었다. 정말 특별한 지명이 없다 보니 당시 영등포구(지도에서 볼 수 있듯이 지금의 동작구, 관악구, 서초구까지 모두 영등포구였던 시절)의 동쪽이라고 영동이라고 이름을 붙이고 영동 신시가지 개발을 했다고 한다.

뚝섬(纛島)은 서울특별시 성동구 성수동 일대에 있었던, 한강에 홍수가 날 때마다 지대가 낮아 물길이 생겼던 일시적인 섬이다. 현재는 1980년대 초 한강종합개발사업에 의해 한강을 직강화(直江化)하면서 남쪽의 많은 부분이 잘려 나갔다. 뚝섬은 원래 '둑도(纛島)', '독도(纛島)' 혹은 '살곶이벌'로도 불렸다. 이 뚝섬은 본래 치우의 사당을 모셨기 때문에 '치우기(旗)'를 뜻하는 '둑(纛; 쇠꼬리나 꿩꽁지로 꾸민 깃발 '둑', 치우기 '둑'이라고도 함)' 자를 써서 '둑도', 곧 '둑섬'이라고 일컫던 것인데, 경음화되어 '뚝섬'이 된 것이다. 매년 둑제(치우제) 때와 우리 민족에 큰 환란이 닥칠 때마다 치우의 사당인 둑신사(纛神祠)와 치우의 능에서는 정체불명의 붉은 연기가 한줄기 피어올랐다고 전해지며 우리 선조들은 이것을 '치우의 깃발' 혹은 '치우기'라고 불렀다. 1940년대 초까지 둑신사(纛神祠)에 둑신기(纛神旗)와 탁록전투도(涿鹿戰鬪圖; 폭 6자, 길이 36자의 거대 벽화)가 전해 내려오다 큰 장마로 건물 전체가 휩쓸려가 사라졌다고 한다. 수해 직후 그 자리에 당시의 민족 운동가들이 둑신사를 복원하려 했으나, 일제가 민족정기 말살 정책의 일환으로 그 자리에 마굿간을 지어버렸고 그 일을 바탕으로 결국 뚝섬 경마장이 들어서기에 이른다. 둑제(치우제)는 고려 시대와 조선 시대에, 군영을 대표하는 대장기로서 치우를 상징하는 깃발인 '둑(纛)'이라는 깃발을 둑소에 두고 매년 경칩과 상강, 각종 큰 전투를 앞둔 날에 갑옷을 갖춰 입고 제를 지낸 것이다. 또한 이곳이 조선 태조 때부터 임금의 사냥 장소여서 임금이 나오면 그 상징인 독기(纛旗)를 꽂았으므로 이곳을 '독도(纛島)'라고 부르기도 했다. 또한 이곳에서 군사들이 활솜씨를 겨루는 등의 무예를 연마하고 왕이 직접 사열하던 곳이므로 '살곶이벌'이라 부르게 되었다는 이야기도 있다. 이처럼 독기(纛旗)와 화살에 얽혀 있는 얘기들이 많고, 화살과 관련이 많은 곳이다.

옛 지도를 통해 확인할 수 있듯이 잠실은 원래 지금의 광진구 자양동 쪽에 붙어있는 반도형의 땅이었다. 이때까지 한강은 잠실섬의 남쪽으로 굽이쳐 지금의 석촌호수를 거쳐 잠실종합운동장 서쪽으로 흘렀다. 한강 북쪽에 붙어있던 잠실은 조선 때 강북과 떨어진다. 『동국여지비고』「산천조」를 보면 '한강물이 넘쳐서 지류가 생겼는데, 이 샛강을 신천(新川)이라고 한다. 가물면 걸어서 건널 수 있고, 물이 불면 두 줄기 강물이 되어 저자도 아래에서 한 줄기로 합쳐진다. 중종 23년(1528)에 군대를 동원해 돌을 날라다가 쓸려나가는 강둑을 보호하려 했으나 성공하지 못했다.'는 기록이 나온다. 이렇듯 자양동과 잠실 사이의 샛강은 그리 넓지 않아 배 없이도 건널 수 있었다. 지금 여의도 남쪽을 흐르는 샛강과 비슷했던 모양이다. 이 샛강이 배를 타고 건너야 할 '명실상부한' 강이 된 건 1925년 을축년 대홍수 이후였다. 을축년 대홍수는 한강의 지도를 바꾼, 말 그대로 엄청난 물난리였다. 잠실이 다시 육지가 된 것은 1971년 잠실 공유수면 매립사업 이후였다. 1960년대 후반부터 반포지구, 구의동 지구 등 한강 주변이 매립돼 엄청난 교환가치를 가진 땅으로 변모하기 시작했다. 그 마지막이자 가장 큰 매립지가 잠실이었다. 정부와 서울시는 잠실의 북쪽 모래사장과 새내마을 일부를 침수시켜 샛강인 신천강의 너비를 확장하고, 본류인 송파강을 땅으로 메우기로 했다. 공사 당시 광진교 쪽에서 흘러오는 한강을 신천강으로만 흐르게 하기 위해 잠실섬의 동북부 지역을 깎아 물이 흐르게 하고, 송파강 초입부에 막아 물길을 끊었다. 한강의 본류였던 송파강의 흔적으로 남은 게 지금의 석촌호수다. 잠실은 이때 강북인 성동구 자양동에서 강남인 송파구 잠실동·신천동이 된다.

다음은 같은 의미를 갖지만 다르게 보이는 지명들을 알아보자. 병천면(竝川面)은 충청남도 천안시 동남구에 있는 면이다. 병천 순대로 유명하고 1919년에 아우내장터 만세운동이 일어난 곳이다. 인근의 백전천(병천천)과 갈전천(광기천)의 두 물길이 아우러진다고 하여 '아우내'라고 불렸고, 이를 한자로 표기하면서 '아우를 병(竝)', '내 천(川)' 자를 써서 병천이 되었다. 아우라지는 강원도 정선군의 지명으로 정선군 여량면 여량 5리에 자리잡고 있으며, 골지천과 송천이 합쳐져서 한강의 본류(조양강)를 이루는 곳이다. '아우라지'는 어우러진다는 뜻으로서, 두 물줄기가 어우러져 한강을 이루는 데에서 이 이름이 유래했다. 또한 이곳에 있는 나루터를 일컫기도 한다. 두물머리는 양수리의 옛 지명이며, 남한강, 북한강 두 줄기 강물이 하나로 만나는 곳이라는 의미이다. 교하군은 경기도 파주시 시내(옛 금천읍)·교하읍·탄현면 전체와 조리읍의 등원리에 걸쳐 있었다. 조선 초기의 고을 중심지는 지도 아래 장릉(長陵)이라 적혀 있는 곳에 있었는데, 1731년(영조 7)에 인조와 왕비 인열왕후 한씨의 무덤을 파주에서 옮겨오면서 지도 위쪽 파주시 금릉동의 쇠재내루(金尺津) 지역으로 옮겼다. 그리고 얼마 후 다시 풍수의 논리로 최고의 명당 형국을 취하고 있다고 여겨진 지도 가운데의 교하군(交河郡)으로 옮겼는데, 현재의 교하읍 교하리이다.

강물이 흘러가는 사이에 있는 섬의 모습

삼각주(三角洲)

1970년대 초 서울의 행정구역도

1884년 구한말 미국대리공사가 그린 것으로 추정
되는 순 한글로 제작된 경조오부도(京兆五部圖)

석촌호수 전경

아우라지: 골지천과 송천

두물머리: 양수리

아우내: 백전천(병천천)과 갈전천(광기천)

교하읍 교하리

잠실지역 고지도

지명의 유래 2 - 영미권

이탈리아 북부의 도시 파르마(Parma)는 근처 언덕에 소금광산이 있고, 우유를 응고시킨 것 같고 짭짤한 맛을 내는 치즈로 널리 알려진 지역이다. 파르마는 과거 큰 목장 지역 한가운데 위치했었고, 지금도 파르메산 치즈와 절인 햄인 파르마 프로슈토(Prosciutto di Parma)로 유명하다. 파르마라는 지명은 소금에서 유래된 에트루리아(Etruria)식 이름이다. 영국 도시 중 -wich, -wick, -wych, -wyke으로 끝나는 이름을 가진 경우 대부분 소금물이 솟아 나오는 지역이다. 이러한 어미들은 원래 주거 지역 또는 상업 지구를 의미했지만, 결국 소금 샘물이 있거나 소금을 생산하는 지역을 가리키게 되었다. 소금과 관련하여 잘 알려진 영국 도시로 노스위치(Northwich), 미들위치(Middlewich), 난트위치(Nantwich), 레프트위치(Leftwich) 등이 있는데 모두 체셔(Cheshire) 지방에 속한다. 영국 도시 샌드위치(Sandwich)라는 이름은 이 지역에서 한때 소금을 생산했고, 모래 위에 도시가 세워져 그 이름이 샌드위치가 된 것이다. 우리가 즐겨 먹는 음식인 샌드위치의 이름은 두 개의 빵 슬라이스(slice) 사이에 햄 등 음식물을 넣어 즐겨 먹었던 이 지역 네 번째 백작의 이름을 따라 붙여졌다.

언덕 위의 성채(城砦)를 의미하는 영어단어 hill fort의 독일어(게르만)식 표현은 burg였다. 마침내 fort와 burg는 구영국을 포함하여 유럽 대부분의 지역에서 독일의 Hamburg와 같이 '성곽으로 둘러싼 도시' 또는 '요새화된 도시'를 의미하게 되었는데 이러한 도시들은 살기에 안전한 지역이었다. 반면에 Burg에서 u가 e로 바뀐 berg는 언덕 또는 산을 가리키게 되었다. 관련 예들을 살펴보면, 남아프리카에서 네덜란드어 파생어인 아프리칸어(Afrikaans)를 하는 사람들은 산들을 bergs라 부르고, 영어 사용자들은 물에 떠다니는 큰 얼음 언덕을 iceberg라고 한다. 마침내 burg는 borough, boro, brough, bury 등으로 모양을 바꾸게 되는데, 이러한 어미를 갖는 도시들은 성채로 둘러싸인 요새의 특징을 갖는다. 또한, 이러한 어미는 대체로 행정적 지부의 의미도 갖게 된다. 스코틀랜드 수도인 에든버러(Edinburgh)는 언덕 위의 성채로 시작되었다. 사이먼과 가펑클의 유명한 노래 'Scarborough Fair'에서도 borough라는 어미를 찾아볼 수 있다.

영국 도시 North Yorkshire라는 이름에서 shire의 원형은 불안하다는 의미의 shaky이다. 실제로 이 도시는 바이킹의 습격을 여러 차례 받았고, 사람들은 불안한 도시를 강화해야 할 필요성을 느꼈을 것이다. 이처럼 영국에서 도시 이름이 무엇을 의미하는지가 이름 자체에서 드러나기도 한다. Ford는 강바닥이 얕은 여울을 의미한다. 즉, -ford 어미를 갖는 마을이나 도시는 사람들이 걸어서 건널 수 있는 넓고 얕은 강이 주변에 있는 곳이다. Oxford는 황소 떼가 템스강(Thames River)을 걸어서 건널 수 있는 장소였다. 원래 ville은 라틴어로 농장을 의미한다. Village라는 단어와 어미 -ville는 프랑스에서 영국으로 전래되었다. Villa는 시골집 또는 농장을 의미했다. 즉, village라 함은 조그마한 집들이 모여 있는 시골 마을을 뜻한다. 간략히 말해서 노르만족이 영국을 침략했을 때 -ville을 포함하여 온갖 종류의 프랑스 단어들을 영어로 끌고 온 것이다. 영국 Freeborn County에 있는 Glenville이라는 도시 이름에서

Glen은 영어로 협곡(narrow valley)을 의미하므로 Glenville은 영어와 프랑스어가 혼합하여 만들어진 셈이다. 여기서 Glen이 꼭 좁은 계곡을 의미하지는 않지만 Glen이라는 어휘를 포함하는 도시들은 적어도 유사한 형상의 지형을 토대로 세워진다. 영국 도시 Hayward는 말 그대로 Hay(건초)를 지키는 경비병(ward)을 둔 마을이라는 의미를 갖는다. ton이라는 어미는 town의 약어인데, 미국 사우스캐롤라이나의 Charles Town이 Charleston으로 바뀐 것이 그 예이다. 하지만 오히려 town이 고대 영어 tun에서 온 ton을 길게 말하면서 나중에 만들어진 단어이다. ton은 둘러싸인 지역을 의미한다. 그렇다고 burg와 같이 성벽으로 둘러싸일 필요는 없다. Shipton이라는 도시 이름이 양 목장을 가리키는 것처럼 정원이나 농장을 둘러싼 담장이 될 수도 있는 것이다.

파르메산 치즈

샌드위치 마을

스코틀랜드 에든버러(Edinburgh)

옥스퍼드(Oxford)강에서의 카누 타기

스페인 세비야(Seville)

위스콘신 헤이워드(Hayward)

지명의 유래 3 - 오대륙

고대 로마인들은 오늘날의 튀니지에 해당하는 아프리카 북부를 아프리카 데라(Africa terra; 'land of the Afri', 'Afer 사람들의 땅'이라는 뜻)라고 불렀다. 아페르(Afer)의 기원은 페니키아어 afar이며, 이는 카르타고 시대에 북부 아프리카 건조지역에 거주하던 아프리(Afri) 부족을 일컫는다. 아페르는 그리스어로 추위가 없다는 의미의 aphrike(ἀφρίκη)이며, 라틴어 아프리카(aprica)는 햇빛이 비친다는 의미를 갖는다. 아프리카(Africa)라는 이름은 원래 로마인들이 사용했는데 현대의 튀니지 지역을 가리켰으며, 아프리카 북부의 고대 왕국들인 트리폴리타니아(Tripolitania), 누미디아(Numidia), 모르타니아 캐사리엔시스(Mauretania Caesariensis) 등이 아프리카 디오체시스(Diocesis of Africa)로 병합된 이후 로마 황제 디오클레티아누스(Diocletianus)에 의해 행정구조가 개편되고 더 넓은 아프리카 지역을 지칭하게 되었다.

아메리카 대륙은 이탈리아 탐험가 아메리고 베스푸치(Amerigo Vespucci)를 따라 이름 지어졌다. 베스푸치는 오늘날의 베네수엘라와 브라질의 해안선을 탐험하는 4차례의 항해 후에 새로이 발견된 서부 대지가 실은 대륙이라는 생각을 처음으로 하게 되었다. 그러한 베스푸치를 기리기 위하여 미주의 첫 지도제작자였던 독일인 마틴 발스세뮐러(Martin Waldseemüller)는 새로운 대륙을 그의 이름을 따라 아메리카라고 명명한다.

유럽(Europe)이라는 이름은 'Wide Face' 또는 '넓은 얼굴'이라는 의미의 그리스어 Åὐ ρὡπη로부터 유래된 라틴어 에우로파(Europa)로부터 나왔다. 그리스 신화에서 에우로파는 아게노르(Agenor) 또는 피닉스(Phoenix, 불사조)라 불리던 페니키아 왕의 아름다운 딸의 이름이었다. 신 제우스(Zeus)는 그녀를 보자 온순하고 하얀 황소로 변신했고 그녀와 친구들에게 접근했다. 에우로파가 황소의 등에 올라타자 황소는 크레타섬으로 수영해 건너갔고 그녀는 환신한 제우스와 사랑에 빠져 미노스(Minos), 라다만투스(Rhadamanthus), 사르페돈(Sarpedon) 등 세 명의 아들들을 낳게 된다. 이들 중 미노스와 라다만투스는 커서 아에아쿠스(Aeacus)와 함께 지하세계의 세 판관이 된다.

신라틴어로 전설 속 '미지의 남쪽 땅'이라는 의미의 Terra Australis Incognita라는 단어는 로마 시대로 거슬러 올라간다. 태평양 남서부 바누아투(Vanuatu)의 한 섬을 지칭하는 것으로 변질된 오스트라리아(Australia)라는 스페인어 이름은 1625년 처음 등장하며 대영제국 탐험가 매튜 프린더스(Matthew Flinders)의 1814년 오스트라리아 섬 일주 항해기록에 나타난다. 오스트라리아 뉴사우스웨일즈(New South Wales)의 총독인 라치란 맥쾨리(Lachlan Macquarie)는 그가 잉글랜드로 출항할 때 이 단어를 사용했고 1817년 공식적으로 채택하길 식민성(Colonial Office)에 추천했다. 행정당국은 7년 후인 1824년 이 새로운 대륙을 오스트라리아로 공식 명명하게 된다.

아시아(Asia)라는 단어는 고대 그리스어로 Ἀσία라고 쓰는데 그리스나 이집트와 구별되도록 아나토리아(Anatolia)나 페르시아 지역을 지칭한 BC 440년경의 헤로도토스(Herodotos)가 최초로 작명한 것으로 알려진다. 아시아라는 이름은 히타이트인들에게 아수와(Assuwa)라고 알려졌던 지역인 에게해(Aegean Sea) 동쪽 제방의 이름이었다. 아주 오래전부터 그리스인들은 아시아를 오늘날 아나톨리아로 알려진 현대 터키의 아시아 부분을 형성하는 반도에 해당하는 지역 전체를 일컫는 이름으로 사용했다. 하지만 그 이름은 더욱 동쪽으로 점차적으로 확대되었고, 마침내 오늘날 아시아라 부르는 지역 전체까지를 포용하게 되었는데, 반면에 아나톨리아 반도는 더 작은 아시아라는 의미의 소아시아(Asia Minor)라고 부르게 되었다.

아시아라는 단어와 더불어 사용되는 오리엔트(Orient)라는 단어는 문자 그대로 동쪽 또는 동쪽 방향의 그 무엇을 지칭한다. 유럽인들에게 각인된 이 어휘는 유럽을 기준으로 할 경우 동쪽에 있던 사람들과 지역을 희미했다.

어원을 이야기하자면 이 단어는 떠오르는 태양의 땅을 가리킨다. 해가 동쪽에서 뜨기 때문에 오리엔트라는 단어는 동쪽을 의미하게 된 것이다. 오리엔트라는 어휘는 옥시덴트(Occident) 또는 서구인들과 문화들과 거리가 있는 사람들 및 문화를 지칭하는데 서양의 작가들이 오래전부터 사용해왔다. 유럽인들은 향신료나 비단과 같이 동쪽으로부터 건너오는 물건들에 대해 때로 궁금해했다. 오리엔트라는 단어 속에 서양 사람들과는 다른 모습과 관습을 가진 이국적이고 신비한 문화와 사람들이라는 의미가 함축되어 있어 다수의 미국 사회운동가들이 보기에 오리엔탈이라는 단어는 유럽 중심적이고 부정적으로 비춰진다.

아시아는 특히 유럽과의 관계에서 동쪽에 위치한 큰 대륙에 속하는 사람들과 사물들을 지칭하기 위해 사용되는 단어이다. 서구 사람들은 아시아를 더 세분해서 동남아시아, 남아시아, 동아시아, 극동아시아 등으로 구별한다. 미국인들은 아시안과 쌍꺼풀이 없는 가는 눈을 가진 사람들을 같은 의미로 사용하는 경향이 있다. 하지만 쌍꺼풀이 일반적인 인도, 파키스탄, 방글라데시, 스리랑카 등의 많은 아시아 사람들에서 볼 수 있듯이 눈의 모양을 갖고 아시안을 일반화하는 것은 옳지 않다.

세계지도

아시아 지역구분

미국 이름

우리나라 사람의 이름은 대체로 한자로 병기하며, 뜻글자인 한자에서 의미를 찾는다. 서울 남산에서 돌을 던지면 김씨 아니면 이씨가 맞을 확률이 최소한 수십 퍼센트는 될 것 같은데, 미국이나 영국 사람들 중 같은 성(姓)을 가진 사람들을 만나기가 쉽지 않다. 하지만 이들의 이름 (名)들은 비교적 짧고 부르기 쉬우나 많은 사람들이 같은 이름을 갖고 있어 때론 혼동되기도 한다. 과연 미국이나 영국 사람들의 이름도 의미를 갖고 있을까? 미국의 경우는 특히 많은 나라에서 이민 온 사람들이 섞여 있는데 그들의 이름은 어디에서 기원하는가? 다음의 가장 대중적인 미국 이름들과 그들의 기원과 의미에 대한 소개는 이러한 궁금증을 조금은 해소해줄 것이라 믿는다.

이름(First Name)	기원(Origin)	의미(Meaning)
EMILY	Latin	rival, laborious, eager
MADISON	Old English	son of the mighty warrior
ASHLEY	Old English	ash meadow
SAMANTHA	English	God heard.
JESSICA	Hebrew	He sees.
AMANDA	Latin	fit to be loved; lovable
JENNIFER	Welsh	fair, smooth
AMY	Old French, Latin	beloved, friend
LISA	English	pledged to God
LINDA	Spanish	pretty
MARY	Latin	star of the sea
BARBARA	Latin	foreign woman
JACOB	Hebrew	he who supplants
ETHAN	Hebrew	strong, firm
JOSHUA	Hebrew	the Lord is my salvation
MATTHEW	Hebrew	gift of God
MICHAEL	Hebrew	who is like God
CHRISTOPHER	Greek	bearer of Christ
DAVID	Hebrew	beloved
JASON	Hebrew	healer, the Lord is salvation
JAMES	Hebrew	he who supplants
RICHARD	Old German	powerful leader
JOHN	Hebrew	God is gracious.
ROBERT	Old German	bright fame
WILLIAM	Old German	resolute protection
STEVEN	Greece	crowned one
PHILLIP	Greece	lover of horses
CHRISTINE	greece, France	Follower of Christ.
JOSE	Spain, Hebrew	God will increase.
CATHY	Greece	pure
CHARLES	Old English	man

우리말 속의 외래어

순수 우리말이라 생각하는 많은 우리말 어휘들이 실은 중국의 한자에서 유래되었다는 것을 아는 이는 그리 많지 않다. 일상생활에서 일본말에서 왔거나 또는 유럽 언어들에서 온 어휘들을 마주치는 경우도 드물지 않다. 이러한 우리말 속의 외래어들 중 일부를 소개한다.

'실랑이'는 본래 과거장(科擧場)에서 쓰던 '신래(新來)위'에서 나온 말이다. 관리들이 과거 합격자에게 합격 증서를 주려고 호명할 때 부르는 구령이 '신래위'인데, 이때 옆 사람이 합격 증서를 받으러 나가는 합격자를 붙잡고 괴롭혔다고 한다. 이 '신래위'가 오늘날의 '실랑이'가 되어 옳으니 그르니 시시비비를 가리며 못살게 구는 일이나, 수작을 부리며 장난하는 것 등을 가리키는 말이 되었다.

'가게'라는 말은 '가가(假家)'에서 변형된 말로 18세기의 『동문유해(同文類解)』, 『한청문감(漢淸文鑑)』 등에서 자주 목격된다. '가가(假家)'는 글자 뜻 그대로 '임시로 지은 집', 즉 허름하게 지은 임시 건물을 뜻한다. 초기엔 허드레 물건을 보관하는 장소, 또는 지나가는 사람들의 휴식처가 되었다가 나중에 오고가는 사람들을 상대로 상행위(商行爲)를 하는 장소로 변모된 것으로 추정된다.

'을씨년스럽다'는 1905년 우리나라 외교권을 일본에 빼앗긴 을사조약(乙巳條約)에서 유래한 말이다. 을사조약으로 온 나라가 침통한 분위기에

휩싸였는데 그날 이후로 몹시 어수선하고 쓸쓸한 날을 맞으면 마치 을사조약을 맺은 을사년(乙巳年)과 분위기가 같다고 해서 '을사년스럽다'라는 표현을 쓰게 되었다. 이것이 음이 와전되어 '을씨년스럽다'가 되어 지금은 매우 쓸쓸한 상황 혹은 날씨나 분위기가 스산하고 쓸쓸한 상태를 나타내는 말이 되었다.

'설렁탕'은 성종 6년(1475) 정월에, 임금이 신하와 여러 백성들과 함께 밭을 갈고 나서, 백성을 위로하는 뜻으로 제사에 쓰인 소로 국을 끓여 국말이 밥과 술을 내렸는데, 이때 선농단(先農壇)에서 먹은 국밥을 '선농탕(先農湯)'이라 하고 여기서 '설렁탕'이란 말이 나왔다고 한다.

일반적으로 김치의 어원은 한자어 침채(沈菜)(『내훈(內訓)』에 처음 보임)에서 찾고 있다. 김치는 소금에 절인 음식이었기에 이러한 명칭이 나올 수 있었을 것이다. 김치의 재료인 '배추'는 한자어 '백채(白菜)'에서, '고추'는 한자어 '고초(苦草)'에서 나온 말이다. 아울러 '상추'는 '생채(生菜)'에서, '동치미'는 '동침(冬沈)'에서 나왔다. '시금치'는 뿌리가 붉은 채소라는 뜻의 '적근채(赤根菜)'에서 나왔는데, 『훈몽자회』와 『번역노걸대』에서 '시근채'라고 했는데 이는 중국음에서 비롯된 것으로 볼 수 있다. '싱싱하다'는 '生生하다'에서 나온 말이다.

'빈대떡'의 유래에 대해서는 여러 가지 설이 있는데, 그중 17세기의 『박통사언해(朴通事諺解)』에 보이는 '빙져(餅飺者)'에서 나왔다는 설이 지배적이다. 이것이 『역어유해』(1690)에서는 '빙쟈'로 바뀌어 나오는데, 좀 더 내려오면서 '빙'이 '빈'으로 바뀌고 '떡'이 첨가되어 '빈자떡'이 되었다가 『조선어사전』(1938)에 비로소 '빈대떡'이 보인다. 또 혹자는 옛날 녹두가 귀한 시절에 손님 대접을 위해서 특별히 만들어 내놨던 손님 접대용 음식이란 뜻의 '빈대(賓待)떡'에서 그 유래를 찾기도 한다.

'딴전'은 '다른 전(廛: 가게 전)'에서 온 말이다. 옛날에는 물건을 늘어놓고

파는 가게를 전(廛)이라 했다. 딴전을 본다는 것은 이미 벌여 놓은 자기 장사가 있는데도 남의 장사를 봐 준다거나 다른 곳에 또 다른 장사를 펼쳐 놓는 것을 말한다.

'홍청거리다'에서 '홍청(興淸)'은 연산군 시대에 전국에서 뽑아 놓은 기생들의 호칭이다(『연산군일기(燕山君日記)』). 연산군이 서울 근교로 놀러 갈 때 왕을 따르는 홍청의 수가 천 명씩 되었고 날마다 계속되는 연회에도 이들 홍청(興淸)과 운평(運平: 연산군 때에, 여러 고을에 널리 모아 둔 가무(歌舞) 기생. 이들 가운데서 대궐로 뽑혀 온 기생을 '홍청'이라고 함)이 동원되었다. 연산의 이러한 행각으로 '홍청'은 '홍청거리다'라는 말을 낳았던 것이다. 그리고 '망청'은 '홍청'과 운율을 맞추기 위해 쓴 대구(對句)이지만, '망(亡)'이 선택된 배경에는 '흥(興)'하고 망(亡)하는 것이 의미상 대립을 이루며, 더욱이 연산군이 흥청거리며 쾌락에 탐닉하다가 자신을 망(亡)하게 했다는 해석도 아울러 내포할 수 있다는 점이 작용한 것이 아닐까 추측된다.

'단출하다'는 한자어 홑 단(單)과 날 출(出)에서 나온 말인 듯하다. 식구가 적어 홀가분하거나 옷차림이나 일이 간편하고 간단한 것을 일컫는 말이다. 한자어에서 파생된 또 다른 예로 '호락호락(忽弱忽弱)', '물레(文來)', '썰매(雪馬)', '대수롭다(大事롭다)', '벽창호(碧昌牛)', '잡동사니(雜同散異)' '화수분(河水盆)', '고로쇠(骨利樹)' '무궁화(木槿花)' 등 얼마든지 들 수 있다.

'십팔번(十八番)'은 '가부키 주하치반(歌舞伎 十八番)'에서 온 말이다. 일본의 에도(江戶) 전기 때 '가부키(歌舞伎)' 배우인 이치카와 단주로(市川團十郎)라는 사람이 있었는데 9세(世)까지 내려오는 동안 그 집안에 전해져 오는 열여덟 가지의 내로라하는 교겡(狂言; 서민의 일상생활에서 제재를 딴 이야기 형식의 희극)을 일러 '주하치반(十八番)'이라 했다. 여기서 일본 사람들이 '대표적인 장기로 하는 예(藝)'를 이르게 된 것이 그대로 우리에게 심어져, '애창곡, 대표곡, 장기, 가장 잘하는 것' 등의 뜻을 갖게 되었다.

'프로'는 일본어에서 온 말로 네덜란드어인 'procent(프로센트)' 또는 포르투갈어인 'procento'의 일본식 표기인 '푸로센토'라고 쓰는 말을 줄인 '프로'가 우리나라에 들어와서 널리 쓰이게 되었다. 그런데 일본에서는 '파센토'라는 말을 더 많이 쓰고 '푸로'나 '푸로센토'는 거의 사용하지 않는다. 반면 우리는 일본에서 들어온 말이지만 널리 쓰이기 때문에 '프로'와 '퍼센트(percent)'를 모두 표준어로 인정하고 있다. 한편, '퍼센티지(percentage)'는 '백분율' 또는 '백분율의 단위'를 뜻하고 '퍼센트'는 백분율을 나타내는 단위를 뜻하며, '프로티지'는 일본식 표기인 '프로'에 '티지'를 합성한 잘못된 표현이다.

'파이팅'은 '싸움'이라는 뜻의 영어 'fighting'이 어원이며 이 영어 낱말은 응원이나 격려의 의미로는 쓰이지 않으나 '파이팅'은 한국어 외래어로서 변용되면서 현재의 의미를 가지게 되었다.

왕대포 vs 영어 Cannon vs 프랑스 Canon

1970년대만 하더라도 술자리에는 막걸리가 주류였다. 장날이면 '왕대포' 간판이 쓰여 있는 선술집은 항상 북적거렸다. 선술집 주인이 한 됫박은 됨직한 뚝배기에 막걸리를 가득 담아 내어오면 사람들은 손가락을 저어가며 김치 조각을 안주로 마시곤 했다. 그러다 보면 어느새 허기는 사라지고 얼큰하게 취기가 돌았다. 이렇게 마시는 술을 '왕대포'라 했다. '대포'는 신라 6대 지마왕 시절 왕을 즐겁게 해 얻은 '주다'와 '각간'이라는 직책에서 유래됐다 전해지는데, 여기서 '주다(酒多)'는 술이 많다는 것이고, 각간(角干)은 뿔잔과 방패를 의미했다. 그러니까 '왕대포 한잔한다'는 것은 아주 큰 잔으로 마시는 술이 되는 셈이다. 영어의 canon은 일반적으로 교회법이나 법규집을 의미한다. 반면에 프랑스어에서 canon은 영어에서와 같은 의미도 갖지만 '한 잔의 와인'이라는 은어로도 쓰인다. 우리말 대포(cannon)를 의미하는 프랑스어 canon과 한 잔의 와인과 한 잔의 막걸리는 묘한 문화적 동질감을 느끼게 한다.

물고기 이름

　일반적으로 생물의 이름은 전 세계에서 공통으로 쓰는 학명(學名)과 각 나라에서 일반적으로 쓰는 일반명 그리고 특정 지방에서만 사용하는 방언이 있다. 이 중 학명은 처음 이름을 지은 사람을 학명 뒤에 명기하여 그 유래를 찾기 쉽지만, 일반명은 보통 입에서 입으로 전하는 일이 많아 그 이름의 기원을 파악할 수 없는 것이 많다. 특히 현생하는 척추동물 중 가장 많은 종이 있는 물고기는 같은 종이라 하더라도 나라와 지방에 따라 이름이 다르다. '치'가 어류를 부르는 가장 일반적인 이름인데 한자를 사용하는 식자층을 중심으로 '어'로 끝난 이름이 지어지고 난 뒤 점차 광범위하게 알려지면서 '~어'가 자리를 잡았다고 볼 수 있다. 가격 면에서도 두 단어 사이에는 차이가 있는데, 입맛 까다로운 양반들 상에 올라갔던 '어' 자 달린 고기들이 지금도 '치' 자 달린 고기들보다 상대적으로 비싸다.

　다음으로 가정집 식탁, 횟집, 일식당 등에서 흔히 마주치게 되는 물고기들의 이름들이 어떻게 유래되었는지, 그 의미는 무엇인지 등을 살펴보기로 하자.

장어

　장어(長魚)는 몸통이 길어 이런 이름이 붙었는데, 곰장어라고 부르는 먹장어와 일본 명인 아나고로 잘 알려진 붕장어 및 갯장어, 그리고 흔히 민물장어로 통용되는 뱀장어가 있다. 이중 먹장어는 턱이 없는 물고기, 즉 학문적 분류 명으로 원구류라 하여 물고기 족보상 장어무리 중 갯장어, 붕장어, 뱀장어 따위 경골어류와는 완전히 다른 무리에 속한다. 갯장어는 바다뱀장어라는 의미로, 붕장어와 비슷하지만 다소 뾰족한 입과 예리한 이빨이 특징이다. 일본에서는 하모라 부르는데, 이 이름은 갯장어가 아무것이나 잘 무는 습성이 있어 붙인 이름이다. 중국에서는 바다뱀장어라는 뜻으로 해만(海鰻)이라고 한다. 붕장어는 『자산어보』에서 붕장어로 쓴 데서 비롯했는데, 왜 이런 이름을 붙이게 되었는지 유래를 찾기는 어렵다. 일본에서는 붕장어를 일반적으로 아나고(穴子)나 마아나고(眞穴子; 참붕장이)라 부른다. 뱀장어는 뱀처럼 생긴 장어라는 뜻으로 흔히 민물장어로 불린다. 지방에 따라 드물장어, 배암장어, 장어(長魚), 만(鰻), 주무장어, 참장어, 민물장어, 은뱀장어, 장치, 비암치 따위로 부르는 등 방언도 다양하다. 전남 고흥지방에서는 늦은 가을뻘 속에서 잡은 맛좋은 뱀장어를 펄두적이라 한다.

'치'로 끝나는 물고기 이름

멸치(蔑致)는 물 밖으로 나오면 바로 죽어버린다 하여 붙인 이름으로 멸어(蔑魚), 멸치어(蔑致魚)에서 비롯되었다. 갈치는 '칼치' 또는 '도어'라고도 부르는 것으로 보아 칼같이 길고 날카롭게 생긴 모양에서 이름이 유래된 것인 듯하다. 조선 후기 실학자 서유구가 쓴 『임원경제지』에 '공어'라고 한 물고기가 실려 있는데 이것이 오늘날 꽁치를 말하는 듯하다.

참치의 원래 이름은 진(眞)치이다 1957년 국내에 참치가 처음 들어왔을 때는 '진치'로 불렸다. 진짜 맛있는 생선이라는 의미이기도 하고 생선 중에 제일 으뜸이라는 뜻도 있다. 하지만 어감이 좋지 않아 나중에 참치로 바뀌었다. 참치의 정식 명칭은 다랑어이며, 영어권에서는 튜나(tuna), 일본에선 '마구로'라고 불린다. 참치의 부위별 이름은 다음과 같다.

- 횟감용(Sushi)

  참다랑어(혼마구로, Nothem bluefin tuna)

  눈다랑어(메바찌, Bigeye tuna)

  황새치(메카지끼, Swordfish)

  청새치(Blue marlin)

  돛새치(Sailfish)

- 횟감용/통조림용(Sushi/Can)

  남방참다랑어(미나미마구로, Southern bluefin tuna)

  황다랑어(기하다, Yellofin tuna)

- 통조림용(Can)

  날개다랑어(돔보, Albacore)

  가다랑어(가쓰오, Skipjack tuna)

'어'로 끝나는 물고기 이름

청어는 푸른색 물고기라는 의미로 붙인 이름이며, 『명물기략』에서는 값이 싸고 맛이 있어 서울의 가난한 선비들이 즐겨 먹는다 하여 한자어로 비유어(肥儒魚)라 했다. 붕어는 이 물고기가 무리지어 다니는 습성이 있는 것을 보고 '魚十村'라는 글자를 만들어 쓴 데서 비롯한 이름으로 고서(古書) 『본초강목(本草綱目)』도 부어(鮒魚)라 쓰고 있다. 잉어도 『재물보』와 『아언지장』에서 리어(鯉魚)로 쓴 데서 유래한 것으로 보인다. 농어는 중국의 노어(鱸魚)라는 한자말에서 온 이름으로 보이며 붕어나 잉어의 이름과 유사한 특징을 보여준다. 중국에는 농어에 관한 고사가 많은데 그중에서 송강농어에 관한 이야기가 유명하다. 옛날 진나라 때 장한이라는 사람이 낙양에서 높은 벼슬을 하고 있었다. 낙양에서 속세의 괴로움에 번민하던 그는 어느 여름날 문득 고향 송강의 농어 맛을 그리워하여 관직을 버리고 고향인 송강으로 돌아갔다. 이 일화로부터 농어를 송강농어로 부르게 되었고 송강의 농어가 유명해진 것이라고 전해오고 있다. 오징어를 묵어(墨魚) 또는 오적어(烏賊魚)라 한다. 호신상 필요할 때 새까만 먹물을 뿜어내는 생리로 보아 '묵어'로 부른 까닭은 알 만하다. '오적어'라 한 데는 이야기가 있다. 1809년에 편찬된 『규합총서(閨閤叢書)』의 기록이다.

바다 위에 죽은 듯이 둥둥 떠 있는 (나무토막 같은) 오징어를 본 까마귀가 좀 쉬려고 그 위에 내려앉으면 열 개 팔로 휘감아 잡아먹는다고 해서 '까마귀 잡아먹는 도적(烏賊)'이란 뜻이라 한다.

또 『물명고(物名攷)』에는 '까마귀가 오징어를 자신의 고유한 검은색을 훔쳐간 도적으로 여겨 공격하면 오징어란 놈이 먹물을 뿜어 혼내주면서(烏鱉) 도망한다고 하여 생긴 말이라고도 한다.'고 적었다. 민어(民魚)는 말 그대로 예로부터 우리민족이 가장 선호해 온 물고기라는 의미다.

기타 물고기 이름

• 명태

명태는 옛부터 우리나라 사람들이 가장 즐겨 먹어 왔던 물고기로 그에 얽힌 일화도 많다. 조선이 개국한 지 250년쯤 지났을 무렵 초

도순시차 명천군(明川郡)을 방문한 함경도 관찰사 민 아무개가 식탁에 오른 명태요리를 맛있게 먹고 이름을 물었는데 그때까지 이 물고기의 이름이 없었다. 그래서 명천군의 명(明)자와 어부 태(太)씨의 태(太)자를 따서 명태(明太)라 하고 우리나라 300년 보물이라 한 것이 명태라는 이름의 유래라 한다. 워낙 즐겨먹던 물고기라 이름도 다양하여 고서『전어지』는 명태어, 『동국여지승람』은 무태어(無泰魚)라 기록하고 있고 생명태를 선태(鮮太), 겨울철 얼린 것을 동태(凍太), 그물로 잡은 것을 망태(網太), 낚시로 잡은 것을 조태(釣太), 말린 것을 건태(乾太) 또는 북어, 어린새끼 말린 것을 노가리라고 부른다.

• 조기

조기는 예로부터 관혼상제에 널리 쓴 귀한 물고기일 뿐 아니라 노인과 어린이, 산모의 영양식으로 사용해 온 까닭에 기운을 돕는다는 의미로 조기(助氣)라 불렸으며 '조기를 먹으면 아침에 발기한다'라는 뜻으로 조기(朝起)라고 불렀다는 기록도 있다. 그리고 참조기 말린 것을 굴비(屈非)라 하는데 이름의 유래는 다음과 같다. 고려 16대 예종 때 이자겸은 그의 딸 손덕을 비(妃)로 들여서 그 소생인 인종으로 하여금 왕위를 계승하게 했다. 그리고 인종에게도 3녀와 4녀를 시집보내 인척관계를 맺고 권세를 독차지한 뒤 은근히 왕이 되려는 야심을 품게 되었다. 이런 야심을 눈치 챈 최사전이 이자겸 일당인 척준경을 매수하여 체포한 후 영광 법성포로 유배시켰다. 유배지에서 굴비를 먹게 된 이자겸은 마침 칠산 바다에서 잡은 조기를 소금에 절여 진상하면서 이것이 결코 자기 잘못을 용서받기 위한 아부가 아니며 앞으로도 비굴하게 굴지 않겠다는 뜻으로 진상품의 이름을 비굴을 뒤집어 굴비라 했다고 한다.

- 임연수어

『전어지』에 따르면 임연수어라는 물고기 이름은 관북에 살던 임연수(林延壽)라는 사람이 이 물고기를 잘 잡았기 때문에 붙은 이름이라고 하며 지금도 이 이름이 변한 이면수라는 이름으로 부르는 지방이 많다. 쏘가리는 예로부터 준수한 생김새 탓에 민물고기의 왕자로 또 최고의 맛을 지닌 물고기라는 뜻에서 천자어(天子魚)로 불리기도 했다. 쏘가리라는 이름은 등지느러미의 가시가 쏜다는 뜻에서 생긴 이름이다.

어류 이름 분류

순위	마지막 글자	합계	비율(%)	어류 이름
1	치	159	18.23	넙치, 멸치, 갈치, 꽁치, 준치
2	어	143	16.40	광어, 숭어, 상어, 은어
3	리	87	9.98	가오리, 도다리
4	기	68	7.80	'~고기'류
5	돔	66	7.57	돔류
6	이	60	6.88	전갱이, 강달이
7	대	40	4.59	서대, 성대, 횟대
8	미	33	3.78	가자미류, 노래미류
9	둑	30	3.44	망둑류
10	복	21	2.41	복어류
	계	872	81.08	

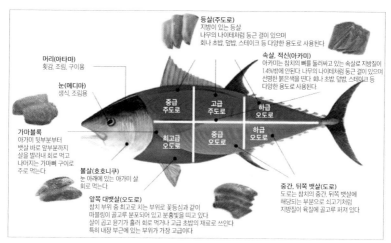

머리(아타마)
횟감, 조림, 구이용

눈(메디마)
생식, 조림용

가마블록
아가미 뒷부분부터
뱃살 바로 앞부분까지
살을 발라내 회로 먹고
나머지는 가마뼈 구이로
주로 먹는다

볼살(호호니쿠)
눈 아래에 있는 아가미 살.
회로 먹는다

앞쪽 대뱃살(오도로)
참치 부위 중 최고로 치는 부위로 꽃등심과 같이
마블링이 골고루 분포되어 있고 분홍빛을 띠고 있다
살이 곱고 윤기가 흘러 회로 먹거나 고급 초밥의 재료로 쓰인다
특히 내장 부근에 있는 부위가 가장 고급이다

등살(주도로)
지방이 있는 등살
나무의 나이테처럼 둥근 결이 있으며
회나 초밥, 덮밥, 스테이크 등 다양한 용도로 사용된다

속살, 적신(아카미)
아카미는 참치의 뼈를 둘러싸고 있는 속살로 지방질이
1.4%밖에 안된다 나무의 나이테처럼 둥근 결이 있으며
선명한 붉은색을 띤다 회나 초밥, 덮밥, 스테이크 등
다양한 용도로 사용된다

중급 주도로	고급 주도로	하급 오도로
최고급 오도로	중급 오도로	하급 오도로

중간, 뒤쪽 뱃살(도로)
도로는 참치의 중간, 뒤쪽 뱃살에
해당되는 부분으로 쇠고기처럼
지방질이 육질에 골고루 퍼져 있다

참치의 부위별 특징

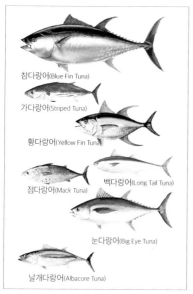

참다랑어(Blue Fin Tuna)

가다랑어(Striped Tuna)

황다랑어(Yellow Fin Tuna)

점다랑어(Mack Tuna)

백다랑어(Long Tail Tuna)

눈다랑어(Big Eye Tuna)

날개다랑어(Albacore Tuna)

참치의 종류

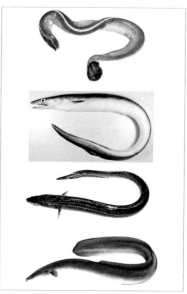

먹장어, 갯장어, 붕장어, 뱀장어

농업의 전파

　지구의 여러 다른 지역에서 다양한 농작물들의 재배가 개별적으로 시작되었다. 최소 11개의 독립된 농업 중심권이 아프리카, 아시아, 유럽의 구대륙과 아메리카 신대륙에 흩어져 있었다. BC 20000년경부터 사람들은 야생 곡물들을 채취하여 먹기 시작한 것으로 추정된다. BC 9500년경부터는 에머밀(emmer), 외알밀(einkorn wheat), 겉보리(hulled barley), 콩(peas), 렌즈콩(lentils), 쓴살갈퀴(bitter vetch, 콩과 식물), 병아리콩(chick peas), 아마(flax) 등 8개의 신석기시대 기반 곡물들이 중동의 레반트 지역에서 재배되었다. 쌀은 BC 11500~6200년 사이에 중국에서 재배되었고, 이어서 녹두, 대두, 팥 등의 농사가 시작되었다. 돼지는 BC 13000년경에, 양은 BC 11000년에서 9000년경에 메소포타미아에서 사육되었으며, 소는 BC 8500년경에 터키와 파키스탄 지역에서 야생 소로부터 가축화되었다. 사탕수수와 몇몇 뿌리채소들은 BC 7000년경 뉴기니아에서, 수수는 BC 5000년경 아프리카 사하라 사막주변지역에서 재배되기 시작했다. 남아프리카의 안데스 지역에서는 감자가 BC 8000~5000년 사이에 콩, 코카, 라마, 말파카, 기니아피그 등과 함께 재배되었고, 목화는 BC 3500년까지는 페루에서 경작되었다. 옥수수의 근원종 풀인 야생 테오신트(teosinte)는 BC 4000년까지는 중앙아메리카에서 옥수수로 사육되었으며, 낙타는 아마도 BC 3000년경 뒤늦게 중앙아시아에서 가축화되었다. 콜럼버스 교류(Columbian Exchange)로 15~16세기 경에 아메리카 신세계와 유럽과 아프리카의 구세계 간 동물, 식물, 문화, 인구, 기술, 사상 등의 폭넓은 전이가 이루어졌는데, 1492년 콜럼버스의 아메리카 발견 이후 유럽에 의한 아메리카의 식민지화와 교역과 연관된다. 한편, 동식물 외래종의 침투와 전염병의 확산은 이러한 교류의 부산물 중 하나였다.

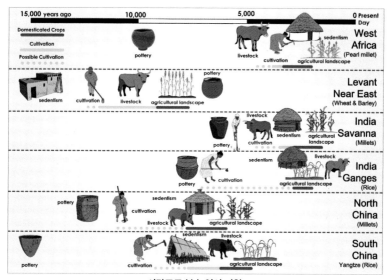

시간표로 본 농업의 기원

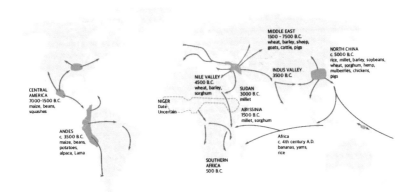

주요 농산물의 기원과 전파경로

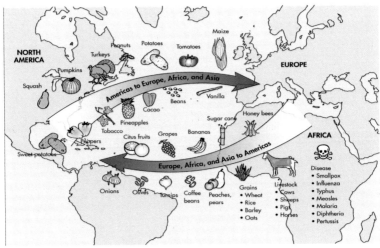

콜럼버스 교류

주요 농작물

우리가 일상생활에서 주식 또는 반찬으로 먹는 우리 농작물들을 우리의 조상들도 먹었을까 하는 의문을 가져본 적이 있을 것이다. 당연히 신토불이(身土不貳), 우리 것이라 생각했던 많은 농작물들이 실은 아시아 다른 지역이나 심지어는 멀리 아메리카에서 근대에 반입되었다는 역사적 또는 고고학적 사실은 충격적이다. 다음은 주요 농작물들의 유래에 관한 소개이다.

쌀

쌀의 최초 재배에 관해서는 그 동안 많은 논란이 있어왔다. 야생 벼, 즉 쌀은 오세아니아 대륙에서 기원한 것으로 추정된다. 중국의 전설에 의하면 신농 황제가 벼를 처음으로 재배했고 중국 농업의 창시자라고 한다. 이전의 고고학적 연구는 중국의 양쯔강 협곡 부근에서 최초의 벼농사가 시작된 것으로 제시했다. 벼농사는 동아시아로부터 동남 및 남아시아로 전파되었고, 서아시아를 거쳐 유럽으로, 다시 유럽 식민지 시절 동안 아메리카로 전달되었다. 하지만 학술지 《Proceedings of the National Academy of Sciences of the United States of America(PNAS)》에 발표된 유전적 연구는 인디카(indica)와 자포니카(japonica)를 포함한 모든 품종의 아시아 쌀들은 8,200~13,500년 전 단일 야생종인 오리자 루

피포곤(Oryza rufipogon)에 기원한다는 것을 밝혀냈다. 네이처 학술지에 2012년 발표된 연구결과는 쌀 게놈 품종 분포도를 통해 벼 재배가 중국 주강(株江) 유역에서 처음으로 이루어졌음을 증명했다.

보리

사람들이 단순히 이삭을 줍는 것이 아니라 보리를 재배하기 시작하는 것은 서 아시아에서 약 BC 11000년 즈음으로 알려져 있는데, 아마도 빙하기 이후 더 더워지고 건조해지게 된 기후 변화 때문이라 추정된다. 보리 경작은 서아시아로부터 시작되어 전 지구촌으로 전파되었는데, 이집트와 북아프리카로 약 BC 8500년경, 아프리카 수단으로 BC 5000년경, 그리스와 이탈리아로 BC 7000년경, 북부 유럽으로 BC 5000년경, 인도로 BC 6000년경, 중국은 BC 3000년경에 보리가 재배되기 시작했던 것으로 알려져 있다. 여기서 흥미로운 사실은 중국의 경우 보리를 주식으로 먹었다기보다는 맥주를 만드는 데 더 많이 사용했다는 것이다. BC 1000년 이전에 한반도에서도 보리를 경작하게 되었고, 티베트 사람들은 500년경 이후로 보리를 주식으로 먹기 시작했으며, 서아프리카와 남아프리카로 중세 시대 이후 보리가 보급되었다.

콩

콩류는 가장 오래전부터 재배되기 시작한 농작물들 중 하나이다. 잠두라고도 하는 누에콩(Broad beans 또는 fava beans)은 아프가니스탄과 히말라야 고원에서 자라는데 야생 상태에서 크기가 작은 손톱만 하다. 자연산을 개량한 누에콩은 BC 7세기 태국 지역에서 재배되었으며, 고대 이집트에서는 사람이 죽으면 묘지에 저승길 식량으로 함께 넣기도 했다. 에게 해, 이베리아(Iberia) 반도, 알프스 북쪽의 유럽 등에서는 BC 2000

년 이후에야 누에콩이 재배되기 시작했다. BC 8세기에 쓰인 일리아드에서 콩과 병아리 콩(chickpeas)이 탈곡장에 널려 있다는 표현이 나온다. 아메리카 대륙에서 가장 오래전에 재배되었다고 알려진 콩류는 페루의 고고학적 유적인 구이타레로(Guitarrero) 동굴에서 발견되었는데 추정 시기는 BC 2000년경이다. 파세오루스(Phaseolus) 속의 강낭콩(Phaseolus)은 생으로나 말려서 가장 많이 먹는 콩류인데 콜럼버스가 바하마 섬을 탐험하던 중 동행했던 한 유럽인이 들판에서 자라고 있던 강낭콩을 처음으로 발견했다. 아메리카 원주민들은 5가지 종류의 파세오루스속 강낭콩을 재배했다. 칠레에서 현재의 미국 영역까지 강낭콩(Phaseolus vulgaris; common beans), 아욱콩(Phaseolus lunatus; sieva beans), 테퍼리콩(Phaseolus acutifolius; teparies), 붉은 강낭콩(Phaseolus coccineus; scarlet runner beans), 폴리안서스콩(Phaseolus polyanthus) 등이 재배되었다. 현재 세계유전자은행은 약 40,000종의 콩류 유전자들을 보유하고 있으며, 이들 중 대중들이 소비하는 콩류는 극히 제한적이다.

콩 중에서 우리가 즐겨먹는 간장이나 된장을 담을 때 사용하는 메주콩이 어디에서 처음으로 재배되기 시작되었는지에 대한 과학적인 논란은 여전히 계속되고 있다. 초기 중국의 기록에서는 메주콩은 만주와 한반도에서 들여온 것이라고 했지만 최근의 연구는 메주콩이 중국, 한국, 일본 여러 곳에서 최고 BC 5000년 전에 사람이 야생 종자를 심은 흔적을 밝혀냈다. 『소비에트대백과사전』은 메주콩의 재배가 5,000년 전 중국에서 기원한다고 주장하며, 일부 학자들은 메주콩이 중국에서 BC 3500년경 재배되기 시작했다고 제시하기도 한다.

하지만 민무늬토기시대인 BC 1000~900년 사이로 추정되는 한반도의 유적에서 현대의 메주콩과 크기와 모양이 흡사한 메주콩 유물이 출토되어 당시 식용작물로 재배되었음이 밝혀졌다. BC 3000년경 일본 조몬

시대의 유적에서 발굴된 메주콩 역시 야생종보다 현격하게 크기가 컸으며, 만주 지역에서의 메주콩 재배도 BC 2000년경으로 추정된다.

감자와 고구마

남아메리카에서 감자가 재배되기 시작한 것은 10,000년 전으로 거슬러 올라가야 될지도 모르겠지만, 이 덩이식물의 고고학적 흔적은 잘 남아 있지 않아서 발견된 유물로 정확한 판정은 어렵다. 고고학적으로 가장 초기로 식별된 감자 덩이식물의 BC 2500년 전의 유물이 페루 중부 안콘(Ancón) 해안지역에서 발견된 바 있다. BC 2000년 전으로 추정되는 감자 유물이 페루 카스마(Casma) 협곡의 후아이누마(Huaynuma)에서 발견된 적이 있으며, BC 800~500년 사이의 초기 감자 유물이 티티카카(Titicaca) 호수 동쪽 치리파(Chiripa)의 알티프라노(Altiplano)에서 발견되기도 했다.

고구마 재배의 시원은 중앙아메리카나 남아메리카로 추정된다. 중앙아메리카에서 고구마가 최소 5,000년 전에 재배되었고, 남아메리카 페루에서 BC 8000년 전의 고구마 유적이 발견되었다. 어떤 저자는 고구마(I. batatas)의 기원이 멕시코의 유카탄(Yucatán) 반도와 베네수엘라의 오리노코(Orinoco) 강어귀 사이라고 상정했다. 고구마 배양종은 지역 원주민들에 의해 카리비안과 남아메리카로 BC 2500년 전까지는 전파되었던 것 같다. 흥미로운 사실은 스페인 정복자들이 아메리카에 도착하기 훨씬 이전에 고구마가 폴리네시아 섬들로 보급되었다는 것이다. 방사성 탄소 검사 결과는 1200년경에 이 작물이 폴리네시아로 전달되었음을 알려준다.

다음은 우리나라에 언제 감자와 고구마가 들어왔는지 알아보자. 감자는 1824~1825년(순조 24~25)경에 조선에서 산삼(山蔘)을 찾기 위해 숨어

들어온 청나라 사람들이 식량으로 몰래 경작하면서 한반도에 들어온 것으로 알려져 있다. 감자의 어원은 감저(甘藷)인데, 이는 본래 고구마를 가리키던 말이었다. 고구마가 들어오고 60년 뒤에 한반도에 들어온 감자는 처음에는 '북방에서 온 감저'라는 뜻으로 북감저(北甘藷)라고 불리다가, 본래의 감저가 고구마란 이름으로 굳어지면서 '감자'로 불리게 되었다. 1763년 일본에 통신사로 다녀온 조엄(趙曮)이 대마도(對馬島)에서 고구마를 가져와 동래(현 부산)에 심게 했는데 월동방법을 자세히 몰라 모두 얼어 죽었다. 1764년 동래부사로 부임한 강필리가 이 사실을 듣고 대마도 사람에게 다시 종근(種根)을 구해 동래와 절영도(부산 영도)에 심게 하고 그 재배법을 기록한 『감저보(甘藷譜)』라는 책자를 발간함으로써 고구마가 널리 보급되었다. 고구마라는 말은 유희의 『물명고』(1824)에 고금아라는 형태로 처음 쓰였다. 이 말은 일본 쓰시마 지방의 방언에서 고구마를 일컫는 'koukoimo(고코이모, 孝行藷)'를 차용한 것인데, 일본어 'imo(이모, 藷, 芋, 薯)'가 우리말 '마'로 변형되었다.

고추

아메리카 사람들은 최소 BC 7500년쯤부터 고추를 먹기 시작했다. 최근의 연구결과 대부분이 약 6,000년 전 프에블라(Puebla), 오아사카(Oaxaca), 베라크루즈(Veracruz) 등을 포함하는 멕시코 남부지역에서 고추가 처음으로 재배되었고 멕시코, 중앙아메리카, 남아메리카 일부 등에서 재배되던 최초의 자가수분 곡물 중 하나였음을 보여준다. 콜럼버스의 1493년 서인도제도로의 두 번째 항해에 동행했던 의사 디에고 알바레즈 찬카(Diego Álvarez Chanca)는 고추를 처음으로 스페인에 들여왔고, 이듬해 고추의 효능에 대한 논문을 발표했다. 아시아로의 고추 전파는 포르투갈 무역상들에 의해 이루어졌다. 포르투갈 리스본은 15~16세기 콜럼버스 교류(Columbian Exchange) 당시 스페인 선박들의 아메리카 대륙으로의 출도착 항구역할을 하고 있었다. 고추의 무역 가치를 눈치 챘던 포르투갈 상인들은 아시아 향신료 무역로를 통해 아시아로 전파했을 것이고, 이 루트는 곧 포르투갈과 아랍 무역상들의 주 활동무대가 된다. 고추는 15세기 말 무렵 포르투갈 무역상들에 의해 인도로 처음 소개되었다. 스페인의 역사학자들이 주장하는 또 다른 가설은, 물론 받아들이기 쉽지 않지만, 스페인의 식민지였던 필리핀에 고추가 처음 소개되었고, 이후 인도, 중국, 인도네시아 등으로 전파되었다고 한다. 1542년 포르투갈 선교사들에 의해서 고추가 일본에 소개되고, 이후 우리나라로 전달되었다.

옥수수

마츠오카와 그의 동료들이 2002년 수행한 연구결과에 의하면, 초창기 품종의 옥수수들이 여러 지역에서 각각 재배되었던 것이 아니라 약 9,000년 전 멕시코 남부에서 단일 품종의 옥수수들이 처음으로 재배되었던 것으로 밝혀졌다. 또한 당 연구는 가장 오래된 현존 옥수수 품종들은 멕시코 고원에서 재배되는 것을 밝혀냈다. 후에 옥수수는 두 가지 주요 경로들을 따라 아메리카 전 지역으로 퍼져나간다. 이러한 결과는 옥수수가 멕시코 고원지대에서 아래 지역으로 퍼지기 이전에 품종이 이미 다변화되었다는 고고학적 기록에 기초한 모델과 일치한다. 옥수수가 재배되기 이전에 야생 옥수수는 하나의 줄기에 고작 25mm 길이의 옥수수 속대 하나만 매달렸었다. 아메리카 원주민들이 여러 세기에 걸쳐 품종을 개량한 결과 식물당 여러 개의 더 긴 속대가 열리는 옥수수 품종이 만들어졌다. 유럽인들이 아메리카 대륙과 조우한 15세기 말과 16세기 초반 무역상들은 유럽으로 옥수수를 가져갔고 이후 다른 나라들에 전파했다.

양파와 파

양파는 영어로 onion 또는 bulb onion 또는 common onion으로 번역되는 채소로서 파속 식물 중 가장 널리 재배되는 품종이다. 양파는 수천 년에 걸쳐 인류의 음식원으로 사용되었으며, BC 5000년 전의 청동기 시대 유적에서도 그 흔적이 발견된다. 하지만 양파 유물이 야생종인지 아니면 재배종인지는 명확하지 않다.

고고학적 및 문헌적 근거는 양파가 고대 이집트가 시작된 지 2,000년이 지난 이후, 즉 BC 1000년을 전후하여 마늘과 부추와 함께 재배되기 시작했을 가능성을 지적한다.

우리나라에 양파가 도입된 것은 약 100년 전쯤으로 보이며, 1960년대 이전에는 양파가 우리나라에서 대규모로 경작된 바 없다.

양파는 중국에서는 후충, 일본에서는 다마네기로 불리며 우리나라에서는 일본식으로 옥파 또는 모양에 따라 둥근파로 불리다가 서양에서 들어온 파라는 뜻으로 양파로 호칭하고 있다. 학술적으로 양파는 백합과 파속에 속하는 식물로서 학명이 Allium cepa L.이다. 이 같은 학명의 유래를 살펴보면 양파의 특성을 알 수 있는데 속명인 알리움(Allium)의 알(All)은 켈트어의 '태운다' 또는 '뜨겁다'는 뜻으로 양파향이 눈을 강하게 자극한다는 것을 의미하며 종명인 세파(cepa)는 켈트어의 cep 또는 cap, 즉 머리의 뜻으로 인경의 모양에서 나온 것이다. 영어의 onion은 라틴어의 unio, 즉 단일이라는 뜻으로 인경이 분리되지 않고 하나의 둥근 구슬 모양을 하고 있다는 데서 나온 것이다. 파의 영어 단어 scallion과 shallot은 고대 그리스의 철학자 테오프라스토스(Theophrastus)가 언급한 ἀσκολόνιον(askolonion)과 관련된다. 이 이름은 아쉬케론(Ashkelon)

의 고대 가나안(Canaan) 시에 기원하는 것으로 보인다. 이 식물이 유럽의 먼 동쪽에서 들어온 것은 분명한 것 같다.

다양한 품종의 쌀(white, brown, black, wild, basmati, arborio, short, long grain)

우루카기나 왕 제위 4년(BC 2350)에 성인과 아이들에 매달 배급되는 보리의 양에 대해 설형문자로 기록된 점토판

팥, 검정콩, 검은눈콩, 병아리콩, 누에콩, 강낭콩, 렌틸콩, 흰색 강낭콩

2열 및 6열 보리

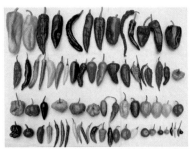

다양한 고추 품종

한국의 고추김치

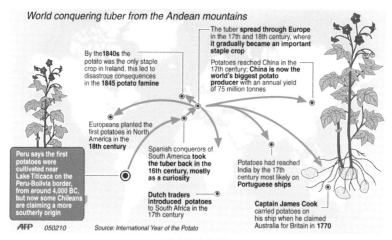

감자의 전파경로

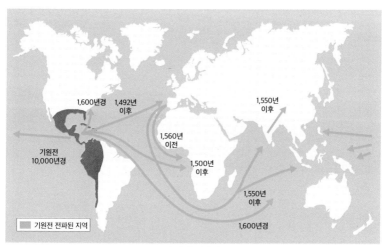

고구마의 전파경로

샤프란과 트러플

샤프란(Saffron)과 트러플(truffle)은 최고급 서양 요리에 들어가는 대표적인 향신료들이다. 다음은 샤프란과 트러플의 유래에 대한 소개이다. 통상 샤프란 크러커스(saffron crocus)로 알려진, 학명이 크로커스 사티버스(Crocus sativus)인, 꽃의 암술로서 고급 향신료로 사용된다. 샤프란 크러커스는 20~30㎝ 정도의 키에 4개까지 꽃송이가 달리며, 꽃마다 심피의 끝단에 해당하는 선명한 진홍색의 암술머리 3개가 달린다. 암술의 기둥과 머리는 가는 실 모양인데 이 실들을 건조시켜 음식의 양념과 색을 내는 데 주로 사용된다. 단위 무게당 세계에서 가장 비싼 향신료 중 하나인 샤프란은 서남아시아가 원산지이며, 아마 그리스 내부나 주변에서 처음으로 재배되기 시작되었던 것 같다. 유전적 불변태의 복제 식물로 샤프란 크러커스는 유라시아의 많은 지역으로 서서히 퍼져나갔고 나중에는 북아프리카, 북아메리카, 오세아니아 등으로도 보급되었다. 영어단어 saffron의 기원은 불명확하지만, 12세기 고대 프랑스어 safran에서 유래한 것으로 보이며, 더 멀리는 라틴어 safranum이나 아랍어 az-za'faran으로부터 기원하는 것으로 추정된다. 다시 라틴어 safranum은 페르시아어 za'fa에서 유래된 것으로 알려진다. 샤프란 크러커스의 야생종은 알려져 있지 않으나 아마도 크레타섬에서 기원하는 Crocus cartwrightianus의 후손일 가능성이 높다.

가느다란 샤프란 실   블랙 페리고르 트러플

우리말로 송로버섯이라 번역되는 트러플(truffle)은 땅속 자낭균 진균 (Ascomycete fungus)의 자실체(fruiting body)로서 덩이식물 속에 속한다. 트러플은 외생균근균(ectomycorrhizal fungi)이어서 통상 나무의 뿌리에 기생한다. 포자의 분산은 동물이 진균, 즉 버섯을 먹고 배변을 하여 이루어진다. 몇몇 트러플 종류는 음식으로 매우 고가이다. 심지어 프랑스 요리사 브리야 사바랭(Jean Anthelme Brillat-Savarin)은 트러플을 '주방의 다이아몬드'라고 불렀다. 요리용 트러플은 프랑스, 크로아티아, 조지아, 불가리아, 그리스, 이탈리아, 중동, 스페인 등에서 최고급 요리로서의 가치를 인정받는다.

차(茶)

　차의 지리학적 원산지는 버마의 북부지역과 중국의 윈난성 및 쓰촨성을 포함하는 지역으로 알려진다. 차에 대한 믿을 만한 초기 기록은 3세기경 중국의 명의 화타가 쓴 의학서에서 찾아볼 수 있다. 중국 고대설화에 따르면 차 이야기는 기술자이며 과학자였던 중국의 황제 신농이 우연히 차를 발견한 BC 2737년으로 거슬러 올라간다. 정원에서 물을 끓이던 중 야생 차나무에 걸려 있던 잎 하나가 날아와 우연히 솥 안으로 떨어졌고 신농 황제는 전에 먹어보지 못한 맛의 향기가 스며든 물을 즐겁게 마시게 되었다. 그는 곧 활력이 솟고 머리가 맑아지는 것을 느꼈다. 이러한 의도하지 않은 사건은 과학자로서 그를 주변에 있던 나무들을 조사하게 했고, 그는 차에 약 성분이 있다는 것을 발견하게 되었다. 이렇게 최초의 차 한 잔은 우연히 발명된 것이었다.

　중국의 명 왕조에 이르러서 오늘날처럼 찻잎을 물에 적시는 방식의 차가 만들어졌다. 찻잎을 압축하여 벽돌 형태로 만드는 대신에 잎들을 건조시키고 말아서 무쇠솥에서 가열하는 방식이 사용되기 시작했고, 뜨거운 물에 찻잎을 담그는 형식으로 차를 끓이게 되었다. 17세기 중국의 한 승려가 일본을 여행하며 중국에서는 이미 가루 형태의 차를 대체했던 두루마리 형태로 만 새로운 찻잎을 일본에 소개했다. 일본 교토의 우지 지역에서 차 상인을 하던 나가타니 소엔은 녹차 잎을 찌고, 말려서, 무쇠솥에서 마는 새로운 일본 방식을 18세기에 개발했다. 이러한 차의 형식과 절차는 '전차(煎茶)'라 알려지는데 전차를 마시는 습관은 오늘날에도 남아 있다. 최초의 티백(tea bags)은 바느질한 모슬린(muslin; 속이 비치는 면)이나 비단 주머니 형태로 일일이 손으로 만들어졌다. 티백에 대한 특허는 1903년경에도 이미 존재했지만, 최초로 티백을 판매용으로 만드는 방식은 대체로 뉴욕의 차 상인이었던 토마스 설리반의 아이디어로 인정된다.

우리나라는 삼국시대에 고구려의 승려들을 통해서 중국으로부터 전해진 것이라는 주장과 가야 수로왕의 부인이었던 허씨가 아유타국(지금의 인도)에서 차 종자를 갖고 온 것이라 하는 가설 등 두 가지 학설이 있다. 한편 661년 금관가야(42~562)의 시조인 김수로왕에 대한 제례 의식의 하나로 차를 올렸다는 기록이 최초의 문헌적 근거이다. 또 다른 확실한 기록은 신라 흥덕왕 때 당 문종에게서 선물로 받은 차나무 씨앗을 지리산에 심었다는 것이다. 고구려의 고분에서 차가 출토되었으며 하동 지역에는 국내 최고령 차나무가 존재하며 수령은 신라시대에 거의 닿는다. 오늘날에도 자주 일어나는 일에 대해서 일상다반사(日常茶飯事)라는 말이 널리 쓰일 만큼 고려 시대까지 차 문화가 번성했으며 대부분 귀족과 승려층에서 소비되었다. 고려 시대에는 성종 때부터 다방이라는 관청이 있었으며 차와 관련된 왕가의 의식 및 약과 술 등을 다루었고 국가의 제사의식 때 쓸 차를 관리했다.

일본에서는 차가 6세기경 도입된 것으로 알려진다. 선진 문화를 배우기 위해 중국에 보낸 일본의 승려와 사절들은 차를 가지고 돌아왔고 그 이후 차는 종교 계층에서 음료로 자리를 잡았다. 고대의 기록상으로 사이초(最澄, 767~822)라는 승려가 805년에, 그 이듬해인 806년에 또 다른 승려 쿠카이(空海, 774~835)가 차 종자를 일본으로 들여왔다고 한다.

우리말로도 '차'이지만, 일본어로도 차(ちゃ)라 읽으며, 표준중국어로도 차(chá)라 읽는다. 다만 일본어에서는 앞에 미화어 'お'를 붙여 '오차'로 부르는 경우가 많다. 베트남어에서는 짜(trà) 혹은 쩨(chè)라는 말을 쓴다. 한자 문화권 밖으로 벗어나면, 차는 태국어로도 차(ʊ)라고 쓰며, 장음이어서 길게 '차-'라고 읽는다. 타갈로그어(tsaá)나 벵골어(চা, cha)도 비슷하게 차라는 말을 사용한다. 한편 중국의 차가 페르시아어에서는 처이(chây)라는 표현으로 전해졌는데, 인접한 중동과 중앙아시아, 인도, 그리고 러시아 등 동남쪽 유럽에서는 페르시아어의 영향을 받은 이름을 사용하고 있다. 대표적으로 러시아어 차이(чай, chay)나 우즈베크어 처이(choy), 터키어 차이(çay), 그리스어 짜이(τσάι), 아랍어 샤이(shāy), 힌디어 짜이(चाय, chāy) 등이 이에 해당한다.

중앙아시아와 인도 일대도 차를 많이 마시다 보니 차 문화가 발달했고, 그러다 보니 아예 '차이' 혹은 '짜이'라는 말이 우리말에서는 이 지역 스타일의 차를 일컫는 말로 역수입되기도 했다. 서유럽에서는 푸젠 성 지역에서 쓰이는 방언인 민남어(閩南語) 명칭인 떼(tê)에서 유래한 명칭이 쓰이는 경우가 많은데, 이는 푸젠 혹은 동남아 지역에서 활동하던 네덜란드 상인에 의해 전래된 이름이다. 네덜란드인이 민남어 명칭을 쓰게 된 연유에 관해서는 네덜란드인이 푸젠 지역에서 차를 직접 가져왔을 가능성도 있고, 혹은 동남아 지역을 거쳐 이 이름이 전해졌을 가능성도 있다. 이 계열의 대표적 명칭들로는 영어의 티(tea)나 네덜란드어의 테이(thee), 프랑스어의 테(thé), 독일어의 테(Tee), 스페인어의 떼(té) 등이 이에 해당한다.

마인어(teh)의 경우에도 이 명칭을 사용한다. 폴란드, 리투아니아, 벨라루스 그리고 우크라이나 일부 지역에서는 '차'라는 단어가 상대적으로 독특하게 변형되어 사용되는데, 예들 들어 폴란드 단어 'herbata'는 라틴어 허브를 뜻하는 'herba'에 아마도 서구 유럽의 '차' 버전인 라틴어 'thea'가 결합되어 말 그대로 허브티가 된 셈이다.

신농 황제가 차를 만드는 모습

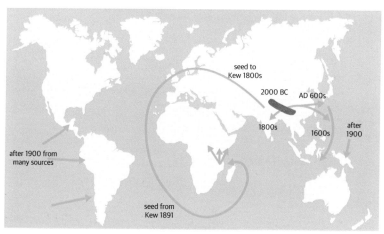

차의 전파경로

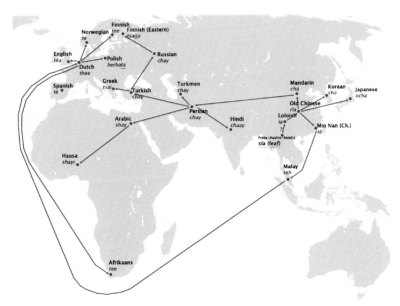

'차(tea)' 단어의 전파경로

'차(tea)' 단어의 국가별 발음

커피

　'아라비아의 와인(Wine of Arabia)'으로 알려진 커피 마시기는 15세기 무렵 예멘의 이슬람 신비주의 수피(Sufi) 수도원에서 처음으로 시작된 것으로 보인다. 아랍 수피 수도사들은 자정미사에 쉽게 깨어 있기 위해 커피를 마셨다고 한다. 이후 그리 오래지 않아 커피는 일상의 음료가 되었고, 수익성 좋은 무역 상품으로 이슬람 세계로 전파되었으며, 페르시아, 이집트, 터키, 시리아, 북아프리카 등에서 커피 하우스들이 하나둘 문을 열기 시작했다. 커피 하우스들은 남자들이 만나서 담소하고, 시를 논하며, 일상의 화제들에 대해 의견들을 나누고, 체스나 백게먼(backgammon)과 같은 놀이를 하는 지식인들의 사교장으로 자리 잡는다. 커피는 오스만 제국을 통해 육로를 따라 유럽으로 전파되었으며, 한편으로는 예멘의 모카항(port of Mocha)을 거쳐 바닷길을 따라 퍼져나갔다. 17세기 모카항의 주요 고객이었던 영국과 네덜란드 동인도 회사들은 모카 커피콩과 나무를 유럽, 인도, 수마트라, 발리, 신대륙의 동인도제도까지 부지런히 퍼뜨렸다. 이처럼 커피는 17세기 이후로 지구촌 구석구석까지 전파되었고, 현재에 이르러 전 세계에서 재배되는 커피 품종 중 상업적으로 가장 중요한 두 가지 품종들이 아라비카(Arabica)와 로부스타(Robusta)인데, 전 세계에서 재배되는 커피의 75~80%는 아라비카이고, 20% 가량이 로부스타라고 한다.

옥스퍼드 영어사전은 유럽에서 커피를 의미하는 단어들이 1600년경 터키어 kahveh로부터 이탈리아어 caffè를 거쳐 유래되었다고 설명하고 있다. 이 음료의 이름은 아랍어로 qahwah인데 터키어 발음으로 카베(kahveh)가 된다. 아랍어 사전편찬자들은 이 단어가 원래는 와인을 의미했고, '식욕이 없음'을 의미하는 동사근(根)인 qahiya의 파생어라고 한다. 또 다른 이론은 커피의 이름이 원자생지인 에티오피아의 카파(Kaffa) 지방이름에서 유래했다는 설이다. 전설에 의하면 칼디(Kaldi) 또는 칼리드(Khalid)는 에티오피아의 수피(Sufi) 염소지기로 750년경 자연에서 자생하는 커피나무를 처음으로 발견했고, 이후 커피는 이슬람 세계를 거쳐 전 세계로 전파되었다고 한다. 한편, 최초의 커피 재배는 거의 알려져 있지 않은 한 도시에서 시작되었다고 한다. 실제로 커피는 예멘의 홍해 남부 항구 모카(Al-Mokha)에서 가까운 고원지대에서 재배되었고, 이 도시 사람들은 커피에 아랍 이름 qahwa를 붙였는데 이로부터 coffee와 café가 파생된 것이다.

에스프레소(Espresso)는 비등점에 가깝게 끓는 소량의 물에 높은 압력하에 미세하게 간 커피콩들을 통과시키는 방식으로 만들어내는 커피이다. 안젤로 모리온도(Angelo Moriondo)가 1884년 투린(Turin)에서 등록한 이탈리아 특허(No. 33/256) '증기 구동방식의 즉석 커피음료 제조기'를 주목할 필요가 있다. 즉, 그의 에스프레소 제조기 발명으로 커피 음료의 새로운 세계가 열린 것이다. 같은 어원을 갖는 express, expres, espresso 등의 어휘들은 각각 영어, 프랑스어, 이탈리아어인데 여러 가지 의미를 갖고 있다. 첫 번째 의미는 증기압을 사용하여 커피의 풍미를 짜낸다는 아이디어와 관련이 된다. 두 번째 의미는 기차처럼 속도와 연관이 된다. 마지막 의미는 사람이 어떤 일을 신속히 하는 행위에 관한 것이다. 1906년에 시판된 베제라(Bezzera)와 파보니(Pavoni)의 에스프레소 제조기는 한 잔의 커피를 45초 만에 만들어 냈다.

카푸치노(cappuccino)는 이탈리아 커피 음료로서 통상 두 잔의 에스프레소에 뜨거운 우유와 우유 증기거품을 더하여 만들어낸다. 카푸치노(Cappuccino) 이름은 라틴어 Caputium에서 왔으며, 독일/오스트리아어로 전해져 'kapuziner'가 된다. 'cappuccino'는 이탈리아어에서 'cappuccin'의 축소형으로 '후드(hood)'를 의미하거나 '머리를 덮은 그 무엇'을 가리킨다. 즉, 'cappuccino'는 'small capuchin'으로 읽힌다. 커피음료의 이름은 후드를 의미하는 이탈리아 단어가 아니라 카푸친 수도회 남녀 수사들이 입는 후드 달린 예복의 색깔로부터 나왔다. 이 색깔은 매우 독특해서 카푸친은 17세기 유럽 적고동색의 대명사가 된다. 16세기 카푸친 수도사들은 특이하게 프란시스 아시시(Francis of Assisi)의 13세기 제의(祭衣)에 고무된 색상과 후드 달린 디자인을 수도회 예복으로 채택했다. 카푸치노는 1700년대 오스트리아 비엔나로 건너가 커피 하우스들에서 'Kapuziner'라는 이름으로 바뀐다. 당시 합스부르크 왕정하의 대부분 커피 전문점 메뉴에 Kapuziner가 올라갔는데, 1805년 Wörterbuch 사전과 1850년대 문헌들에서 이를 설탕과 크림을 넣은 커피라고 소개하고 있다.

한 잔의 카푸치노

카푸친 수도사들

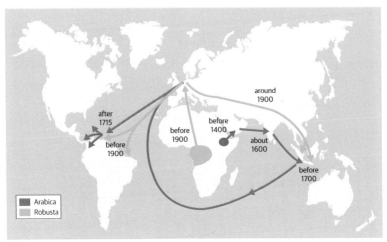

커피의 전파경로

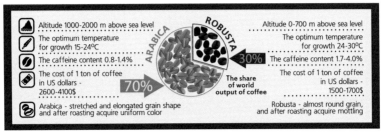

아라비카와 로부스타 커피 비교

안젤로 모리온도, 에스프레소 제조기 발명가

최초의 에스프레소 제조기

치즈

스위스 서부의 뇌샤텔(Neuchatel) 호수 상의 골호장지(骨壺葬地, 화장한 뼈를 담은 항아리를 묻은 묘지) 문화를 가졌던 원주민들의 수상가옥에서 BC 6000년경의 구멍이 뚫린 도기 파편들이 발굴되었는데 이것들은 치즈 여과기의 일부로 추정된다. 또한, 폴란드 쿠자비(Kujawy) 지역에서 BC 5500년경 치즈가 만들어지기 시작했다는 명확한 증거가 발견되었다. BC 4000년 전 지금은 사막인 아프리카 사하라 초원에서 낙농업을 한 것으로 보이는 유적도 발굴된 바 있다.

더운 기후에 우유를 보관할 수 있는 유일한 형태인 단단하고 짠 치즈는 시작부터 낙농업과 함께했을 것으로 여겨진다. 오래전부터 동물의 가죽과 내장에 공기를 불어넣으면 다양한 음식물들을 저장할 수 있는 그릇이 된다는 것이 알려졌기 때문에 반추동물의 위에 우유를 저장할 경우 위에 남아 있는 레닛(rennet, 우유를 치즈로 만들 때 사용되는 응고 효소)으로 인해 우유가 응유 식품으로 변한다는 것을 알게 되면서 치즈 제조과정이 우연히 발견됐을 가능성이 높다. 비록 아랍의 전설에서는 아랍 상인이 우유를 저장하기 위하여 이러한 방법으로 치즈를 만들었다고 하지만 치즈는 이미 그 이전 수메르 사람들에게 잘 알려진 음식이었다.

치즈의 종류는 알려진 것만 해도 1,800개가 넘는다. 다음은 그중 대표적 치즈 몇 종류를 알아보자.

아지아고(Asiago) 치즈

견과류 맛이 나는 치즈로서 유럽에서 인기가 많다. 이 치즈를 처음으로 생산한 이탈리아 지방의 이름을 따서 이름이 붙여졌는데 이탈리아 알프스 내에 위치하며 지역 이름은 아지아고 고원(Asiago High Plateau)이라 한다.

블루(Blue) 치즈

소의 젖이나 양젖, 염소젖으로 만든 치즈 종류로서 푸른곰팡이가 첨부되어 최종 생산품에 청색, 청회색, 청녹색 곰팡이 점이나 줄무늬가 나타나며 특이한 냄새가 난다.

체다(Cheddar) 치즈

잉글랜드 체다 마을에서 시작되었다. 소젖으로 만든 단단한 치즈로 그 맛은 부드러운 맛부터 강한 맛까지 나타나며, 색상은 하얀색부터 호박오렌지색까지 다양하다. 오렌지색 체다는 자연 염료인 안나토(annatto)를 사용한다. 캐나다 체다는 더 부드럽고, 크림 맛이 나며, 풍미와 산도가 잘 조화가 된 것으로 유명하다. 체다는 원산지와 숙성기간에 따라 맛이 다양하다.

크림(Cream) 치즈

숙성과정을 거치지 않기 때문에 신선식품으로 간주된다. 풍미는 미묘하고 신선하며 달콤하나 가볍게 톡 쏘는 맛이 있다.

페타(Feta) 치즈

전 세계적으로 가장 오랜 역사를 갖고 있는 치즈인데, 공식적으로

2002년 10월산은 그리스 치즈밖에 없다고 알려져 있듯이 페타 치즈는 그리스 원산으로 알려진다. 페타는 부드러운 치즈로 주로 양젖으로 만들어지며 양젖과 염소젖을 섞어 치즈로 만들기도 한다. 근래에는 소젖으로 페타를 만든 적도 있긴 하다. 흰색이며, 약간 신맛이 나고 향이 풍부하다.

고트(Goat) 치즈

다양한 형태로 만들어지는데, 가장 일반적이기는 부드러워 쉽게 펼칠 수 있는 치즈이다. 고트 치즈는 단단하게 또는 페타처럼 반쯤 단단하게도 만들어질 수도 있다. 중동, 아프리카, 일부 지중해 국가 등에서 보편적으로 먹는 치즈인데, 소들은 이러한 지역에서 살기 힘들고 생존력이 강한 염소들만이 살아남을 수 있기 때문이다.

스위스(Swiss) 치즈

스위스에서 만들어진 모든 유형의 치즈를 일컫는 포괄적 이름이다. 스위스 치즈는 소젖으로 만들어지며, 가벼운 풍미가 있고, 달콤하며 견과 맛이 난다. 윤이 나고, 연한 노란색이며, 큰 구멍들이 나 있는데 이는 숙성과정에서 이산화탄소가 배출되며 만들어진 것들이다.

베지테리언(Vegetarian) 치즈

응유기를 사용하여 응유시킨 치즈가 아니라, 동물의 위에 자연스레 남아있는 효소를 이용하여 만들어진 치즈이다. 치즈 제조장들은 통상 레닛(rennet)이라는 응고효소를 사용하여 우유를 응고시킨다. 반면에 대부분의 베지테리언 치즈들은 식물, 곰팡이, 박테리아 등을 사용하여 응유시킨다.

대표적인 치즈 종류

아메리칸	아네호 엔치라도	아사데로	아지아고
베이비 스위스	벨라비타노	베니딕틴	블루
브릭	브리	부라타	고읃 치즈
까망베르	체다	콜비	콜비-몬터레이 잭
페타 치즈	코티하	크림 치즈	애담
에멘탈	모짜렐라	고르곤졸라	구다
파르메산	스위스	리코타	

14세기 중세 의학서에 나와 있는 치즈 제조법

BC 4000년경 사하라 초지에서의 낙농업

육회, 햄버거,
타르타르 스테이크

미국에서 햄버거가 만들어지기 훨씬 이전부터 이미 유럽인들은 전통적 요리로 유사한 음식들을 즐기고 있었다. 아피키우스(Apicius)의 요리책은 4세기 초반 고대 로마의 조리법들까지 포함하는 모음집인데 소고기, 잣, 후추 알, 백포도주 등을 다져 만든 구운 패티 형태로 내놓는, 아마도 햄버거의 가장 오래된 선조라 할 아이스시아 오멘타타(isicia omentata)의 요리법에 대해 상세히 기술하고 있다.

12세기 몽골 유목민들은 다양한 발효유(kumis, 쿠미스)와 말 또는 낙타 고기를 지니고 다녔다. 몽고 통치자였던 칭기즈칸(1167~1227) 시대를 통틀어 몽골 병사들은 현재의 서부 러시아, 우크라이나, 카자흐스탄 등에 해당하는 소위 킵차크 칸국(Golden Horde)을 지배했다. 기병이 중심인 몽골 병사들은 신속히 이동했고 끼니를 때우기 위해 말을 멈출 수 없는 경우들이 허다했다. 그들은 고기를 얇게 잘라 포장을 해서 안장 아래에 놓고 다녔는데 사람의 체중과 움직임에 고기조각들이 다져졌을 것이고 열과 마찰에 의해 익혀졌을 것이다. 이러한 다진 고기 조리법은 1240년 몽골 제국이 해체되기까지 몽골 제국 전체로 퍼져나갔다. 몽골 병사들은 당시 병사들의 식사를 위해 제공된 말, 소, 양 등 다양한 동물들의 단백질을 섭취했던 것 같다. 마르코 폴로는 몽골 병사들의 조리법에 대하여

기술한 바 있는데, 조랑말 한 마리로 100명의 하루 식사를 해결했다고 한다.

칭기즈칸의 손자인 쿠브라이 칸(1215~1294)이 모스코바를 점령했을 때 그와 그의 병사들은 다진 말고기를 시민들에게 소개했고, 이 요리가 후에 타르타르 스테이크(steak tartare)라 불리게 되었다. 지금은 독일에 속하는 여러 작은 공국들은 이 간 고기에 케이퍼(지중해산 관목의 작은 꽃봉오리를 식초에 절인 것), 양파, 심지어는 캐비아를 첨가하여 그들 고유의 다양한 음식들을 창작해냈고 이들은 길거리 음식들로 팔려나갔다.

언제 처음으로 타르타르 스테이크가 레스토랑 음식으로 등장했는지는 명확하지 않으나 타르타르 스테이크에 대한 첫 묘사는 1875년 율레 베르네(Jules Verne)의 소설 『미카엘 스트로고프(Michael Strogoff)』에 명확히 이름이 주어지지 않은 채로 등장한다. 한편 타르타르 스테이크는 독일 요리들인 라프스카우스(Labskaus)와 메트(Mett)와 어느 정도 유사성을 갖는다.

육회의 족보를 찾다 보면 실마리는 타타르에 있다. 타타르는 로마 시대에는 유럽인들을 공포에 떨게 만들었던 야만족으로 훈족이라고 불리던 민족이다. 중앙아시아에 뿌리를 내리고 살았던 유목민족인데 이 훈족을 한자로 옮겨 적으면 흉노(匈奴)가 되고 타타르는 돌궐(突厥)이 된다. 좀 더 정확하게 말하자면 타타르는 돌궐계통의 민족 중에서도 달단족이라고 한다. 몽골이 세운 원나라가 고려를 침략했을 때 몽골군대와 함께 고려로 처들어온 종족이기도 하다. 우리가 지금 먹고 있는 육회도 그때 달단족이 전파한 것으로 보고 있는데 타타르가 러시아에 처들어가서(몽골군대가 러시아로 진격할 때 타타르라는 이름으로 함께 원정에 나섰다) 타르타르 스테이크를 전파한 것처럼 달단족이 고려에 들어오면서 육회가 전해진 것으로 추정된다.

20세기에 이르러 생고기를 다진 유사한 형태의 다른 음식들이 등장하는데 1930년대 베니스의 헤리스 바(Harry's Bar)라는 레스토랑에서 창작되었던 이탈리아 카르파쵸(carpaccio)가 그중 하나이다. 햄버거의 선조가 되는 독일 함부르크(Hamburgh) 소시지는 1763년 하나 그라세(Hannah Glasse)의 요리책『쉽게 만드는 요리의 예술(Art of Cookery, Made Plain and Easy)』에 소개된 다진 고기를 활용한 대표적 요리이다. 함부르크 소시지는 다진 고기를 주재료로 하며 너트맥(nutmeg), 정향(cloves), 후추, 마늘, 소금 등 다양한 양념들이 더해지며 주로 토스트와 함께 먹는다.

(왼쪽 위부터) 육회, 타르타르 스테이크, 햄버거 스테이크, 이슬키아 오멘타타, 햄버거

마지막으로 햄버거의 탄생에 대해 알아보자. 다양한 조리법들과 요리들이 대서양을 건너 신세계에 도착한 유럽의 이민자들을 통해 전해졌다. 어떤 필자들은 함부르크-미주 노선이 정말 있었는지, 신세계에 정착한 이민자들의 요구를 충족하기 위해 햄버거가 과연 만들어졌는지에 대해 회의적이긴 하다. 하지만 다른 많은 저자들은 함부르크-미주 노선이 처음으로 햄버거 스테이크를 유럽에서 미국으로 들여왔다고 믿는다. 1885년과 1904년 사이에 발명되었다는 햄버거의 발명과 관련된 다수의

주장들이 혼재해 있지만 적어도 20세기 초반에 창작된 음식이라는 것은 확실한 것 같다. 그 이후 100년 동안 햄버거는 패스트푸드의 개념과 프랜차이즈라는 새로운 사업 모델을 통해 전 세계로 뻗어 나가게 된다.

햄과 소시지

BC 160년경 로마 원로원의 카토(Cato the Elder)가 그의 저서인 『De Agri Cultura』에서 「햄을 소금에 절이기」라는 글을 쓴 것을 보면, 돼지 다리를 햄으로 만들어 보관하기 시작한 것은 아주 오래 전부터이다. 중국인들이 최초로 소금에 절인 햄을 만들었다는 주장이 있는 반면, 라루스 가스트로노미크(Larousse Gastronomique)는 갈리아(Gaul)가 햄의 기원이라고 주장한다. 하지만 로마시대에 이르러서 햄이라는 음식이 이미 보편화됐고 갈리아로부터 수입되었다는 것은 마르쿠스 테렌티우스 발로(Marcus Terentius Varro)의 글에서 분명히 확인할 수 있다.

현대 단어 'ham'은 '움푹 꺼짐' 또는 '무릎 굽음'을 의미하는 고대 영어 'ham' 또는 'hom'에서 유래했는데, 이 단어들은 '굽음'을 의미하는 게르만 단어에 기반한다. 15세기경에는 '햄'이라는 단어가 '돼지 뒷다리'로부터 '돼지고기 커트(cut)'라는 의미로 변했고, 소금에 절이거나 훈제하는 방법들이 주로 사용되었다.

보관하는 절차 때문에 햄은 고기를 주재료로 하여 소금 등의 방부 물질을 더한 일종의 합성 음식재로 분류되지만 그 자체로서도 하나의 음식이기도 하다. 햄은 보관과 맛을 위해 생고기에 소금을 뿌리거나 고기를 훈제하거나 또는 촉촉하게 절이는 방식으로 만든다. 소금 이외에도 맛을 내기 위해 여러 향신료들이 사용될 수 있는데 후추와 그 비싼 샤프란까지 첨가될 수 있다. 대표적인 나라별 햄은 다음과 같다.

잠봉(Jambon) - 프랑스
쉰켄(Schinken) - 독일
프로슈토(Prosciutto) - 이태리
하몽(Jamón) - 스페인

'소시지(Sausage)'는 '염장(鹽藏)' 또는 '소금에 절이다'라는 의미를 갖는 라틴어 salus에서 파생된 고대 프랑스어 saussiche에서 유래한다. 소시지는 오늘날의 이라크에 해당되는 메소포타미아의 수메르 문화권에서 BC 3000년경 처음으로 만들어지기 시작했다. 「소시지」라는 제목의 각본이 이미 BC 550년 경 그리스에서 만들어졌을 만큼 소시지는 인류의 오랜 역사와 같이했다.

소시지 만들기는 효율적 도축의 결과물이다. 전통적으로 소시지 생산업자들은 허파, 내장고기, 지방 등 다양한 조직들과 내장들을 염장하여 보관했다. 그들은 깨끗이 씻은 동물 내장으로 관 모양의 주머니를 만들고 이것들을 쑤셔 넣어 독특한 원통 모양의 소시지를 탄생시켰다. 소시지, 푸딩(pudding), 살라미(salami) 등은 조리해서 먹든, 바로 먹든, 또 말려서 먹든 간에 가장 오래된 가공 음식들에 속한다. 초기 인류들은 처음에는 구운 내장을 위에 집어넣어 소시지를 만들었다. 그리스 시인 호머는 『오디세이』에서 일종의 피소시지를 언급한 바 있고, 에피카르무스는 「소시지와 아리스토파네스 기사를 연기하다」라는 제목의 코미디 각본을 썼는데 소시지 장사꾼이 지도자로 선출되는 내용이다. 이로 보아 소시지는 이미 고대 그리스와 로마시대부터 인기 있던 음식이었고, 아마도 유럽 많은 지역에서 다양한 부족들이 선호했던 것으로 보인다.

고대 이탈리아에서 가장 유명한 소시지는 현재의 이탈리아 남부 바실리카타(Basilicata)에 해당되는 루카니아(Lucania)에서 만들어졌는데, 이에 따라 이 소시지에는 루카니아라는 이름이 붙었고 오늘날에는 지중해 연안에서 만들어지는 다양한 소시지들에 이 이름이 올라가 있다. 다양한 소시지들이 로마 황제 네로(Nero)의 재위 시절 루페르카리아(Lupercalia) 축제를 위해 개발되기도 했다. 10세기 초 비잔틴 제국 시절에는 현제 레오 6세(Leo VI the Wise)가 식중독사고가 연이어 발생하자 피가 들어간 소시지의 생산을 법으로 금지했다. 하지만 다양한 나라들과 도시들에서 자신들만의 색깔을 입혀 촉촉하거나 마른 소시지들을 만들기 시작했다. 서로 다른 종류의 소시지들이 만들어진 이유는 지역 기후와 가용한 내용물들에 영향을 받았기 때문이었다.

우리나라에도 소시지가 오래 전부터 만들어져 왔는데 바로 피소시지 형태의 순대이다. 순대는 돼지 곱창에 당면을 담고 선지로 맛과 색깔을 내어 수증기에 쪄낸 음식이다. 고려시대에 몽골군이 침략하면서 한국에 전파되었다는 설이 유력하다. 순대의 어원을 보면 만주어인 순타(Sunta)에서 유래했는데 순타는 만주어로 '창자로 만든 도시락'이라는 뜻이라고 한다. 몽골의 영향을 받은 이 창자도시락은 애초에 유목민 몽골의 전투식량이었다. 또 다른 설은 만주어 셍지 두하(Senggi-Duha)에서 나왔다는 것인데, 순은 피를 뜻하는 셍지에서, 대는 창자를 뜻하는 두하가 변형된 것이라 한다.

소시지는 기본적으로 다음과 같이 분류한다.

- **신선소시지(Fresh Sausage)**: 고기로 만들되 소금에 절이거나 훈제되지 않으며, 조리 후 먹는다.
- **조리소시지(Cooked Sausage)**: 절이지 않은 고기로 조리를 하되 훈제하

지 않는다.

- **조리훈제소시지**(Cooked, Smoked Sausage): 살짝 훈제한 고기를 절여 만든 고기를 조리한다. 추가로 조리할 필요가 없으며 볼로냐(bologna)와 핫도그가 이에 속한다.

- **비조리훈제소시지**(Uncooked, Smoked Sausage): 절인 고기를 훈제하고 나중에 먹기 전 조리한다.

- **건조소시지**(Dry Sausage): 하절기용 소시지라고도 불리며(따뜻한 날씨에도 냉장 없이 보관이 가능하기 때문), 신학교 소시지(주로 수도원에서 만들어지기 때문)라고도 일컬어지기도 하는데 시간, 온도, 습도 등을 조절한 상태에서 건조시키는 염장 소시지이다. 훈제를 하기도, 안 하기도 하며 레바논 볼로냐, 살라미(salami), 코셔(kosher) 소시지, 스페인 초리조(chorizo)가 이에 해당한다.

- **스페션티미트**(Specialty Meats): 다지거나 분쇄한 고기를 절이거나 또는 절이지 않고 만들며, 통상 훈제보다는 굽거나 조리하여 만들어지고, 덩어리 형태로 만들어진다. 슬라이스하고 차갑게 하여 샌드위치나 샐러드 안에 넣어 먹으며 스크래플(scrapple)과 같이 아침식사용 고기로 사용한다.

나라별 소시지

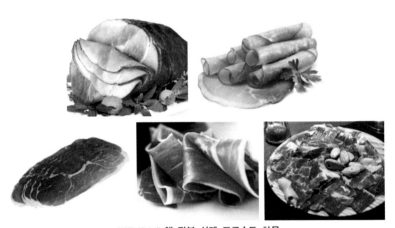

(왼쪽 위부터) 햄, 장봉, 쉰켄, 프로슈토, 하몽

다양한 소시지   순대

오이 피클과 김치

오이 피클(pickled cucumber)은 미국, 캐나다에서는 보통 단순히 피클 (pickle)이라 불리는데, 식초나 소금물, 가끔은 양념이나 설탕 또는 다른 향신료들을 첨가하여 담근 오이를 지칭한다. 피클이라는 단어는 소금 물이나 식초 혼합물에 담가먹는 경우, 오이 외에 컬리플라워, 올리브, 수박껍질, 캐비지, 양파, 고추, 청어 등 어떠한 채소나 과일 또는 음식물 에도 폭넓게 적용된다. 여기에서는 가장 잘 알려지고 사람들이 보편적 으로 즐겨먹는 절인 오이로 피클의 범위를 제한하고자 한다.

오이를 절여 먹기 시작한 것은 지금으로부터 약 4,400년 전 메소포타 미아에서였고, 인도에서 피클은 베다 시대(BC 1500~500)에도 이미 잘 알 려진 음식이었다. 성경의 두 구절(민수기 11:5, 이사야 1:8)에서도 오이가 언 급되었고, 역사적으로 3,000년 이전에 서부 아시아, 이집트, 그리스에 서 오이를 먹었다는 기록이 있다. 오이 피클은 아마도 유대 디아스포라 (diaspora, 다른 나라에서 살며 일하기 위한 유대인들의 이동)를 통해서 전 세계로 전파되었을 것으로 추정된다.

수백 가지 이상의 오이 피클 종류가 있지만 그중 대표적 피클 몇 가지 의 특징에 대해 살펴본다.

딜 피클(Dill pickle)

딜 피클은 미국에서 가장 대중적이며 많은 종류가 있다. 원래는 신선한 딜 풀(허브의 일종. 흔히 야채로 피클을 만들 때 넣음)을 첨가해 만들었는데, 오늘날 상품으로 판매되는 딜 피클의 경우는 딜 오일이 첨가되어 있다. 다양한 종류의 딜 피클들을 찾아볼 수 있는데, 제뉴언 딜(Genuine Dill), 코셔 딜(Kosher Dill), 독일 딜(German Dill), 오버나이트 딜(Overnight Dill), 폴란드 딜(Polish Dill) 등이 이에 포함된다.

게르킨(Gherkin)

게르킨은 아주 작은 크기의 피클일 뿐 아니라, 서인도 오이라고 하는 특별한 품종의 오이를 사용한다. 이 오이 종류는 농장 오이보다 조금 더 작은 열매를 맺는다.

반 신맛 피클(Half-sour pickle)

반 신맛 피클은 식초가 첨가되지 않은 소금물에 담가 만들어진다. 이 피클들은 저장과 배송 과정을 포함하여 전 제조공정에서 냉장이 유지된다. 오이가 소금물에 더 오래 담겨 있을수록 신맛이 더해진다. 따라서 신 피클에 비해 소금에 절인 기간이 짧으며, 소금도 더 적게 사용되어 발효가 빠르다. 결과적으로 이 피클들은 신선하고, 초록빛을 유지하며, 가장 단단하고 바삭바삭한 식감을 갖는다. 이 반 신맛의 피클들은 샌드위치와 함께 먹으면 제격으로 다져서 계란, 마카로니, 감자, 해산물, 참치 등이 들어간 샐러드에 넣으면 맛의 균형을 잡아준다.

발효 피클(Fermented pickles)

소금이 오이를 삭히기 위해 사용된다. 피클들은 소금물에 푹 담근다.

통상 식초가 소금물에 첨가되어 풍미를 더하게 되며, 발효의 마지막 단계에서 양념들을 넣는다.

　다음은 서양에서 피클의 한 종류라고 분류하는 우리의 김치에 대해 살펴보고자 한다. 약 3천 년 전의 중국 문헌『시경(詩經)』「소아(小雅)」편에 '밭두렁에 오이가 있는데 깎아서 절인 후 조상님께 바치자.'라는 구절이 있다. 절인다는 표현으로 김치 저(菹)라는 한자를 사용했고 절이는 대상이 되는 채소로는 오이 과(瓜)자를 썼으니 바로 오이지다. 이것이 김치에 대해 언급한 최초의 문헌이다. 물론 정확하게 말하자면 시경에 나오는 오이는 지금 우리가 먹는 오이와는 다르다. 왜냐하면 지금의 오이는『시경』이 편찬된 훨씬 후인 BC 2세기 무렵에 동아시아에 전해졌기 때문이다.『본초강목』에는 한나라 때 외교관인 장건(張騫)이 서역에서 오이를 가져와 퍼뜨렸다는 내용이 나온다. 그리고 상고시대 때 김치 종류를 총칭하는 말로 소금에 절인 야채를 뜻하는 침채(沈菜)라는 말에서 오늘날 김치의 어원을 찾을 수 있다. 현대 사전에서도 김치는 배추, 무, 오이 등의 야채를 소금에 절여 고추, 파, 마늘 등으로 버무려 담근 반찬이라고 정의한다.

　초기 김치 모양을 옛 문헌 등을 통해 추정해보면, 채소류를 장기간 저장하기 위한 단순한 소금 절임 형태였다.『삼국지(三國志)』「위지동전(魏地東傳)」에서 고구려는 발효식품을 잘 만들어 먹었다는 얘기가 있으며, 일본 문헌인「정창원 고문서(正倉院古文書)」는 수수보리저(須須保里菹), 즉 김치무리가 일본에 전달됐다는 기록이 있다. 또한 중국 문헌인『후주서(後周書)』등에서도 절임에 대한 기록이 있어 삼국시대에 이미 초기 형태의 김치류 제조가 있었던 것으로 추정된다. 특히 6세기 중국 북위 때의 책인『제민요술(齊民要術)』에서는 역사상 처음으로 김치 담그는 법을 소개했으며, 주로 산미료에 담그는 '엄초법', 소금과 발효 기법을 이용하는 '발효지법', 오늘날의 장아찌에 해당하는 '엄장지법'이 소개되어 있다 그리고 통일신라시대의 역사기록을 담고 있는 『삼국사기』「신문왕」편에서는 '혜(醯; 김치무리)'라는 용어가 등장하며, 김장독으로 사용되었던 것으로 추정되는 돌로 만든 독이 법주사 경내 현존하고 있다.

중국과 일본에도 채소의 소금 절임이나, 된장 간장에 담근 장아찌식 절임과 젓산발효 초기에 머무른 비교적 담백한 야채 절임류가 많았다. 그러나 식품의 다섯 가지 기본 맛에다 젓갈로 인한 단백(蛋白) 맛과 발효의 훈향을 더하는, 일곱 가지 독특한 풍미를 갖춘 발효야채식품은 우리나라의 김치뿐이다. 이러한 김치는 한반도의 기후, 계절, 각 가정의 생활환경 및 식습관에 따라 다양하게 발달 정착했다. 오늘날의 김치 모양은 1600년대 고추가 상용화되기 시작하면서 나타났다.

(왼쪽 위부터) 게르킨, 반 신맛 피클, 코셔 딜, 폴란드 딜

초창기 김치인 오이지(위)와 현재의 다양한 김치(아래)

두부

두부의 영어 단어 Tofu는 일본 발음 tōfu(豆腐)에서 왔으며, 'bean(豆)'+ 'curdled' 또는 'fermented(腐)'라는 의미를 갖는다. 두부(豆腐)는 콩의 커드(curd) 또는 응유(凝乳)를 압축하여 부드럽고 하얀 블록 모양으로 만든 음식으로 동아시아나 동남아시아 요리의 중요한 재료 중 하나이다. 두부는 부드럽게, 단단하게 또는 딴딴하게 만들어질 수 있으며 특유의 향이 있어 풍미 있고 달콤한 요리에 사용된다. 두부는 음식에 따라 때로 양념에 묻히거나 절여지기도 한다. 두부의 기원에 대한 세 가지 가설이 있는데 BC 164년 한(漢)의 회남왕(淮南王) 유안(劉安)이 중국 북부에서 발명했다는 주장이 가장 널리 알려져 있다. 또 다른 이론은 간 콩을 끓이던 중 실수로 바다 소금을 섞는 바람에 두부를 만드는 방법이 우연히 발견되었다는 설이다. 바다 소금에는 아마도 칼슘과 마그네슘이 포함되어 있었을 것이고 이 성분들이 콩물을 응고시켜 두부와 같은 젤을 만들었다는 것이다. 세 번째 가설은 고대 중국인들이 몽골이나 동인도에서 우유를 응고시키는 기술을 따라 하던 중 두유를 응고시키는 방법을 체득했다는 것이다. 이 가설은 몽골 발효유 루푸와 중국 발음 '도우푸'의 어원적 유사성을 근거로 한다.

우리나라에는 두부와 그 제작법이 14세기 고려 말기에 원(元)으로부터 전래되었을 가능성이 높다. 일본에서는 우리보다 오히려 빠른 757년경

나라시대에 중국에서 유학을 하고 돌아온 승려 검진화상(簽眞和尙)에 의해 전파되었다. 두부가 베트남에 도착한 것은 10세기와 11세기 사이라고 몇몇 학자들은 믿는다. 두부는 아마 비슷한 시기에 동남아 다른 지역으로도 전파되었을 것이다. 두부의 보급은 불교의 전파와 맥을 같이 하는데 채식을 하는 승려들의 주요 단백질 공급원이 되기 때문이다. 이러한 논리가 합리적이라면 우리나라에 두부가 소개된 시점도 불교가 처음으로 도입된 4세기 말의 고구려 시대이거나 최소한 14세기 이전일 가능성이 높다.

다음으로 중국·한국·일본의 대표적인 두부요리들을 알아보자. 우리의 순두부와 같은 중국 요리 도우후아(豆花)는 삶은 땅콩, 팥, 조리된 오트밀, 타피오카, 녹두 등의 토핑과 함께 서빙되거나 생강이나 아몬드향의 시럽과 함께 나온다. 도우후아는 여름에는 잘게 부순 얼음과 함께 나오고 겨울에는 데워져서 서빙된다. 중국의 많은 지역에서 생두부는 간장과 함께 간단히 먹기도 하고, 얇은 가다랑어포인 카츠오부시에 피단과 참기름으로 양념을 해 먹는다.

마파두부(麻婆豆腐)는 전형적인 쓰촨 또는 사천식 요리이다. 마파두부는 1862년 청나라 시대에 시작되었는데, 사천성의 한 도시인 청두의 북쪽 만복교(萬福橋) 근처에서 작은 식당을 경영하는 진(陳)씨 부인에 의해 발명되었다고 전해진다. 진씨 부인은 얼굴이 곰보였고, 곰보의 한자어 '마(麻)'와 할머니를 뜻하는 '파(婆)'가 합쳐져서 그녀의 두부요리에 마파라는 이름이 붙여진 것이다. 이곳을 찾는 손님은 대부분 노무자들이었고, 이들 중 기름통을 메고 다니는 노동자들이 하루는 시장에서 두부 몇 모를 가져와 소고기 약간과 통 안의 기름을 조금 친 다음 진씨 부인에게 음식을 만들어 달라고 부탁했다. 진씨 부인이 만든 요리는 노역자들 사이에서 엄청난 환영을 받았다. 이 맛있는 두부 요리는 금방 유명해졌고, 중국 전역으로 퍼져 나갔다. 많은 시인들이 이 두부요리에 매료되어 마파두부에 대한 많은 시들을 남겼고, 그로 인해 더욱 유명해졌다.

한국의 대중적인 두부요리인 양념두부조림은 프라이팬에서 기름에 지진 단단하고 네모난 두부에 간장, 마늘, 그리고 기타 등등의 양념을 더하여 만든다. 일본 두부요리 히야야코와 유사한 방법으로 익히지 않은 차갑고 단단한 두부조각 위에 간장, 파, 생강 등을 올려서 먹는 방식도 인기가 있다. 술과 함께 먹는 안주인 두부김치는 단단한 두부를 삶아 네모나고 얇게 썰어 접시 가장자리에 둘러놓고 다진 고기와 함께 기름에 볶은 김치 또는 생김치를 접시 중앙에 올려놓는 요리이다. 한국 두부요리 중에는 부드러운 순두부를 넣어 만든 순두부찌개, 깍둑썰기한 단단한 두부를 넣어 만든 된장찌개와 김치찌개도 대중적이다.

일본에서는 여름에 점심으로 히야야코(冷奴)를 즐겨 먹는데 이 요리는 부드럽거나 단단한 두부에 강판에 간 신선한 생강, 파, 카츠오부시 등을 더하여 간장을 부어 먹는 두부요리이다. 겨울에 일본 사람들은 유도푸 (湯豆腐)를 자주 먹는데 배추, 파 등과 같은 채소와 두부를 다시마 우린 국물인 콤부다시가 담긴 뚝배기에 넣어 끓인다. 일본에서 가볍게 옷을 입히거나 기름에 튀긴 모두부에 콤부다시 양념을 두른 요리도 인기가 있는데 아게다시도후(あげだしどふ)라 부른다. 얇게 썰어 깊게 튀긴 부드러운 두부를 일본에서는 아부라기라 부르고 한국에서는 유부라 하는데 통상 데쳐서 간장과 조미료로 사용되는 일종의 일본 술인 미림(味醂)으로 양념을 하여 기쯔네 우동(きつねうどん)과 같은 요리에 담겨 나온다. 아부라기는 때로는 위를 잘라 주머니 모양으로 만들어 스시 쌀을 담아 넣어 먹는데 이를 이나리스시(稲荷鮨) 또는 우리말로 유부초밥이라 부른다.

중국 하이난 지방에서 판매되는
다양한 형태의 두부

몽골리안 두부

중국 마파두부

중국요리 도우후아(豆花)

한국 양념두부조림

한국 순두부찌개

일본 히야야코(냉두부)

일본 이나리스시

국수

학술지 네이처의 한 논문에 의하면 인류는 이미 4,000년 전 중국에서 국수(麵, 면)를 먹기 시작했다고 한다. 2005년 중국 본토에서 탐사를 하던 고고학자 팀이 신석기 시대 후반으로 추정되는 시기의 차조와 수수로 만든 국수를 담은 도기 사발을 발굴했다고 보고했다. 하지만 이 주장은 글루텐(gluten)이 부족한 조나 수수로는 국수를 만들 수 없다는 후기 연구에 의해 반박된 바 있다. 국수에 대한 가장 초기의 기록은 동한(東漢) 시대(25~220)에 발간된 한 책에서 찾아볼 수 있다. 국수는 때론 밀가루 도우로 만들어지는데 이미 한(漢) 시대(BC 206~AD 220)에 전국적으로 사랑받는 국민 요리로 자리 잡았고, 당(唐) 시대에는 처음으로 가는 가닥으로 만들어졌으며, 원(元) 시대에는 건국수가 개발되었다.

1세기경 그리스의 문호 호레이스(Horace)는 얇은 밀가루 도우(dough)를 기름에 튀겨 만든 라쟈냐(Lasagne)의 조리법에 대해 기술한 바 있다. 여기서 언급되고 있는 라쟈냐는 생 또는 건조 파스타 요리인 현재의 라쟈냐와는 사뭇 다른데 기본 재료나 모습만이 유사했을 것으로 추정된다. 2세기경 그리스의 의사 갈레노스는 밀가루와 물만을 혼합하여 만든 건파스타인 이트리온(itrion)에 대하여 언급하고 있다. 라틴식 이트리온은 일종의 삶은 밀가루 반죽을 지칭했으며, 예루살렘 탈무드는 비잔틴 지방이었던 팔레스타인의 프리마(Prima)와 세쿤다(Secunda)에서 3세기에서

5세기 사이에 보편적으로 먹던 음식이었음을 기록하고 있다. 긴 여정을 거쳐 5세기경 국수는 마침내 아랍인들에게도 전해져 건 파스타의 기록이 처음으로 등장한다. 9세기에 들어서 아랍의 의사인 이쇼 바 알리(Isho bar Ali)는 이트리야(itriyya, 그리스어 이트리온가 같은 어원을 갖는 아랍식 어휘)가 세모리나(semolina, 일종의 밀)로 만들어지며 끈 모양으로 생겼고 조리하기 전에 건조를 시킨다고 기록했다. 1154년 무하마드 알-이드리시(Muhammad al-Idrisi)는 이트리야가 이탈리아 시칠리의 북부 지역에서 생산되어 수출된다고 기술하고 있다. 이트리야는 이슬람이 지배하던 페르시아 세계에서 아랍어를 사용하던 사람들에게도 알려져 이긴 밀가루 반죽을 꼬아서 만든 작은 국물국수를 지칭했다.

파스타로 만든 요리에 대한 이탈리아 문헌상의 최초 기록은 13세기 또는 14세기로 거슬러 올라간다. 이는 13세기 베네치아의 마르코 폴로 가족 이전에 이미 아시아로 여행한 바 있던 파드레 지오바니 델 카르피니(Padre Giovanni del Carpini)와 같은 유럽인들의 영향을 반영한다. 파스타는 다양한 모양으로 만들어지며 때론 지역적 특성이 반영되기도 한다. 최소 20세기에 들어서서 파스타는 북미와 다른 지역에서 중요한 음식으로 자리매김하게 된다.

일본의 밀가루 국수인 우동의 조리법은 9세기경 한 불교승려에 의해 중국으로부터 들여왔다. 중동 지역의 레스테(Reshteh) 국수는 13세기 이전에 페르시아 사람들이 즐겨 먹었다고 전한다. 국수의 진화는 계속되어 조선(1392~1897)에서 메밀로 만든 냉면이 만들어진다. 중국의 국수에 기반한 라면 국수가 1900년 이전에 일본에서 유행하며, 1958년에 일본에서 모모푸쿠 안도에 의해 발명된 인스턴트 라면이 처음으로 판매되기 시작한다.

우리 냉면의 역사와 특징에 대해 좀 더 자세히 살펴보자. 현재 남아있는 조선 시대 문헌에서는 17세기 초(1600년대) 조선 인조 때 활동한 문인인 장유(張維)의 『계곡집(谿谷集)』(1635)에 냉면(冷麵)이라는 단어가 처음으로 등장한다. 이로 보아 조선에서 냉면을 먹기 시작한 것은 조선 중기에 해당하는 16~17세기 무렵인 것으로 보인다. 다음은 냉면의 종류에 대해 알아보자.

평양랭면

평양에서 유래 또는 발전된 것으로 알려져 있다. 평양랭면은 메밀을 주재료로 만들기 때문에 잘 끊어질 수밖에 없고, 거친 편이다. 그래서 비빔면에는 잘 어울리지 않아 주로 물냉면이 많다.

함흥냉면

원래 함흥시 일대에 감자의 녹말을 사용한 국수 요리가 발달해, 생선회와 고추장 양념으로 이루어진 회국수라는 이름의 랭면과 물냉면인 농마국수가 있었다. (원래 관북 지방에서 랭면이라는 말이 잘 쓰이지 않아 국수로 불린 것일 뿐, 이 음식들도 엄연히 냉면이다.) 한국전쟁 이후 함흥의 회국수가 남한에 들어와 함흥냉면이라는 이름으로 팔리기 시작했다. 남한의 함흥냉면은 보통 국수 재료로 고구마의 녹말을 사용한다. 이북에서 내려온 실향민이 만든 유명 함흥냉면 전문점들에서는 원래 함흥에서 먹던 형태의 회국수를 '회냉면'이라는 이름으로 남한에서 현지화된 '함흥냉면'과 구별해서 팔고 있다. 한편 회국수는 북한에서 명맥이 끊겼다. 북한 함흥시의 유명 식당인 신흥관에서는 북에서 먹는 함흥식 물냉면을 맛볼 수 있다.

진주냉면

경상남도 진주에서 유래 또는 발전된 냉면이다. 조선 시대의 권번가에서 야참으로 즐겨먹던 음식이라는 이야기가 전해진다. 1960년대 이후로 사라졌다가 1994년 북한에서 발행된 《조선의 민속전통》식생활풍습 부분에 나오는 '랭면 중 제일로 여기는 것은 평양랭면과 진주랭면이다.'라는 기록으로 인해 2000년대 재탄생한 음식이다. 진주냉면을 재현하는 과정에서 쇠고기육수에 멸치와 바지락, 마른 홍합, 마른 명태, 문어, 표고버섯 등으로 해물 육수를 만들어 뜨겁게 달군 무쇠를 육수에 반복해서 담가 육수의 비린 맛을 제거한 후 보름 정도 숙성시킨 것을 섞었으나 현재는 이 방법을 쓰지 않는다고 한다.

중국 북서부에서 출토된 4,000년 된 국수 유물

일본의 라면 국수

평양랭면

함흥냉면

진주냉면

(왼쪽 위부터) 이탈리아 파스타, 한국 냉면, 베트남 포, 일본 우동, 태국 납작 국수

젓갈, 케첩 그리고 홍어

　삭혀서 발효된 생선은 유럽 조리법에서 오래된 전통 중 하나이다. 오늘날의 스웨덴 남부에 해당되는 지역에서 출토된 고고학적으로 가장 오래된 삭힌 생선과 관련한 유적은 무려 9,200년 전까지 거슬러 올라간다. 스웨덴의 수르스트뢰밍(Surströmming; 신맛 나는 청어라는 의미의 스웨덴 요리)에 들어간 삭힌 발트해 청어는 최소 16세기 이래로 스웨덴 북부의 전통적 요리이다. 생선이 썩지 않을 만큼의 적당한 소금을 부어 최소 6개월의 발효 과정을 거치면 약하게 염장된 생선은 우리의 삭힌 홍어와 같이 강한 냄새를 풍기게 된다. 아이슬란드어로 상어를 의미하는 하카르(hákarl)는 아이슬란드의 국가적 요리인데 그린란드 상어나 스리퍼 상어를 특별한 발효과정을 거쳐 삭힌 다음 4~5개월을 걸어 말려 만든다. 하카르 역시 상당한 양의 암모니아를 품고 있어 소독제품에서 나는 것과 유사한 강한 냄새가 나온다. 페식스(Fesikh)는 지중해와 홍해 모두에서 잡히며 숭어과에 해당되는 그레이멀릿(gray mullet , 회색 숭어)을 소금으로 간을 하여 삭히고 말린 전통적 이집트 요리로서 고대로부터 봄을 맞이하는 이집트 국경일인 샴 엘 네심(Sham el-Nessim) 축제 기간 중 먹는 음식이다.

　한국의 홍어회는 연골어류인 홍어로 만들어지는데 홍어는 다른 동물들과 같이 오줌을 배출하는 대신 껍질을 통해 요산을 분비한다. 홍어가 발효되는 과정 중에 암모니아가 만들어지고 이는 생선살을 보존하는 데 도움이 되나 생선에서 강력하고 뚜렷한 냄새가 나게 한다. 홍어살을 발효시키는 과정에서 자연적 보존 효과가 나타난다는 사실을 우리나라의 어부들이 알게 된 것은 냉장 방식의 보관이 발달하지 못했던 14세기 고려 시대였다. 왜구들을 피해 섬에서 육지로 피난을 가야 했던 어민들은 소금 없이 오랜 동안 먼 거리를 이동하여도 보관된 홍어가 썩지 않는다는 사실을 발견하게 된 것이다.

발효와 다소 다르며 더 포괄적인 저장 방식을 사용하는 염장 생선은 훈제한 청어나 건조시킨 대구포와 마찬가지로 나중에 먹기 위해 물이 빠진 소금을 사용하여 절인 생선이다. 건조된 소금이나 간수를 사용하여 염장을 하거나 건조시키는 방법은 19세기가 되기까지 유일하게 널리 사용될 수 있는 생선 보관방식이었다. 17세기 중국인들은 절인 생선 즉 젓갈과 양념을 혼합했고 샤먼(廈門) 방언으로 소금에 절인 생선이나 조개에서 나온 물을 케챱(kê-chiap: 鮭汁, 규즙)이라 불렀다. 18세기가 되기 이전에 현재의 말레이시아와 싱가폴에 해당하는 말레이 국가들에 소개되어 영국 식민지배자들이 이 소스 맛을 보게 되었다. 인도네시아-말레이 언어로 이 소스의 이름은 케이챱이었는데 영어 단어 Ketchup으로 진화했다. 후에 영국의 이주자들은 이 케첩을 갖고 미주지역 식민지에 정착하게 된다. 'Ketchup'이라는 단어는 1690년 발간되어 북미에서 많이 읽히던 『Dictionary of the Canting Crew』에 이미 모습을 보이며, 'Catchup' 스펠링 역시 과거로부터 같이 사용되었던 것 같다. 우리말의 '젓'과 '즙' 도 결국 케첩과 같은 어원을 갖는다.

한국의 젓갈은 신석기 시대에 기원하는 것으로 추정되고 있다. 문헌상으로는 『삼국사기』「신라본기」의 신문왕 3년(683)의 기록에 왕후를 맞이하는 폐백 음식으로 등장한다. 고려 시대를 거쳐 조선 시대에는 그 종류가 다양해졌다. 참고로 우리가 간장, 된장, 고추장, 막장 등등 할 때 쓰는 장이란 한자의 원래 훈이 젓갈 장이다. 메주 계열의 장은 소금을 쳐서 방에다가 달아놓고 삭히는 과정이 젓갈 만드는 것과 비슷하게 보였을 수 있는데, 그게 기름장 같은 걸로 넘어가면 확실히 어의전성으로 봐야 할 것이다.

기록으로만 보면 비단 한국뿐 아니라 중국, 일본, 인도, 태국 등 아시아 지역들은 물론 의외로 유럽 쪽에서도 기록이 나오는데, 심지어 로마 제국에도 젓갈 관련 기록이 존재한다. 가룸(Garum)이라고 해서 온갖 요리에 맛을 돋구기 위해 썼다고 한다. 짜기는 엄청 짰는지 로마의 철학자 세네카가 친구에게 보낸 편지에서 멋모르고 가룸을 듬뿍 처넣었다가 속을 버렸다고 불평하는 대목이 있다. 당시 기록에 따르면, 최고의 가룸은 오늘날 스페인 지방에서 생산되었다고 한다. 오늘날에도 스페인의 로마 유적지에 가면 테마 상품으로 가룸을 파는 모습을 종종 볼 수 있다. 뿐만 아니라, 젓갈을 먹는 전통은 고대 그리스 시절부터 있었다. 고대 그리스 시대에 많은 사람들의 주식은 브로스(죽 비슷한 것)였는데, 이 젓갈을 조금씩 브로스에 넣어 먹으면 풍미가 좋아져서 젓갈이 인기 교역 상품이었고, 관련 무역의 중심지가 바로 마실리아(마르세유)였다. 이 전통은 쭉 이어져서 서로마가 멸망한 후에도 비잔티움 제국 사람들이 음식에 갖은 향료와 양념을 쳐서 즐겨 먹었다. 예를 들어 이탈리아 쪽에서 즐겨 먹는 앤초비는 멸치 젓갈의 일종이다. 수르스트뢰밍도 발효 과정이 좀 다르긴 하지만 일종의 젓갈로 볼 수 있다.

전 세계에 즐겨먹는 유사한 생선 발효음식들을 정리하면 다음과 같다:

- 그라브락스(gravlax): 스칸디나비아의 요리로 소금과 설탕, 그리고 딜로 가공시킨 연어 요리이다. 예전에는 그라브락을 가볍게 발효시켰

지만, 현재는 큐어링(curing) 과정만을 거친다.

- 느억 맘(nước mắm): 베트남 요리에서 생선을 발효시켜 간장과 유사한 형태의 어장이다.
- 락피스크(rakfisk): 노르웨이 요리로 송어나 곤들매기 종류 생선 소금에 절여 2~3개월 동안 발효시킨 음식이다.
- 바고옹: 필리핀요리에서, 멸치를 소금에 절여 발효시킨 음식이다.
- 시오카라: 일본 음식으로, 쌀겨와 유자 껍질을 이용하여 발효시킨다.
- 수르스트뢰밍(surströmming): 스웨덴 북부지방의 진미로, 발트해의 청어를 소금에 절이고 발효시킨다. 발효로 인한 강한 냄새를 풍긴다.
- 치타탓푸: 연어 내장을 소금에 절인 아이누의 음식이다.
- 하카르(hákarl): 아이슬란드의 상어고기를 발효시킨 음식이다.
- 안초비(anchovy): 정어리, 멸치 등을 소금에 절여 발효시킨 음식이다.
- 이쿠라: 일본 음식으로, 러시아에서 전해진 연어알젓이다. 연어알을 풀은 다음에 소금에 절인다. 주로 스시에 이용된다.

고기의 배를 갈라 염장을 하던 이집트인 벽화

로마 네아폴리스의 생선 염장공장 유적

집에서 만든 버섯 케첩

감자와 양파, 수르스트뢰밍이 나오는 스웨덴 요리

하카르 - 삭힌 상어고기

이집트 페식스

홍어회, 김치, 삶은 돼지고기로 만든 홍어 삼합

한국의 다양한 젓갈류

스시와 김밥

스시(寿司)의 원형은 동남아시아에서 처음으로 만들어졌고, 이어 중국 남부를 거쳐 8세기경 일본에 소개되었다. 소금에 절인 생선을 삭힌 쌀밥으로 둘러싸서 먹는 전통적 젖-발효(lacto-fermented) 쌀 요리였다. 나레스시(なれずし)는 보관을 위해 내장을 빼낸 생선을 소금에 절여, 삭힌 쌀속에 파묻어 여러 달 숙성시켜 만든다. 쌀의 발효는 생선이 상하는 것을 방지해 주는데 삭힌 쌀은 제거하고 생선만 먹는다. 이 초기의 염장 스시는 일본인들의 중요한 단백질 섭취원이었다.

일본인들은 생선을 쌀밥과 함께 먹는 나마나레 또는 나마나리(生成)라 부르는 반쯤 발효시킨 요리를 즐기게 되었고, 무로마치(室町) 시대에는 나마나레가 가장 대중적인 스시 요리로 자리 잡는다. 나마나레는 살짝 삭힌 생선을 쌀밥으로 싸서 맛이 변하기 전에 먹는 신선 음식이었다. 이러한 생선요리는 더 이상 생선 보관 방식이라 보기 어렵지만 일본요리에서 새로운 생선 음식이 되었다.

에도(江戸) 시대에 빨리 만들어 먹을 수 있는 하야스시(早壽司, はやずし)라는 제3의 스시 유형이 등장하게 된다. 하야스시는 쌀과 생선을 조립하여 한꺼번에 먹을 수 있어 당시 일본 문화로서는 매우 독특한 요리였다. 쌀의 역할이 생선을 발효시키는 데에서 처음으로 벗어나게 된 것이다. 지금은 발효시킨 쌀 대신 쌀에 식초를 섞고 생선, 채소, 건재료 등

과 함께 먹는 방식을 취한다. 이러한 방식의 스시는 현재에도 여전히 인기가 많고, 지역적 특성을 살려 다양한 스시 요리들이 개발되어 대를 잇고 있다.

도쿄가 에도라 불리던 19세기 초에는 갖고 다닐 수 있는 간편한 길거리 음식들이 인기가 있었다. 이 시기에 만들어지기 시작한 니기리스시(握り寿司)는 직사각형 형태의 기다란 쌀밥더미 위에 생선을 얇게 썰어 올리는 요리였다. 니기리스시 요리사들은 1923년의 관동 대지진 이후 에도에서 벗어나 일본 전국으로 퍼져나갔고 니기리스시는 현재와 같이 전국적으로 인기 있는 요리가 되었다.

한국에 보급된 일본 스시(생선초밥)의 한자는 '수사(壽司)'다. 그런데 일전에 TV 뉴스에 나왔던 아베 총리가 오바마 대통령과 첫 만찬을 가진 스시 가게 입구엔 '鮨'란 생소한 한자가 적혀 있었다. '물고기 젓갈'을 뜻하는 '지' 자(鮨)이다. 예로부터 도쿄를 중심으로 이 글자가 사용된 것은 냉장 기술이 발전하기 전까지 스시의 재료가 소금에 절인 생선이었기 때문이라는 설이 유력하다. 오사카에서도 물고기 젓갈을 뜻하는 '鮓(자)' 자를 스시의 한자로 사용했다. 하지만 '鮨'는 한자 자체가 일본인에게 좋은 인상을 주기 때문에 일본에서 널리 사용된다. 일본인들은 '입에 찰싹 붙을 정도로 맛있다'고 느낄 때 '旨い(우마이)'라고 말한다. 旨(지)는 '맛있는 음식'이란 뜻이다. 그래서 일본인들은 '鮨' 자의 뜻은 잘 몰라도 글자(魚+旨) 자체에서 '맛있는 생선 음식'이란 인상을 받는다. 한국에 보급된 스시의 한자 '壽司(일본식으론 寿司)'는 일본의 옛 수도인 교토에서 사용된 한자로, 뜻과 관계없이 음을 빌려서 쓰는 차자(借字)이다. 하지만 이 한자 역시 일본인에게 '좋은 일을 관장한다(寿 を司る)'는 뜻으로 읽혀 좋은 인상을 준다. 스시는 '시다'란 뜻의 일본어 '酸し(すし)'에서 나왔다는 것이 일반론이다.

다음은 스시에 사용되는 생선 중 한국과 일본에서 특히 즐겨하는 참치의 종류에 대해 알아보자. 스시나 사시미용 참치로는 참다랑어(혼마구로, Nothem bluefin tuna), 눈다랑어(메바찌, Bigeye tuna), 황새치(메카지끼, Swordfish), 청새치(Blue marlin), 돛새치(Sailfish) 등이 포함되고, 스시 또는 통조림용으로 다 사용되는 참치종류로는 남방참다랑어(미나미마구로, Southern bluefin tuna), 황다랑어(기하다, Yellofin tuna)가 있으며, 스시나 사시미가 아닌 통조림용으로만 사용되는 참치로 날개다랑어(돔보, Albacore), 가다랑어(가쓰오, Skipjack tuna)가 있다.

마지막으로 스시와 유사하게 일본에서 전래된 것으로 보이는 간편 요리인 김밥에 대해 알아보자. 『삼국유사』에 정월 대보름 풍습 가운데 김에 밥을 싸서 먹는 '복쌈(福裏)'이라는 풍습이 있는데 이는 밥을 김이나 취나물, 배춧잎 등에 싸서 먹는 풍속에 유래되었다는 설이 있다. 현재처럼 각종 재료를 넣어 만든 김밥의 형태는 1950년대 이후부터 시작된 것으로 추정하고 있다. 하지만 오래전부터 김을 밥에 싸서 먹고 김을 양식했다고 해서 김밥의 탄생으로 연결 지을 수는 없다. 일제시대 때 김에 싸먹는 일본 음식인 노리마키(海苔巻き) 중 굵게 말아낸 후토마키(太巻き)로부터 전래했다는 설이다. 실제로 일제 강점기에 나고 자란 고령층에서는 김밥을 흔히 노리마키라고 불렀다. 사각형의 넓은 김을 가장 아래에 깔고 그 위에 밥을 덮은 후 야채와 육류 등의 갖은 식재료를 놓고 말아서 적당한 크기로 썰어 먹는 것은 후토마키와 김밥의 공통점이다. 또 김밥을 말 때 흔히 쓰는 김발이라는 도구도 노리마키 요리에 쓰는 마키스(巻き簾)와 크기, 형태, 재료(대나무)까지 모두 똑같다. 중국의 작장면이 한국에서 짜장면이라는, 하나의 고유 음식으로 재탄생했듯이 한국의 김밥도 후토마키로부터 전래됐으나 이제는 맛도 재료도 다른 하나의 고유 음식이 됐다고 할 수 있겠다.

나레스시

나마나리

하야스시

니기리스시

김밥

노리마키

후토마키

카레

BC 2600년경의 모헨조다로 유적에서 발굴된 고고학적 증거는 절구와 절굿공이를 사용하여 겨자, 회향, 커민 등의 향신료들을 분쇄한 것과 타마린드 꼬투리(tamarind pods)로 풍미를 더했음을 밝혀냈다. 후추는 남아시아와 동남아시아가 원산지이며 최소 BC 2000년 이래로 인도 요리의 일부가 되었다. 16세기 초반 무굴 제국의 창건은 인도요리, 특히 북부의 요리에 영향을 미치게 된다. 또한, 1510년 고아(Goa) 지역에 설립된 포르투갈 무역센터는 콜롬비아 교류의 부산물로 고추를 아메리카로부터 인도로 소개하는 계기가 된다.

이처럼 카레 또는 커리(curry)는 인도 아대륙(亞大陸)에서 시작된 요리이다. 커리의 공통적 특징은 다양한 허브나 향신료들을 조합해서 만드는데 통상 생 또는 건조된 매운 고추가 포함된다. 커리라는 단어는 일반적으로 어떤 소스를 준비하기 위한 요리재료로 제한된다. 인도의 남부 주들에서 만들어지는 커리 요리재료는 커리 나무의 잎사귀들로 양념이 될 수 있다.

커리(curry)는 소스(sauce)를 의미하는 타밀어 kari(ᶄᵃᶒᶆ)를 영어식으로 표현한 단어이다. 여기서 소스란 그레비(gravy)를 사용하기도, 안 하기도 한 그런 양념으로 조리한 채소나 고기를 통상 지칭한다. 이 이론이 맞다면, kari라는 타밀어는 17세기 중반 대영제국 동인도회사의 직원들이 인도 코로만델 해안을 따라, 특히 포트 세인트 조지(Fort St. George)에서 남동부 타밀 상인들과 교역을 하며 처음으로 알게 된다. 이러한 과정에서 영국 상인들은 커리 요리재료를 만들기 위한 향신료 혼합물인 kari podi 또는 커리가루(curry powder)와 친숙하게 되었다.

남아시아와 아세안 국가들에서는 커리를 요리하기 위해 커리 나무의 잎사귀들이 사용된다. 한편, 커리 나무의 열매는 잎과 마찬가지로 같은 강한 향을 내지만 요리재료로 사용되지는 않는다. 대부분의 커리 가루 레시피들은 고수(coriander), 강황(turmeric), 커민(cumin), 호로파(fenugreek)와 매운 고추를 섞는다. 레시피에 따라 다음의 요리재료들이 추가되는데 생강(ginger), 마늘(garlic), 아위(asafetida), 회향 씨(fennel seed), 캐러웨이(caraway), 계피(cinnamon), 정향(clove), 겨자 씨(mustard seed), 그린 카르다몸(green cardamom), 블랙 카르다몸(black cardamom), 육두구(nutmeg), 필발(long pepper), 후추(black pepper) 등이다.

많은 인도 요리들은 소스의 맛을 강하기 만들기 위해 생 커리 잎들을 사용한다. 생 커리 나무 잎사귀들을 냉장고에 잘 보관했다가 나만의 인도식 커리 요리를 만드는 데 사용해 보는 것도 좋겠다. 커리 요리를 식탁에 내놓기 직전에 이 커리 잎들을 불에 구워 얹는다면 매우 강한 커리 풍미를 더하게 될 것이다. 커리 가루를 사용하여 정통 인도식 커리 요리를 흉내 낼 수도 있는데 채소와 고기 요리들의 맛을 커리 특유의 향으로 맵게 만들 수 있을 것이다.

커리 나무

커리 가루의 주재료: 고수, 강황, 커민, 회향, 고추

인도 커리 요리

(왼쪽 위부터) 영국 치킨 티카마살라, 타이 톰양꿍, 일본 카레라이스, 한국 카레라면

꼬치구이와 샤슐릭

串은 바다로 좁고 길게 돌출한 지형을 가리키는 '곶'이라 하기도 하고, 꿰미라는 뜻으로도 쓰인다. 꿰미는 엽전 따위 구멍 뚫린 물건을 꿰어놓은 묶음이다. 꿰미를 뜻할 때 串의 음은 '천'이다. 串을 꼬치라는 뜻으로 쓸 때 우리나라에서는 이 한자를 '찬'이라고 읽는다. 꼬챙이를 뜻할 때도 발음은 '찬'으로 같다. 중국 사람들은 串을 '촨'으로 발음한다. 동사로는 '꿰다', '잘못 연결하다' 등으로, 명사로는 꼬치, 꿰미, (포도)송이 등으로 쓰인다. 일본 사람들은 쿠시(くし)라고 하고, 꼬치구이를 일본말로는 쿠시야키(くしやき)라고 한다.

꼬치고기란 의미의 샤슐릭은 원래는 양고기로 만들어졌지만, 오늘날에는 지역과 종교의 선호도에 따라 돼지고기나 소고기로 만들어진다. 꼬치의 재료로 고기만 사용하기도 하고, 또는 고기, 지방, 그리고 고추, 양파, 버섯, 토마토와 같은 채소를 번갈아가며 꿰기도 한다. '시시(shish)'란 꼬치를 의미한다. '시시릭(shishlik)'이라는 단어는 문자 그대로 '꼬치로 뗄 수 있는'이라는 단어로 번역된다. 비록 샤슐릭이라는 단어는 16세기경 코사크족에 의해 크림반도의 타타르족으로부터 차용되었지만, 케밥은 19세기 후반에 들어와서야 러시아에 소개되었다. 1900년대 초반 이후 샤쉬릭과 케밥은 러시아 전반에 걸쳐 대중적인 거리음식으로 자리잡게 되었다.

세계의 많은 나라들이 꼬치를 별미로 삼고 먹고 있다. 한국 전통의 맛을 살린 우리나라의 산적도 그의 일종이고, 일본의 쿠시아게와 야키도리 역시 꼬치 요리 중 하나이다. 숯불에서 직화로 즐기는 중국식 양꼬치, 태국과 인도네시아 전통 꼬치인 사테 등 꼬치 요리는 다양한 재료와 조리방법으로 이용되고 있다. 러시아, 우즈베키스탄, 카자흐스탄과 몽골 등의 국가에서 즐겨먹는 고기요리인 샤슬릭은 고기를 꽂아서 굽는 요리이다. 터키의 시민 음식인 시시케밥은 양고기와 닭고기 등을 사용한 꼬치로 피망이나 양파, 가지, 토마토 등을 함께 꽂아서 숯불에 구워먹으며, 터키의 동쪽에 있는 나라인 아르메니아인들이 국민적 음식이라고 말하는 코로맛 역시 터키의 시시 케밥과 거의 유사하다. 이란의 케밥 바르그는 고깃덩어리를 썰어서 올리브유와 샤프란에 재웠다가 구운 요리이고, 케밥 쿠비데는 고리를 다져서 튜메릭 등의 양념을 넣고 미트볼을 만든 뒤 구운 것이다.

샤슬릭과 유사한 꼬치요리를 국가별로 정리하면 다음과 같다.

- **안티쿠초스(Anticuchos)**: 페루와 안데스 지역
- **아로스티치니(Arrosticini)**: 이탈리아
- **브로쉐트(Brochette)**: 프랑스, 스페인
- **추아나르(串儿)**: 중국
- **츄라스코**: 브라질
- **이스페타다(Espetada)**: 포르투갈
- **프리루이(Frigărui)**: 로마니아
- **코로와츠(Khorovats)**: 아르메니아
- **마츠와디(Mtsvadi)**: 조지아
- **꼬치구이**: 대한민국

- 핀치토스(Pinchitos): 스페인
- 사테: 인도네시아, 말레이시아, 싱가포르, 브루네이, 태국, 네덜란드
- 수블라키(Souvlaki): 그리스
- 야키도리: 일본
- 시스케밥: 터키
- 사사티(Sosatie): 남아프리카
- 으란제이(Ražnjići): 세르비아
- 시시케밥(Seekh Kebab): 파키스탄, 아프카니스탄
- 수블라(Souvla): 시프러스

러시아 샤슬릭

브라질 츄라스코

터키 시스케밥

일본 야키도리

피자, 피타, 피데, 난

이미 신석기 시대에도 피자(pizza)와 유사한 음식들이 만들어졌다. 빵을 더 맛있게 하기 위해 다른 첨가물들을 넣는 시도는 역사적으로도 기록되었다.

프랑스와 이탈리아 고고학자들은 이탈리아의 사르디니아에서 7,000년 전에 구웠던 빵을 발견한 적이 있다. 탐사에 참여했던 필리페 마린발(Philippe Marinval) 교수에 따르면 이 지역 사람들은 이스트로 반죽된 밀가루를 이미 사용했다고 한다. 고대 그리스 사람들은 프라코우스(plakous)라 불리던 납작한 빵을 만들었는데 토핑으로 허브, 양파, 마늘 등을 사용하여 맛을 내었다. BC 6세기 페르시아의 다리우스(Darius) 1세 황제 휘하의 군인들이 전투용 방패 위에 치즈와 대추가 들어간 납작한 빵을 구웠다는 기록도 전해진다. 어떤 평론가들은 현대 피자의 기원을 성일날 시나고그(synagogue; 유대교 사원)에 다녀온 로마 유대인들이 유월절 과자로 만든 코셔 음식이었던 파짜렐레(pizzarelle)에서 찾기도 하며, 몇몇 평론가들은 이탈리아 부활절 빵에서 유래했다고 주장하기도 한다. 아바 에반은 현대 피자의 기원을 로마 군인들이 마차(matzah) 위에 치즈와 올리브기름을 첨가했던 최소 2,000년 전으로 거슬러 올라가야 한다고 주장한다.

고대 지중해 세계에서 시작하여 오늘날까지 살아남은 납작한 빵 종류에는 포카치아(focaccia; 고대 에트루리아 시대까지 거슬러 올라가야 할지도 모름), 코카(coca; 카나로니아, 발렌시아, 발레아레스 제도 등에서 먹던 달콤하고 맛 좋은 첨가물들이 담겨진 음식), 발칸반도의 그리스 피타(pita)와 레피니아(lepinya), 이탈리아 로마냐 지역의 피아디나(piadina) 등이 포함된다. 세계 다른 지역에서 납작 빵과 유사한 음식으로 중국의 빙(납작하게 누른 디스크 형태의 밀가루 음식), 인도의 파라타(이스트를 쓰지 않고 기름을 바른 번철에 지져 만든 빵), 중앙 및 남아시아의 난(naan; 이스트 사용)과 로티(Roti; 이스트 미사용), 스페인 사르디니아 지방의 카라사우(carasau), 스피아나타(spianata), 구티아우(guttiau), 피스토쿠(pistoccu) 그리고 핀란드의 리에스카(rieska) 등이 있다. 또한 유럽 전역을 통틀어 납작한 페이스트리 위에 치즈, 고기, 채소, 양념 등을 올려놓는 방식의 다양한 유사 파이들이 존재하는데 예를 들어 알자스 지방의 플람쿠첸(lammkuchen), 독일 츠비벨쿠첸(zwiebelkuchen), 프랑스 끼쉐(quiche) 등이 있다.

16세기 나폴리에서 갈레트 납작 빵을 피자라고 불렀다고 알려진다. 한동안 이 음식은 음식점이 아닌 길거리에서 판매되었던 서민들의 요리였다고 한다. 나중에 이 요리에 올리브 기름, 토마토(미국이 미 신대륙과 교류를 갖게 된 이후) 또는 생선 등이 올라간다.

1843년 알렉산드르 듀마스는 피자 토핑의 다양성에 대해 서술했다. 피자의 유래와 관련하여 자주 접하게 되는 이야기 중 하나는 이탈리아 사보이 지방의 마게리타 총독 왕비를 기리기 위해 나폴리의 피자 주방장 라파엘 에스포시토(Raffaele Esposito)가 '피자 마게리타'로 명명된 피자를 처음으로 개발했으며 이탈리아 국기의 3색을 표현하기 위해 토마토, 모짜렐라, 바질 등으로 장식했다고 한다.

오늘날의 피자는 토마토즙을 바른 빵의 형태로 주로 치즈를 얹어 만들어진다. 하지만 19세기 후반 또는 20세기 초반까지만 해도 피자는 짭짤하지 않고 오히려 달콤한 요리였고, 짭짤하게 된 초기 버전들은 쉬아치아타(schiacciata)로 알려진 납작 빵과 더 유사했다. 펠레그리노 아르투시(Pellegrino Artusi)의 20세기 초반의 전통 요리책인 『La Scienza in cucina e l'Arte di mangiar bene』는 피자를 만드는 세 가지 조리법을 기술하고 있는데 모두 달콤한 요리였다. 하지만 1927년에 발간된 아다 보니(Ada Boni)의 지역별 레시피 모음집에는 토마토와 모짜렐라 치즈를 사용하는 요리법이 포함되어 있다.

그렇다면 피자의 베이스라 할 수 있는 피타(pita) 빵은 어디서 유래되었을까? 그 기원이 되는 정확한 나라에 대해 모두가 동의할 수는 없겠지만 중동 지방에서 시작된 것만은 분명하다. 그 정확한 기원은 알 수 없지만 이 다양하게 응용되는 중동의 납작 빵은 아마도 가장 오래된 빵이 아닐까 한다. 부드럽고 얇은 피타는 다양한 이동식 음식들이 만들어지는 바탕을 제공했는데 피자와 속이 채워진 다양한 포켓이나 롤 샌드위치들이 가장 잘 알려진 음식들이 될 것이다. 오늘날의 메뉴에서 이것들을 모두 랩(wraps)라고 부르곤 한다. 아시아와 유럽의 팬케이크들도 조리법이나 기능적인 측면에서 모두 피타와 관련된다.

피타라는 이름은 피자와 기원을 공유한다. 얇고 납작한 빵이나 케이크를 일컫던 전래의 그리스 단어 프라코우스(plakous)가 근대에 이르러 더 두터운 케이크를 지칭하는 이름으로 바뀌게 되었다. 대신에 얇고 납작한 빵의 이름은 피타로 대체되었고 남부 이탈리아 전역으로 퍼져나갔다. 다시 북부 이탈리아 방언으로 피타는 피자가 되었고, 얇고 납작한 빵 위에 짭짤한 토핑을 얹은 요리로 알려지게 된 것이다.

피타는 아마도 BC 2500년쯤 암몬이나 베두윈과 같은 메소포타미아의 농사를 짓는 사회에서 기원하는 매우 인기 있고 영양가 많은 저칼로리의 빵이다. 피타는 시리아, 레바논, 팔레스타인, 이집트, 요르단, 이라크, 이스라엘, 터키, 그리스 등의 국가에서 인기 많은 음식이기도 하다. 피타라는 단어는 터키로 건너가서 피데(pide)가 되었고, 발칸 반도에서는 세르보-크로아티아 피타, 로마니아 피타, 알바니아 피테, 불가리아 피트카 또는 피타로 바뀐다. 그런데 피타는 두 가지 다른 형태가 존재한다. 포켓 형태의 피타는 속이 채워져 팔라펠(falafel), 기로(gyros), 또는 다른 유형의 샌드위치가 만들어진다. 불 위에 볼록한 철판을 덮고 그 위에 얇은 층의 도우(dough)를 올려놓는데 익어가면서 높은 열로 인해 도우가 공기로 부풀려지고 공기를 빼면 두 개의 얇은 판이 만들어진다. 이것들에 양념이 더해지고 요리를 더 해서 바삭바삭한 칩이 만들어진다. 또 다른 형태는 더 두껍고 단일판의 그리스식 피타인데 양념이나 딥을 뜨기에 더 적합하며 전통적으로 돌마루 모양의 화덕에서 구워진다.

피타와 비슷하게 생긴 난(Naan)은 인도에 기원하는데 오늘날에는 남부 아시아 대부분의 식당이나 가정에서 먹는 음식이다. 기본적 형태에서 출발한 난은 요리사들과 음식애호가들에 의해 다양한 속과 향으로 채워져 다채로운 형태로 진화했다. 최초의 난에 대한 역사적 기록은 1300년경 인도-페르시아 시인 아미르 쿠쉬라우의 노트에서 발견되는데 델리의 궁전에서 난-에-투누크(naan-e-tunuk; 이스트를 넣어 부풀린 빵)와 난-에-타누리(naan-e-tanuri; 탄두르 화덕에서 구운)라는 요리가 만들어졌다 한다. 1526년 전후하여 인도의 무굴제국에서 케밥과 난이 왕족들의 인기 있는 아침식사였다는 기록도 있다.

마야의 전설에 따르면 또띠아는 옛날에 한 농부가 배고픈 왕을 위해 처음으로 만들었다고 한다. 대략 BC 10000년경으로 추정되는 최초의 또띠아는 야생의 마른 옥수수알로 만들어졌다. 아즈텍인들은 옥수수를 많이 사용했는데 생옥수수 그대로 먹기도 했고 요리를 만들기도 한 것으로 보인다. 그들은 옥수수를 갈아 만든 가루로 마사(masa)라 불리는 반죽을 만들었는데 후에 스페인 사람들이 마사로 만든 빵에 작은 케이크라는 의미의 또띠아(tortilla)라는 이름이 붙였다. 원래 또띠아는 스페인 남부와 이들의 미주 식민지에서 바삭바삭하고 얇으며 둥그런 모양의 기름에 튀긴 병아리콩 케이크를 지칭했다. 이 또띠아는 남부 스페인의 아랍 전통에 기원하는 것으로 보이는데 옥수수 또띠아와 놀라울 정도로 유사하게 보이는 그리스 음식인 병아리콩 또띠아를 아랍인들이 스페인에 들여왔던 것에서 유래한다.

(왼쪽 위부터) 쉬아치아타, 팔라펠, 피타, 피데, 피자, 난, 또띠아

피시 앤 칩스

19세기 후반 북해에서 저인망 어업이 급속히 발달하고, 항구들과 주요 산업도시들을 연결하는 철도의 발전으로 신선한 생선이 인구가 밀집된 도시로 신속하게 운송될 수 있게 됨에 따라 피시 앤 칩스(Fish and chips)는 노동계급의 보편적 식사가 되었다. 피시 앤 칩스 요리의 주요 요소인 기름에 튀긴 생선은 스페인계 유대인들을 통해 처음으로 잉글랜드로 들어왔다. 17세기 잉글랜드에 정착한 스페인계 유대인들이 처음에는 밀가루 옷을 입힌 스페인 요리 페스카도 프리토(Pescado frito)와 유사한 방식으로 생선을 튀겼을 것이다. 페스카도 프리토는 문자 그대로 튀긴 생선이라는 뜻의 스페인어인데, 이 요리는 스페인의 남부 해안과 안다루시아, 카타로니아, 발렌치아, 카나리 아일랜드, 발레아릭 아일랜드 등에서 즐겨 먹던 스페인 전통요리이다.

두드린 생선에 먼저 밀가루 옷을 입히고, 물이나 맥주를 밀가루에 섞어 만든 튀김옷에 담근다. 레시피에 따라서는 이 조리법을 조금 변형시켜 옥수수 가루를 더하기도 하고, 맥주 대신에 소다 물을 섞기도 한다. 최초의 피시 앤 칩스 가게는 영국 런던에서 조세프 마린(Joseph Malin)에 의해 1860년 문을 열었다. 그는 유대 방식으로 튀긴 생선을 팔았다.

감자 슬라이스나 조각들을 기름에 깊게 튀겨 칩스(chips)를 처음으로 하나의 요리로 영국에 모습을 보인 것도 비슷한 시기였던 것 같다. 옥스퍼드 영어사전을 보면 chips라는 단어가 이러한 의미로 최초로 사용된 것은 1859년에 발간된 디킨스(Dickens)의 『두 도시 이야기(A Tale of Two Cities)』에 나오는 '거친 감자칩, 남은 기름 몇 방울로 튀긴(Husky chips of potatoes, fried with some reluctant drops of oil)'이라는 문구에서였다고 나와 있다.

피시 앤 칩스가 전통적인 영국 음식이라면 마찬가지로 세비체(ceviche)는 전통 페루 요리이다. 하지만 이러한 영국과 페루의 '국가대표 요리들'이 사실은 외국에서 들어와 정착된 이민 음식들, 더 정확히는 퓨전 요리들인 것이다. 피시 앤 칩스에 들어간 프렌치 프라이가 기실은 벨기에가 원산지고, 영국에 들어온 것은 겨우 19세기 중반에 들어와서였다. 그리고 기름에 깊게 튀긴 두드린 생선은 세비치와 사촌임이 밝혀졌는데 이 둘 모두 최소 1,500년 전 페르시아의 샤(Shahs)들이 즐기던 요리의 직계 후손들이다.

피시 앤 칩스

페스카도 프리토

마카롱과 마카로니

현대의 튀니지에 해당하는 이프리키야(Ifriqiya)에서 출발한 아랍 군대가 이탈리아 시칠리(Sicily) 섬에 착륙한 827년으로부터 이야기는 시작된다. 이들은 무슬림 연방을 시칠리에 건국했고, 양피지를 대체하는 종이와 같은 기술들과 레몬, 쌀, 피스타치오 같은 음식을 유럽에 소개했다. 아랍인들은 중세 무슬림 세계로부터 다양한 종류의 견과류가 들어간 달콤한 간식(nut-based sweets)들도 가져왔다.

이 간식들 중에는 이보다 수백 년 전 페르시아 사산왕조의 왕들이 조로아스터교 신년을 경축하기 위해 먹었던 달콤한 간식(sweets)류에서 유래한 밀가루 반죽 안에 아몬드 페이스트 캔디를 넣은 파루드하지(fālūdhaj)와 라우지나지(lausinaj)도 포함되었다. 파루드하지와 라우지나지는 이탈리아 시칠리와 무슬림과 기독교 문화의 또 다른 접촉점이었던 스페인 톨레도(Toledo)에서 아몬드 페이스트 타르트(tarts)와 비슷한 마르짜판(marzapane)과 칼리시오니(caliscioni)와 같은 다양한 종류의 디저트 요리로 발전하게 된다. 1465년 출간된 요리 대가 마르티노(Martino)의 요리책에는 마르짜판이 원래 아몬드 페이스트, 설탕, 장미수, 때로는 계란 흰자 등을 섞어서 속을 만든 페이스트리 케이스(pastry case)였다고 쓰여 있다. 한편 오늘날의 마르지판(marzipan)이 갖고 있는 의미는 케이스가 아닌 속을 가리킨다. 마르짜판(marzapane)은 캔디가 담겨진 항아리를 의미하는 아랍어 마우타반(mauthaban)에 기원하며, 칼리시오니는 설탕과 장미수로 만들어진 달콤하고 얇은 밀가루반죽 위에 아몬드 페이스트 막을 덮어서 만든 타르트였다.

당시 시칠리 섬의 또 다른 주요 전통 음식은 파스타였다. 현대의 듀럼(durum) 밀 파스타는 시칠리에서 개발되었으며, 모로코에서 태어난 지리학자인 무하마드 알-이드리시는 1154년 이전에 이미 시칠리가 무슬림과 기독교 국가들을 포함한 지중해 세계 전체에 파스타를 수출하던 중심지가 되었다고 기술했다. 파스타와 아몬드 페이스트의 전통이 시칠리에서 합쳐지는데, 결과적으로 두 가지 특성을 모두 가진 요리가 탄생한다. 초기 파스타는 달콤하게 만들어지기도 했고, 때로 지지고, 굽고, 삶기도 했다. 이 시기부터 고소한 치즈 맛을 내는 버전, 고기나 치즈를 먹을 수 없는 경우에 기독교 사순절에 먹기 적당한 달콤한 아몬드 페이스트 버전 등 다양한 조리법이 존재했다. 예를 들어 아몬드 페이스트인 칼리시오니는 아몬드와 치즈 버전 모두를 포함했었고, 실제로 칼리시오니는 칼존(calzone)의 선조에 해당한다. 조리법 중에 현대 어휘 마카로니, 마카룬, 마카롱 등의 시칠리 선조인 마카루니(maccarruni)가 1279년 탄생하게 된다. 마카루니가 아랍어에서 왔는지 아니면 다른 이탈리아 방언에서 유래했는지는 정확히 알려지지 않았다. 당시의 다른 밀가루 반죽 제품과 마찬가지로 마카루니라는 단어는 뇨키(장미수, 계란 흰자위, 간혹 설탕, 치즈와 함께 먹는 밀가루 페이스트)나 마르지판(장미수, 계란 흰자위, 설탕 등을 넣은 아몬드 페이스트)과 같은 서로 다르면서도 유사하게 달콤한 두 가지 밀가루 반죽 요리를 지칭하고 있었다.

최초의 마카로니는 파스타를 일컬었다. 1350년경에 작성된 보카치오의 『데카메론』은 마케론(maccherone)이 버터와 치즈와 함께 먹던 손으로 뜯어서 만든 만두 또는 뇨키의 한 종류였다고 이야기한다. 15세기에 쓰인 요리책들은 시칠리의 마케론이 흰 밀가루, 계란 흰자, 장미수로 만들어지며 달콤한 양념과 설탕, 버터, 그리고 강판에 간 치즈와 함께 먹는다고 서술하고 있다. 한편, 아몬드 스위트들은 1500년 이전에 시칠리로부터 현재의 이탈리아 전역과 스페인, 프랑스, 영국 등으로 전파되었다. 1552년에 출간된 라벨레(Rabelais)의 저서 『가르강튀아와 팡타그뤼엘(Gargantua and Pantagruel)』에서 마카롱이란 단어가 디저트를 의미했음을 명백히 확인할 수 있다. 곧이어 마카롱은 영어로 마카룬(macaroon)이란 이름으로 등장한다. 17세기 이전에 이미 시칠리의 마카루니는 두 가지 전혀 다른 음식인 파스타를 의미하는 이탈리아어 마케론(maccherone; 영어로 macaroni)과 아몬드 쿠키를 가리키는 마카롱(macaron; 영어로 macaroon)으로 진화했던 것이다.

19세기 후반에 들어와 두 가지 혁신이 현대의 마카롱 형태를 만들게 되었다. 1800년대 후반 미국의 대중들은 인도로부터 들어온 새로운 이국적 음식인 코코넛을 즐기게 되었다. 이러한 유행을 따라 새로운 디저트들이 만들어졌는데 코코넛 크림 파이, 코코넛 커스터드 그리고 코코넛이 들어간 암브로시아 등이 이에 해당되며, 코코넛 마카룬(마카롱) 조리법이 당시 처음으로 유대인 요리책들에 등장하게 되었다. 1890년 이전에 코코넛 마카룬은 여러 미국 요리책에 이미 소개되었으며 밀가루가 포함되지 않았기 때문에 유월절 음식으로 유대인들을 중심으로 급속히 퍼져 나가게 되었다. 1930년대에 들어와 스트레이츠(Streit's)나 마니쉐비츠(Manischevitz)와 같은 제과회사들은 아몬드와 코코넛이 들어간 마카룬을 유월절 음식으로 팔기 시작했고, 마침내 코코넛 마카룬은 미국에서 가장 잘 팔리는 과자가 되었다. 코코넛 마카룬이 미국 요리책에 처음으로 소개되자마자 프랑스 사람들은 "바로 이거야!" 하고 감탄하게 되었다. 당시 마카롱은 납작한 페이스트리 두 개를 포개어 팔기

도 했는데, 파리의 어느 제빵사(클로드 제르베(Claude Gerbet)와 피에르 데퐁테느
(Pierre Desfontaines)가 서로 자신이 처음 만들었다 주장함)가 아몬드 페이스트 또
는 가나슈(ganache)를 두 개의 마카롱 사이에 끼워 넣는 샌드위치 쿠키
를 처음으로 고안하게 되었다. 이 새로운 쿠키는 '르 마카롱 파리지앙 (le
macaron parisien)' 또는 '르 마카롱 제르베(le macaron Gerbet)'라 불리게 되었
고, 다과를 파는 카페인 라뒤레(Ladurée)를 통해 급속히 대중화되었다.
오늘날 프랑스에서 샌드위치 쿠키인 마카롱 파리지앙(macaron parisien)과
전통적 외겹 마카롱 모두 인기가 있다.

마르짜판

마카롱

마카로니

베이글과 프레첼

근래에 우리나라에 소개되어 인기를 끌고 있는 서양의 빵 중에 베이글(bagel)과 프레첼(pretzel)이 있다. 이 둘은 식감과 맛에서 사뭇 유사한데 모양은 좀 다르다. 베이글과 프레첼의 유래에 대해 알아보자.

베이글

베이글(bagel, beigel)은 원래 폴란드 유대인들이 즐겨먹던 빵이었다. 베이글은 전통적으로 손바닥 크기의 이스트로 부풀린 밀가루 반죽으로부터 고리 모양으로 모양을 내는데 끓는 물에 짧은 시간 동안 삶은 다음 오븐에 구워서 만들어진다. 폴란드 국왕 존 소비스키 3세(John Ⅲ Sobieski)가 1683년의 비엔나 전투에서 오스만 제국에 승리한 것을 기념하기 위해 말안장 양쪽에 달린 등자 모양으로 베이글 빵을 처음 만들었다는 이야기가 있으나 이는 사실이 아니다. 언어학자 레오 로스텐(Leo Rosten)은 1610년 발간된 『이디시어의 즐거움(The Joys of Yiddish)』이라는 책에서 폴란드어 바잉켈(bajgiel)이 '아이를 출산한 여성에게 베이글을 선물로 준다.'라고 기술된 폴란드 크라쿠푸(Kraków)시의 커뮤니티 규정에 나타난 이디시어 바그엘(bagel)로부터 유래했음을 서술하고 있다. 여기서 이디시어란 원래 중앙 및 동부 유럽에서 쓰이던 유대인 언어였다.

베이글은 16세기와 17세기 상반기 사이에 폴란드 요리에서 중요한 자리를 차지하게 되었고, 슬라브계의 일반 음식으로도 자리 잡았다. 베이글이라는 이름은 '반지'나 '목걸이'를 의미하는 독일 사투리 단어인 보이글(beugel)로부터 유래한 이디시어 바이갈(beygal)로부터 만들어졌다. 베이글은 북미 특히, 유대인들이 많이 거주하는 도시에서 대중적인 빵이 되었고, 다양한 방식으로 만들어진다.

프레첼

프레첼의 기원과 그 이름에 대해서는 수많은 믿기 어려운 이야기들이 전해져 내려온다. 그 이야기들은 대부분 그리스도 교회(천주교) 배경과 유럽의 수도사들이 프레첼을 발명했음을 전제로 한다. 브라이언 번치와 알렉산더 헬레만(Bryan Bunch and Alexander Hellemans)이 610년 작성한 『과학과 기술의 역사』를 포함하여 다양한 매체들에서 언급되는 한 전설에 따르면 이탈리아의 수도사가 기도하는 방법을 배우는 어린이들에게 보상으로 주기 위해 프레첼을 발명했다고 한다. 그는 구운 가는 밀가루 반죽가락들을 가슴을 교차하는 팔과 비슷하게 꼬아서 이를 프레티올라(pretiola; '작은 보상'이라는 뜻)라고 불렀다. 하지만 이러한 주장에 대한 역사적 근거는 알려져 있지 않다.

또 다른 이야기는 프레첼이 프랑스 남부의 한 수도원에서 발명되었다고 주장한다. 어떤 이들은 순환 고리 모양의 프레첼을 1,000년 전 그리스의 수도원에서 성찬식용 빵으로 사용했던 고리 모양 빵과 연관 짓기도 한다. 독일에서는 프레첼이 지역 유지에게 볼모로 잡힌 어느 제빵사의 발명품이었다는 이야기가 전해온다. 1905년에 발간된 『마이어 회화-사전(Meyers Konversations-Lexikon)』은 743년 에스티네스 종교회의(Synod of Estinnes)가 태양 십자가 모양을 따라 만드는 이교도 제빵 전통을 금지한데서 유래하지 않았나 의심한다.

그리스도 교회 내에서 프레첼은 내용물이나 모양 모두에서 종교적 의미를 찾는다. 매듭 모양이 기도하는 사람의 교차한 손을 나타낸다고 주장되었다. 더 나아가 프레첼 안의 세 구멍들은 삼위일체에서 말하는 성부, 성자, 성령을 가리킨다고 한다.

다양한 베이글

기도하는 사람의 양팔을 의미하는 프레첼

다양한 태양 십자가와 프레첼

크루아상

1683년 오스트리아의 수도인 비엔나는 1만 명이 넘는 오스만 투르크 병사들에게 포위되었다. 성곽 안의 시민들을 굶겨 항복을 받아내기 위한 수개월 동안의 노력 끝에 마침내 투르크 병사들은 성벽 밑으로 땅굴을 파기 시작했다. 마침 운 좋게도 한밤중에 열심히 일하던 몇몇 제빵사들이 투르크 병사들이 땅을 파는 소리를 듣게 되었고 도시를 지키던 오스트리아 방어군에 이러한 사실을 보고했다. 이 사전 경고는 방어군이 땅굴이 완성되기 전에 대처할 수 있는 충분한 시간을 갖게 했다. 곧 폴란드의 존 왕 3세(King John III)가 당도했고 방어군 선봉에 서서 투르크군을 격퇴했다. 적을 물리치는 데 있어 자신들의 공로와 포위의 종료를 축하하기 위해 비엔나의 제빵사들은 적의 깃발에서 본 적이 있던 반달 모양으로 페이스트리(pastry)를 만들었고 이 새로운 페이스트리에 독일어로 반달을 가리키는 키펠(kipferl)이라 이름 붙였다. 이들은 투르크에 대한 오스트리아의 1683년 승리를 기념하기 위해 이후로도 여러 해에 걸쳐 계속해서 키펠을 구워냈다고 한다.

오스트리아 공주가 프랑스 루이 16세와 결혼하던 1770년이 되기 전에 이미 이 페이스트리는 크루아상(croissant)이라 알려졌었다. 마리 앙뚜아네트 공주가 새 신부가 되어 프랑스로 건너왔을 때 나이는 방년 15세였다. 젊은 왕비는 고국에서 맛보았던 반달 모양의 케이크가 그리웠다. 새로운 왕비를 받들기 위해 파리의 제빵사들은 자신들만의 키펠을 만들어냈다. 차이점이 있다면 이름이 반달을 일컫는 프랑스 단어인 크루아상으로 바뀌었고, 궁전의 식사에 적합하게 모양이 더 화려하고 복잡하게 진화한 것이다.

프랑스의 크루아상

오스트리아의 키펠

마늘빵

　마늘빵의 유래에 대한 첫 번째 이론은 마늘빵이 아마도 BC 500년 전 또는 훨씬 이전부터 만들어진 것으로 본다. 페르시아의 병사들은 마을을 불태우고 약탈하고 다른 여러 군사적 행위를 하며 고된 하루를 마친 뒤 그들의 방패로 칼싸움 이상의 그 무엇을 했던 것으로 보인다. 바로 빵을 구웠던 것이다. 병사들의 방패는 정말로 괜찮은 빵 굽는 팬이 되었고 그들은 그 위에 마늘과 같은 다양한 고물을 얹은 납작 빵을 구웠다. 언제 치즈가 들어왔는지는 분명하지 않으나 녹인 치즈와 빵이 잘 어울리기 때문에 아마도 페르시아 병사들이 약탈하고 빵을 굽던 그 시절에 시작되었을 것 같기는 하다.

　두 번째 이론은 투스카니 지방에 기원하는 브루스케타(bruschetta)를 마늘빵의 원조로 본다. 숯불에 굽는다는 의미를 갖는 이탈리아어 브루스카르(bruscare)에서 유래된 이 전통적인 마늘빵은 토스트로 굽고 마늘 조각을 섞어 얇게 자른 빵 조각에 엑스트라 버진 올리브유를 더해 부슬부슬하게 하여 만든 다음 소금과 후추를 뿌리고 가열하여 따뜻하게 만들어 먹는다.

　한편 당시 로마인이었던 이탈리아 사람들이 빵을 토스트로 만들고 마늘을 넣어 비벼먹은 것은 그렇게 하면 맛이 있기 때문이 아니라 빵이 너무 오래되거나 눅눅하여 그 자체로 먹기에 문제가 있었기 때문이었다는 이론도 있다.

마늘빵

토마토와 바질을 얹은 브루스케타

핫도그와 샌드위치

우리에게 간편식으로 친숙한 핫도그(hot dog)와 샌드위치(sandwich)는 어떻게 시작되었고, 단어들은 이 음식들의 조리법이나 내용물과 관련이 있을까? 또 우리에게 핫도그라고 잘못 알려진 콘도그(corn dog)는 어떻게 만들기 시작했을까? 이러한 의문에 대한 답을 찾아보자.

소시지 가공업자들이 개고기(dog meat)를 사용하여 소시지를 만들어 기소된 최소 1845년 이후부터 도그(dog)라는 단어는 소시지와 동의어로 사용되었다. 20세기 초만 하더라도 독일에서 사람들이 개고기를 먹는 것이 일반적이었다. 소시지에 개고기가 포함되었다는 의심은 간간이 사실로 확인되기도 했다. 항간에 내려오는 이야기에 따르면, 핫도그(hot dog)라는 어구가 사용된 계기는 신문 삽화작가 토마스 아로이시우스 '타드' 도르간(Thomas Aloysius 'TAD' Dorgan)이 1900년쯤 뉴욕 자이언츠 프로야구팀이 폴로 그라운드(Polo Grounds)에서 게임을 하는데 핫도그가 기록적으로 판매되었다는, 즉 '폭발적 인기인 소시지(hot dogs)'라는 삽화를 싣고서부터이다. 하지만 타드가 핫도그라는 어구를 처음으로 사용한 것은 폴로 그라운드에서의 야구 게임이 아니라 메디슨 스퀘어 가든(Madison Square Garden)에서의 자전거 경기였고, 1906년 12월 12일자 〈더 뉴욕 이브닝 저널〉에 관련 삽화가 실렸는데 이때는 이미 핫도그가 소시지라는 의미로 사용되던 시점이었다. 게다가 출처가 불분명한 야구경기

관련 삽화 카피는 발견된 적이 없다.

콘도그는 막대기 위에 옥수수가루로 두껍게 옷을 입힌 소시지 방망이다. 우리에게는 콘도그가 핫도그로 잘못 알려져 왔다. 20세기 초반 미국 시장에 새롭게 진출한 독일계 텍사스 소시지 가공업자들은 그들이 만드는 소시지에 대한 거부감이 있다는 것을 알고는, 비록 나무막대기는 나중에 더해졌지만, 콘도그라는 새로운 형태의 소시지를 소개하게 되었다. 미국 특허가 1927년 출원되어 1929년 등록되었는데 특허명은 'Combined Dipping, Cooking, and Article Holding Apparatus'이었다.

다음은 서구에서 유래한 또 다른 간편식인 샌드위치의 기원에 대해 알아본다. 에드워드 기본(Edward Gibbon)이 수기로 쓴 저널에서 샌드위치는 조그마한 냉동고기를 가리키는 영어 단어로 처음 등장했다. 샌드위치라는 단어는 18세기가 되기까지 기록된 바 없다. 많은 문화권에서 샌드위치를 발명했다고 주장하지만 손가락을 더럽히지 않고 계속 카드놀이를 할 수 있도록 샌드위치 먹는 것을 선호했던 영국 귀족, 샌드위치(도시 이름)의 4대 백작 존 몬타구(John Montagu)를 기리기 위해 1765년경 그 이름이 붙여졌다. 하지만 요리사 엘리자베스 레스리(Elizabeth Leslie)가 미합중국의 지역음식으로 샌드위치 레시피를 소개했던 그녀의 요리책이 1840년 발간되어서야 이 음식이 세상에 알려지게 되었다. 이 음식조합은 샌드위치로 알려지기 전까지는 단순히 '빵과 고기' 또는 '빵과 치즈'로 알려져 왔다. 샌드위치 4대 백작인 존 몬타구는 그의 하인에게 두 개의 빵조각 사이에 고기를 끼워 넣어 갖고 오라고 시켰고, 같이 카드를 치던 다른 사람들이 "the same as Sandwich(샌드위치와 같은 것으로)!"라고 주문하기 시작했다고 알려진다. 샌드위치 경은 포크를 사용하지 않고 맨손으로 고기를 먹으면서도 카드에 기름을 묻히지 않고 카드를, 특히 크리비지(cribbage) 게임을 계속 할 수 있어 이 형태의 음식을 특히 좋아했다고 한다.

핫도그와 콘도그

샌드위치시 4대 백작 존 몬타구

비글 핫도그

샌드위치

중국 8대 요리

　실로 다양한 형태의 요리들이 중국음식을 빛내고 있지만, 아마도 유명한 것은 광둥(廣東), 산둥(山東), 장쑤(江蘇, 특히 화이양 淮揚), 쓰촨(四川)의 요리들일 것이다. 가용한 식자재, 기후, 지형, 역사, 조리기술, 생활방식 등과 같은 요인들이 지역별로 서로 다르기 때문에 이러한 음식들의 스타일이 차별화된 것으로 보인다. 한 스타일은 많은 마늘과 샬롯을 많은 고추와 향신료 위에 더해 맛을 내는데, 다른 스타일은 고기나 닭고기 위에 해산물을 얹어 맛을 내기도 한다. 서로 다른 식재료와 조리방법, 문화적 차이 등으로 인해 다양한 맛과 식감의 음식들이 지역에 따라 만들어진 것이다. 많은 전통적 지역 요리들은 건조, 염장, 절임, 발효 등과 같은 기본적인 저장 방법에 따라 조리법이 좌우된다.

　다음은 중국 지방별 8대 진미의 특징에 대한 소개이다.

광둥 요리(廣東料理, 위에차이, 粵菜)

　조리법의 특징은 야채 등의 특색을 살린 쌀을 볶아 만든 것이 기본이고, 푹 삶아 맛을 내는 냄비요리와 해산물을 이용한 요리가 일반적이며, 면류에도 쌀로 만든 면이 일반적이고, 밀을 이용한 면류도 있다. 국수류는 면발이 가늘고, 잡채나 팔보채, 중화정 같은 요리가 이러한 대표적인 음식이다.

쓰촨 요리(四川料理, 촨차이, 川菜)

톡 쏘는 얼얼한 매운 맛을 의미하는 마랄(麻辣)을 맛의 중심으로 하고 있고, 중국의 다른 지방 요리와 비교해도 향신료를 많이 쓰는 편이다. 이것은 쓰촨성이나 충칭의 여름에 습도가 높고, 겨울과 기온차가 큰 기후와 밀접하게 관계되어 있다. 내륙지방이라는 지역성을 반영해 해산물 재료는 적게 들어가고, 야채나 닭, 오리고기, 곡류를 주재료로 하고 있지만 최근에는 유통망이 발달해서 음식 재료로 해산물도 서서히 받아들이고 있다

후난 요리(湖南料理, 샹차이, 湘菜)

중국에서의 일반적인 호칭은 '후난 차이(湖南菜 Húnán cài)' 또는 '샹차이(湘菜 Xiāng cài)'이다. 쓰촨 요리, 꿰이조우 요리와 마찬가지로 고추를 많이 사용하고 중국의 매운 요리의 대표격이다. 극단적인 것은 큰 고추를 작은 고추와 도우치(豆豉)를 넣은 음식이 있다. 쓰촨 요리와 다른 점은 쓰촨 마랄(麻辣)에 '쏸라(酸辣)'라고 불리는 맵고, 신고, 짠 맛이 있다는 점이다. 물론 모든 요리가 매운 것은 아니다.

산둥 요리(山東料理, 루차이, 鲁菜)

산둥 요리의 특징은 맛은 향기가 좋고, 짜고, 씹는 맛은 부드럽고, 채색이 선명하고, 구조는 섬세하다. 투명한 국물(清湯)과 희고 향기로운 우유 스프(奶湯)가 잘 사용되어 파 등을 향미료에 사용한다. 또 바다가 가까워 생선과 어패류를 사용한 요리가 많은 것이 특징이다.

푸젠 요리(福建料理, 민차이, 閩菜)

푸젠 요리는 가볍고, 풍미가 있으며, 부드럽고, 씨안웨이(鮮味)라고 불

리는 맛을 강조하며, 식재 본래의 맛을 잃지 않도록 했다.

안후이 요리(安徽料理, 후이차이, 徽菜)

산에서 채취할 수 있는 산나물, 차, 죽순, 버섯, 야생 동물과 민물고기, 자라 등 민물 식재를 사용하는 특징이 있다.

장쑤 요리(江蘇料理, 화이양차이, 淮扬菜)

맛이 담백하며, 여러 계절의 식재 맛을 살리는 것을 중시한다. 일반적으로 식재가 부드럽게 될 때까지 요리하기 때문에 모양이 뭉개질 정도로 부드럽게 조리된다. 또한 계절의 제철 식재를 사용하여 각 접시에 담아 색이나 형태의 조화를 중시하며 스프를 이용하여 맛을 더하는 데 중점을 둔다.

저장 요리(浙江料理, 저차이, 浙菜)

조리법은 잘 연구되어 섬세하고, 다양하며, 정갈하고, 변화가 풍부하여 씹는 맛은 부드럽고 양념이 짜고, 음식은 담백하다. 이 지역 특산품인 양질의 신선한 식재료를 골라 그 특색과 상쾌한 맛을 이끌어 내는 것이 특징이다. 화려하고 아름답게 담아서 이 지방 특유의 아름다운 산수를 반영하고 있으며, 소동파의 이름과 일화에서 유래된 동파육을 비롯하여, 저장의 역사로 이어지는 이야기가 담긴 요리도 많다.

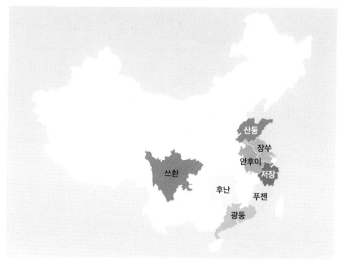

중국 8대 요리 지역

광둥 요리: 카오루주(烤乳猪)

쓰촨 요리: 수자육편(水煮肉片)

후난 요리: 뒤쟈오위터우(剁椒魚頭)

산둥 요리: 주촨다창(九轉大腸)

푸젠 요리: 불도장(佛跳墻)

안후이 요리: 후이저우타오즈
사오러우(徽州桃脂燒肉)

장쑤 요리: 쉐이징샤런(水晶虾仁)

저장요리: 동파육(東坡肉)

중국 8대 요리지역의 유명 음식

딤섬, 덤프링, 샤오롱바오, 만두, 만티, 바오즈, 교자

딤섬(点心; 광동어 음역)이란 한 입에 먹을 수 있는 작은 크기의 음식들을 작은 찜통이나 접시에 담아 서빙(serving)되는 중국 광동지역의 전통적 음식유형이다. 딤섬 요리는 완전히 익혀 바로 먹을 수 있는 음식들을 담은 접시들을 사람들이 자리에서 일어나지 않고도 먹을 수 있도록 식당 직원들이 카트(cart)에 싣고 홀 안을 돌아다니는 독특한 방식으로 서빙된다. 딤섬은 통상 더 오래된 전통인 차를 마시는 음차(飲茶) 습관과 연관되는데 고대 실크 로드 여행자들이 쉴 수 있던 찻집에서 기원한다. 이 특이한 요리 예술인 딤섬은 중국 남부의 광동 사람들에 의해 시작되었는데, 이들은 한숨의 여유를 위해 차를 마시던 조용한 음차를 식당 안에서 크게 떠들며 먹는 즐거운 스타일로 수 세기에 걸쳐 바뀌왔다. 홍콩이나 광동성 대부분의 도시나 마을들에서 많은 식당들이 이른 시각인 아침 5시부터 딤섬을 팔기 시작한다. 노인들이 아침 운동을 마치고 딤섬을 먹기 위해 식당에 모여드는 전통 때문이다. 여기서 혼동하지 말아야 할 것은 딤섬에 우리가 먹는 속을 채운 만두 형태의 요리만이 포함되는 것이 아니라 심지어 찐 닭발같이 한입에 먹을 수 있는 음식들의 모듬이라는 것이다.

영어로 덤프링(Dumplings)은 작은 도우(밀가루 반죽)에 속을 채워 찌거나 삶거나 또는 기름에 튀긴 더 포괄적인 음식 형태를 지칭한다. 이탈리아 뇨키(gnocchi), 폴란드 피어로기(pierogi), 중남미 엠파나다, 인도 피테(pithe), 일본 교자(餃子) 등도 일종의 덤프링인 셈이다.

우리말로 만두인 만토우(饅頭)는 중국 북부에서 대중적인 일종의 구름처럼 생긴 찐빵이다. 만두의 유래는 중국 촉(蜀)의 승상 제갈량(181~234)이 남만을 정벌하던 시기에서 나온다. 승리가 반드시 필요한 전투를 위해 여수라는 곳을 이동하던 중 갑자기 큰 기상이변이 일어났고 뛰어난 책략가였던 제갈량은 깊은 고민에 빠졌다. 그러자 현지 추장이 제갈량에게 "남만에서는 사람을 죽여 그 머리를 제물로 제사를 지낸다면 하늘의 한이 풀리고 전진할 수 있도록 도와줄 것입니다. 그러니 하늘에 제사를 지내십시오."라고 조언을 주었다고 한다. 지혜가 뛰어났던 제갈량은 그래도 포로를 죽이는 것은 좋은 방법은 아니라고 판단했다. 대신 양고기와 돼지고기로 소를 만들고 밀가루를 싸서 사람 머리 모양과 비슷하게 만들어 하늘의 신에게 제사를 올렸고 남만 오랑캐의 머리라는 뜻(蠻頭)에서 훗날 만두(饅頭)로 명칭이 바뀌게 되었다고 한다.

어떤 이들은 만두 형태의 요리가 빙(餅)이라는 이름으로 이미 제갈량 이전의 한나라(BC 202~AD 220) 시대에 매우 인기 있던 음식이었다 주장하기도 한다. 서진(265~316) 시대의 슈지(束皙, 속석)는 300년경에 쓴 그의 저서『탕병부(湯餅賦)』에서 찐떡(蒸餅)인 만두를 처음으로 언급하고 있고 만두를 봄이 가까이 왔을 때 만찬 시 먹는 음식이라고 언급했다.

대표적 중국식 고기만두인 샤오롱바오(小籠包)는 중국 강남(江南), 특히 상하이와 우자이(巫溪)에서 유래된 일종의 찐빵(包子, 바오즈)이다. 통상 샤오롱이라 부르는 작은 대나무 찜통에서 요리되어 샤오롱바오라는 이름이 붙여졌다. 샤오롱바오를 영국식 또는 미국식 덤프링과 혼동해서는 안 되며, 중국 지아오즈(餃子)와도 구별된다. 샤오롱바오는 안에 국물이 있는 일종의 덤플링이라고 할 수 있는데 더 큰 크기의 탕바오(湯包)와도 다르며, 상하이 사람들은 '샤오롱 스타일 만두'라고 부르기도 한다. 바오즈(包子)는 속이 채워진 빵을 쪄서 만든 음식 중 하나로 다양한 중국 요리에서 볼 수 있다. 바오즈는 그러한 의미에서 전통적인 중국 만두와 매우 유사하다. 그 속은 고기나 야채로 채울 수 있으며 속이나 조리법에 따라 매우 다양한 음식으로 만들어진다.

몽골 사람들은 13세기 원나라 초기에 속을 넣은(包子, 바오즈) 만두 요리를 점령지인 중앙 및 동아시아 여러 나라들에 전파했다. 터키, 페르시아, 우즈벡, 파키스탄 요리인 만티(manti)와 만투(mantu)는 바로 만두의 사촌들인 셈이다. 교자(餃子)는 간 고기와 채소를 얇은 도우로 감싼 덤플링의 한 종류로 교자를 지아오지라 발음하는 중국에 기원하는 것으로 알려져 있고 일본에서 매우 대중적인 요리 중 하나로 자리 잡았다. 전형적인 교자의 소는 간 돼지고기, 쪽파, 마늘, 간장, 참기름 등으로 만들어지나 교자 음식점에 따라 다양한 종류의 소를 만들기도 한다. 피타(Pitha)는 인도의 동부 지역에서 즐겨 하는 일종의 케이크 또는 딤섬인데, 방글라데시와 인도의 동부인 서벵갈, 아쌈, 오디샤, 쟈크한드 등과 인도 북부 지방에서 공통적으로 먹는 요리이다. 피타는 통상 쌀가루 반죽으로 만들지만 밀가루를 사용하기도 하며, 이 지역의 뿌리 식물인 올(Ol)이나 종려나무(Palm)를 활용하기도 한다. 뇨키(gnocchi)는 나무의 마디를 의미하는 이탈리아어 노키오(nocchio)나 손가락 관절을 나타내는 노카(nocca)에서 유래된 것으로 보인다. 뇨키는 로마 시대 이후로 중동 지역에 기원을 둔 정통 이탈리아 파스타 중 하나이다. 로마 제국이 유럽 대륙으로 팽창하던 시절 뇨키는 로마 부대에 의해 유럽 전역으로 소개되었고, 뇨키를 공동 선조로 하여 지난 2,000년의 긴 세월을 거쳐 유럽 국가들은 자신들의 작은 덤플링들을 발전시켜 왔던 것이다.

전형적인 딤섬 요리

(왼쪽 위부터) 샤오롱바오, 만두, 바오즈, 교자, 피타, 뇨키, 만티

훠궈, 샤부샤부, 수키야키, 수키, 신선로

훠궈

중국식 샤부샤부인 훠궈(火鍋)는 영어로 핫팟(Hot pot)이라 부르며, 인도네시아, 싱가포르, 태국, 필리핀, 브루나이 등에서는 스팀보트(steamboat)라 부르기도 하는데 식사 테이블 중앙에 놓인 금속 냄비에 이것저것 넣어 끓여먹는 아시아의 스튜(stew) 요리이다. 훠궈가 끓는 동안 냄비에 내용물들을 계속 넣어 테이블 위에서 바로 요리를 한다.

훠궈의 뿌리는 몽골과 중앙아시아의 초원을 지나 중국 북부까지 말을 달렸던 몽골 기마병들의 식습관에서 찾을 수 있다. 전설에 의하면 몽골인들은 그들의 투구를 장작불 위에 올려 고깃국을 끓이고 고기 덩어리를 요리하는 그릇으로 사용했다고 한다. 훠궈의 역사는 최소 1,000년 이상으로 거슬러 올라가며, 아마도 훨씬 이전에 우리 조상인 기마민족들이 사용하던 구리 솥인 동복(銅鍑)에서 시작되었을지도 모른다. 훠궈는 통상 몽골과 중국 진(秦)나라에 기원한다고 보는 것 같으며 주 내용물은 보통 소고기, 양고기, 말고기 등의 고기류이다. 훠궈는 이후 송 시대에 중국 남부로, 몽골이 통치하던 원 시대에는 더 넓은 지역으로 전파되었다. 시간을 두고 지역적 특성이 반영되어 어패류와 같은 내용물로 더해졌고, 청 시대에 이르러 중국 전역에서 대중적 사랑을 받게 되었다.

아마도 가장 유명한 휘궈의 변형은 쓰촨식 또는 사천성 스타일일 것 같다. 이 쓰촨식은 20가지의 향신료, 매운 고추, 보기만 하여도 입에 침이 고이게 하는 쓰촨 고추 등으로 맛을 낸 짙은 붉은색 고깃국으로 특징된다. 북경이나 중국 북부의 다른 지방에서는 휘궈 고깃국을 덜 맵게 만드는 경향이 있어 쓰촨식에 비하면 거의 무미하다고 할 수 있을 정도이며, 만주 지방에서는 일종의 발효 양배추를 고깃국에 첨가하여 싸한 맛을 내기도 한다.

수키야키

수키야키는 일본에서 가장 대중적인 뜨거운 냄비요리이며, 아마도 전세계 특히, 영어권 국가들에서 가장 널리 알려진 일본식 휘궈 요리일 것이다. 수키야키는 얇게 썬 소고기, 채소, 두부에 간장을 베이스로 하여 단맛을 내는 소스를 얹는데 깊이가 얕은 쇠 냄비에 넘치지 않을 정도로 내용물을 조금만 담아 넣고, 통상 입에 들어가기 전에 내용물들을 생계란을 푼 작은 접시에 찍어 먹는다.

샤부샤부

샤부샤부는 일본에서 대중적으로 사랑받는 또 다른 뜨거운 냄비요리이다. 샤부샤부는 얇게 썬 고기나 채소를 다시마로 맛을 낸 뜨거운 냄비국물에 매번 넣어 살짝 데쳐 먹는 방식인 것이 내용물을 모두 넣어 먹는 수키야키와 다르며, 고기나 채소를 국물에 넣어 이리저리 데치는 소리가 샤부샤부라는 요리 이름을 갖게 된 이유이다.

타이 수키

타이 수키는 태국에서 단순히 수키라고 부르는 태국식 휘궈 요리이다. 식사를 하는 사람들이 테이블 위에 놓인 공동 냄비에 고기, 어패류, 국수, 덤프링, 채소를 담가서 익힌 다음 향이 강한 수키야키 소스에 찍어 먹는 요리이다. 이름과 달리 이 요리는 일본 수키야키와 거의 같지 않고, 오히려 샤부샤부나 중국 훠궈와 보다 공통성이 있다. 타이 수키야키는 중국 훠궈에서 진화한 음식으로 태국 내에서 상당한 규모의 집단을 형성하는 화교들이 모이는 식당에서 주로 먹을 수 있으며 테이블에서 알루미늄 냄비가 달궈지며 날 음식재료들이 접시에 나온다.

신선로

한국식 훠궈 요리인 신선로(神仙爐) 또는 열구자탕(悅口子湯)은 한국의 궁중 음식에 속하는 전골이다. 최남선의 조선상식문답에는 신선로가 중국의 훠궈르(火鍋兒)라는 음식에서 온 것이라 했다. 17~18세기 조선 시대의『소대기년(昭代紀年)』에는 연산군 때의 정희량이 갑자사화를 예견하고 단오일에 집을 나가서 이름도 이천년이라 바꾸고 승려로 위장해 방랑했는데,『주역』에 나오는 수화기제(水火旣濟)의 이치를 응용해서 솥을 만들어 채소를 끓여먹었으며 훗날 사람들이 그 솥을 신선로라고 부르게 되었다는 내용이 나온다. 이는 1940년에 수표동에서 반찬가게를 하던 홍선표라는 사람이 지은『조선요리학(朝鮮料理學)』이라는 책에도 실려 있다. 1809년에 저술된『규합총서』에도 등장할 정도로 조선 시대에는 대중화된 음식이었다.

어복쟁반

평양음식인 어복쟁반은 원래 우복(牛腹)쟁반이었는데 나중에 어복쟁반으로 바뀌었다고 한다. '우복'은 소의 뱃살이라는 뜻이다. 정확하게는 소의 젖가슴살로 만든 음식일 것으로 보고 있다. 어복쟁반에는 유통이 반드시 들어가야 제맛이므로 젖이 달려 있는 부위를 뱃살로 표현한 것이다. 소의 젖가슴살은 쇠고기 중에서도 별로 값이 나가지 않아 평양 시장 상인들이 큰돈 들이지 않고도 쉽게 구할 수 있었던 부위였다. 평소에는 쉽게 접할 수 없는 부위지만 어복쟁반을 먹으면서 맛보는 젖가슴살은 평소 먹던 쇠고기와는 다른 독특한 맛이 있다. 어복쟁반의 또다른 기원으로는 원래 생선 내장으로 끓여 어복(魚腹)장국으로 부르다가 나중에 쇠고기를 넣으면서 현재의 어복쟁반으로 발전했다는 이야기도 있다.

칭기즈칸

휘궈 요리의 변형인 칭기즈칸의 기원에 대해서는 여러 가지 설이 있는데, 구일본군의 군복소재가 양털이었던 까닭에 양털을 대량으로 수입하던 것이 1차 세계대전 이후 양털의 수입이 쉽지 않게 되자, 홋카이도에 양 목장을 설치하면서 자급을 꽤 했던 것이 발단이라고 한다. 이때 양털 외에 남는 대량의 늙은 양고기 처리가 문제였는데, 본래 육식습관이 없었던 일본은 메이지 유신 이후로 육식을 해야만 유럽인처럼 될 수 있다는 발상으로, 속속 일본화한 요리를 개발하고 있었다. 이렇게 양고기가 일본 전통요리인 나베와 결합하여 요나베(羊鍋)가 되었다. 이 요나베에 칭기즈칸이라는 이름이 붙게 된 것은 당시 일본의 만주침략 등 대륙진출과 관련이 있는데, 당시 일본의 관변역사학자들은 소위 대륙진출을 정당화하기 위한 목적으로 야마토 민족을 대륙 기마민족의 후손이라고 상정했으며, 따라서 기마민족의 식량인 양과 유럽까지 진격해 들어간 정복군주 칭기즈칸의 이미지가 맞아떨어져 붙여진 이름으로 보인다. 문헌상 칭기즈칸의 최초 출현 시기는 1926년이며, 칭기즈칸 요리 전문점은 1936년 도쿄 스기나미구에 세워진 징기스장(成吉思莊)이 최초다.

가야 기마상의 동복

몽골식 훠궈

중국식 훠궈

일본 수키야키

일본 샤부샤부

타이 수키

신선로(神仙爐)

어복쟁반

칭기즈칸

참수이와 잡채

참수이

참수이(Chop suey)는 중국계 미국인들이 미국에서 개발한 것으로 널리 알려져 있지만, 인류학자 앤더슨(E. N. Ande)은 많은 초기 중국 이민자들의 고향인 광동의 타이산 지역에서 흔히 먹던 잡쇄(朶碎; 요리하다 남은 잡다한 음식재료)에서 유래되었다고 결론 내렸다. 참수이는 서구에서 3류 중국 음식점 요리로 알려졌지만, 채소 농사를 짓던 고달픈 중국 농부들의 삶을 연명시켜준 고마운 요리였다. 하루 일이 끝나면 그들은 팔리지 않은 채소들을 이것저것 볶아 한 접시로 내놓았던 것이다. 한편, 홍콩 의사 리수판이 참수이가 1890년대 토이산에서 자신도 먹던 요리라고 증언한 바 있다.

잡채

오늘날 한국인이 즐겨먹는 잡채(雜菜)는 17세기 초반 조선 시대에 처음으로 만들어졌다. 광해군이 큰 궁중연회를 열었을 때 그의 친족 중 이충이 왕을 기쁘게 하기 위해 이 요리를 개발했는데, 왕은 크게 흡족하여 이충에게 호조판서라는 직위를 하사했다고 한다. 잡채는 중국 광동 농부들의 싸구려 잡쇄에서 연유되었을 것으로 추정되는데, 조선에서는 고급 궁중요리로 데뷔한 것이다. 당시 잡채 요리에 국수 또는 당면이 포함되지 않았고, 가늘게 썬 오이, 무, 표고버섯 등이 들어갔다고 한다.

　당면은 1930년대 이후 잡채요리의 주요 재료로 등장했다. 잡채 이름은 섞을 잡(雜)과 채소 채(菜)자가 합성되어 만들어졌다. 즉, 잡채는 채소들을 혼합한 요리이다. 이렇게 광동의 잡쇄(섞을 잡, 부술 쇄)가 미국의 찹수이로 바뀌고 한국에서는 잡채라는 음식을 탄생시키게 된 것이다.

광동 요리 대이마가녀(大姨媽嫁女)

미국 찹수이

한국 잡채

짬뽕과 짜장면

중국 음식점에 가거나 중국음식 배달을 시킬 때 항상 고민하는 것은 짬뽕을 먹을까 아니면 짜장면을 먹을까이다. 오죽하면 짬짜면이 개발되었을까. 과연 한국식 중국음식의 대명사인 짜장면과 짬뽕은 언제 우리나라에 들어왔고, 어떻게 유래되었을까 하는 또 다른 고민을 해 본다.

짬뽕의 어원은 여러 가지 설이 있으나 중국어로 '밥 먹다'는 뜻의 '吃饭(chī fàn, 츠판)'의 복건성 사투리인 '食飯(chiáh pn̄g, 짜뽕)'이 일본 내에서 변환을 거쳐 짬뽕이 되었다는 설이 흔히 알려져 있다. 짬뽕의 순화어는 초마면이며 재료와 조리 방법 등이 비슷한 중국 요리인 초마면에서 따왔다고 여겨진다. 일본의 강점을 당했던 나라들에만 '짬뽕'과 비슷한 의미를 지닌 단어들이 존재한다. 우리나라나 오키나와, 인도네시아는 음식이 존재하는 경우이며 베트남이나 말레이시아 같이 음식은 없지만 단어는 존재하는 경우가 많다. 이런 사실은 주영하 교수가 최초로 밝힌 것으로 '짬뽕'이라는 단어가 일본에서 유래했음을 명쾌히 논증한 것이다.

일본의 화교들은 복건성 출신이 많았는데 중일 전쟁이 발발하면서 이들은 졸지에 적성국가 국민이 된다. 또한 일본 화교들의 대부분은 본국과의 무역업에 종사하고 있었는데 중일 전쟁으로 무역이 불가능해졌다. 이때 이들이 대안으로 선택한 것이 조선을 비롯한 다른 지역 화교들과의 무역이었다. 이 과정에서 일본화된 중국 음식들이 조선으로 건너온 것이다.

또 다른 유력한 가설은 짬뽕을 초마면을 원래 모델로 삼아 약간의 변형을 통해 이루어진 음식이라고 본 것이다. 물론 해물이 중심이 된 것은 원래 초마면과는 조금 다른 양상이지만, 우리나라의 중국 음식점들이 새우나 오징어, 말린 해삼과 같은 해산물 요리를 풍부하게 갖추었다는 점을 생각하면 짬뽕이 점진적으로 해산물 중심의 면요리가 되었다고 보아도 무방하다. 물론 고춧가루나 고추기름을 풀어 맵게 한 것은 훨씬 뒤에 매운 것을 좋아하는 한국인 입맛에 맞추려는 변용일 것이다. 짬뽕이 과연 일본 나가사키에서 수입된 것이냐, 아니면 중국 초마면에서 유래한 것이냐에 대한 문제에 대하여 주영하 교수는 『차폰, 잔폰, 짬뽕』에서 한국식 짬뽕이 나가사키의 중국 남방계 화교의 음식에서 유래했을 가능성이 있다고 했다.

짜장면은 중국의 산둥 반도 지역의 가정식이었던 작장면(炸醬麵)이 한국인의 입맛에 맞게 변하여 만들어진 음식이다. 지금도 베이징에서는 라오베이징자쟝멘다왕(老北京炸醬麵大王) 등 전문점이 산동식 자장멘을 판다. 1890년대 중국 산둥(山東) 지방에서 건너온 하역 인부들이 인천항 부둣가에서 간단히 끼니를 해결하려고 춘장에 국수를 비벼 먹던 음식이 바로 짜장면이다. 이후 청 조계지를 중심으로 짜장면을 만들어 파는 중식음식점이 많이 생겼는데, 흔히 '원조 짜장면집'으로 알려진 공화춘은 1905년에 문을 열었으나 1세대 화교 출신 요리사들의 증언에 따르면, 공화춘이 생기기 이전에 이미 여러 요릿집들이 짜장면을 만들어서 판매하고 있었고 누가 원조인지는 정확히 알 수가 없다고 한다. 1948년 영화장유가 창업하여 짜장면용 면장을 만들어 공급하기 시작했다. 한국 전쟁 직후인 1950년대 중반, 영화장유의 사장 왕송산은 춘장에 캐러멜을 넣어 단맛이 나도록 하고 사자표 춘장이라는 상품명으로 출시했다. 이

로써 대한민국의 짜장면은 여러모로 중국의 자장몐과는 다른 음식이
되었다.

짬뽕

나가사키 짬뽕

초마면

북경식 작장면

공화춘 짜장면

감자탕과 육개장

우리 전통음식 중 얼큰한 맛 하면 생각나는 대표적인 요리로 감자탕과 육개장이 있다. 특히 겨울철이나 비오고 나서 날이 서늘해질 때 서민들이 소주 한 잔 하면서 곁들여 즐겨 먹는 요리들이기도 한다. 그런데 감자탕은 감자가 들어가서 감자탕일까? 감자보다는 돼지 등뼈가 주가 되는데 왜 감자탕이라고 이름을 붙였을까? 육개장이 맞나, 아니면 육계장이 맞나? 닭고기가 들어가 있는 육개장이 흔한데 '닭 계(鷄)' 자를 써서 육계장이 맞는 철자법일 것 같기도 하다.

'감자탕'이란 이름은 돼지 등뼈에 든 척수를 '감자'라고 한다는 데서 유래했다는 설과 돼지 등뼈를 부위별로 나눌 때 감자뼈라는 부분이 있는데 이것을 넣어 끓였다고 해서 '감자탕'이라 했다는 설이 있다. 감자탕은 고구려, 백제, 신라가 자웅을 겨루던 삼국시대에 돼지사육으로 유명했던 현재의 전라도 지역에서 유래되어 전국 각지로 전파된 우리나라 고유 전통음식이다. 농사에 이용되는 귀한 '소' 대신 '돼지'를 잡아 그 뼈를 우려낸 국물로 음식을 만들어 뼈가 약한 노약자나 환자들에게 먹인 데서 유래되었다는 이야기가 전해지기도 한다.

이러한 감자탕은 인천항이 개항됨과 동시에 전국의 사람들이 몰려와 다양한 음식문화를 갖추게 된 인천에서 서서히 뿌리를 내리기 시작하여, 1899년 경인선 개통 공사에 많은 인력이 동원되면서 뼈해장국과 감자탕이 인천의 대표 음식으로 자리를 잡았다. 또 다른 설에 의하면 감자탕이라는 이름은 실제로는 프랜차이즈로 만들어지면서 생겨난 이름이고, 그 이전에는 감자국이라는 이름으로 널리 통용되었다고 한다. 초창기에는 상대적으로 값이 싼 감자가 많이 들어가서 이름에 걸맞은 감자탕이었으나 이후 손님들이 선호하는 뼈와 고기가 점점 양이 많아져서 본래의 감자탕 모습과 많이 달라진 것이라는 단순한 설명도 있다.

오래전부터 선조들은 삼복 때 보양음식으로 개장, 즉 보신탕을 즐겼다. 개가 귀한 개장 철에는 마을 어른들이 개를 대신하여 병들거나 나이든 소를 공동 도축해 국을 끓였는데 이것이 육개장의 출발이다. 육개장은 개를 대신한 쇠고기 국이라는 뜻이다. 육개장에 맵고 진한 양념을 하는 것도, 본래 개장국에서 개고기의 심한 냄새를 없애기 위해 진한 양념을 넣은 것에서 유래되었다. 육개장은 조선 시대 경상감영이 있어 정기적으로 소를 잡을 수 있었던 19세기 후반의 대구 지역 향토음식에서 유래했다고 한다. 현재 우리가 먹는 육개장은 일제강점기 대구에서 시작된 것으로 보인다. 최남선의 『조선상식문답』과 1920년대의 잡지인 《별건곤》에 팔도음식 중 대구의 별미로 소개되고 있다. 대구에서는 육개장을 대구탕(大邱湯)이라 부르기도 한다.

감자탕

육개장

부대찌개

한국 전쟁이 일어난 후 한국은 먹거리가 부족하게 되었다. 이에 미군과 관련된 일을 하던 우리나라 사람들이 경기도 동두천시와 양주시, 의정부시, 경기도 송탄시에 주둔하던 미군 부대의 핫도그나 깡통에 든 햄(예를 들어 스팸)을 이용하여 고추장과 함께 찌개를 만들었다. 초기에는 미군이 먹다 남거나 미군의 보급품을 몰래 빼낸 음식을 재료로 사용했기에 부대찌개라는 명칭으로 불렀다. 이 부대찌개는 가난을 벗어난 한국에서 여전히 인기가 있고 현대의 즉석 음식인 라면을 첨가하기도 한다. 휴전선 인접 지역인 의정부는 미군 육군 부대 기지가 많이 들어서 있는 곳이며 부대찌개로 유명하다. 송탄도 미군 공군 부대 기지가 많이 들어서 있는 곳이며 부대찌개로 유명하다.

지역에 따라 부대찌개를 만드는 방식이 조금씩 다른데 그 지역별 특성은 다음과 같다.

- **의정부식**: 맑은 육수를 사용하고 소시지와 햄을 적당히 넣어 김치 맛과 잘 어우러져 개운한 맛을 낸다.
- **송탄식**: 의정부식에 비해 소시지와 햄을 훨씬 많이 넣고 치즈와 강낭콩 통조림을 첨가하여 맛이 진하다.
- **존슨탕**: '존슨탕'이라는 명칭은 1966년 린든 B. 존슨 미국 대통령의

방한에서 유래되었다고 한다. 존슨탕은 서울에서만 볼 수 있고, 사골로 국물을 내고 라면과 김치가 들어가지 않는 등 부대찌개와 구별된다고도 한다.

1960년 부대찌개를 만든 것으로 알려진
의정부 오뎅식당 허기숙씨의 부대찌개

이태원 바다식당의 존슨탕

떡, 시리얼 그리고 뻥튀기

　쌀을 뭉치거나 합쳐서 어떤 모양으로 만들어진 요리라면 쌀 케이크라 부를 수 있다. 쌀을 먹는 많은 국가들에서 다양한 유형의 쌀 케이크를 찾아볼 수 있는데, 순수 우리말로 떡이라 하는 쌀 케이크는 특히 아시아 지역에 널리 퍼져있는 음식이다. 중국의 설날 요리인 니안가오(年糕, 년고)에는 많은 종류가 있는데, 모두 빻거나 갈아서 반죽 낸 쫄깃한 쌀로 만들어진다. 니안가오 종류에 따라서 쌀 반죽을 단순히 틀에 넣어 모양을 내기도 하고, 내용물을 익히기 위해 다시 찌기도 한다. 일본 쌀 케이크는 야요이(弥生)시대에 중국과 한국으로부터 들어왔다. 일본에서 쌀 케이크는 차 의례의 발달과 더불어 달콤한 화과자(和菓子)로 진화했다. 인도 벵갈(Bengal), 아삼(Assam), 오리야(Oriya) 요리에서 피타(Pitha)는 물에 담근 쌀을 갈아서 만든 반죽으로 만들어진 얇고 납작한 케이크이다. 케투파트(Ketupat)는 인도네시아 쌀 만두의 한 종류로서 브루나이, 말레이시아, 필리핀, 싱가포르 등에서도 찾아볼 수 있다. 마름모꼴로 누빈 팜(palm) 잎 주머니 안에 쌀을 넣어 쪄 먹는 요리이다.

　쌀이 한반도에서 처음으로 재배된 것은 BC 3500년경이지만 넓게 퍼지지는 않았던 것으로 보인다. 고고학적으로 보면 벼 재배가 대규모로 이루어져 음식으로 먹기 시작한 것은 BC 1500년 이후이며, 쌀로 만든 떡에 대한 기록은 BC 500년 이후에야 나타나기 시작한다. BC 480~222

년 사이에 중국과 한국 간에 일어난 여러 전쟁들에 관해 기술한 여러 문헌들에서 떡이 제례 음식으로 사용되었다는 기록이 나온다.

중국에서는 전국시대(戰國時代, BC 480-222)의 『주례(周禮)』에 제사 의례에 쓰는 떡으로 '흰떡 이(餌)' 자와 '인절미 자(餈)' 자가 보이고 있는데, 곡물의 가루를 반죽해서 찌는 것을 '이'라 하고, 쌀을 쪄서 치는 떡을 '자'라 한다고 했다(이익의 『성호사설』). 중국에서 밀가루가 보급된 한(漢) 이전에 이렇게 부르던 떡의 이름이 밀가루가 보급된 뒤에는 '병(餠)' 자로 주로 쓰이게 되었는데, 이는 '밀가루 떡 병'이라 하여 쌀가루로 만드는 떡 '이'와 구별한 것이다. 주자의 『가례』에도 제사음식으로 '면식(麵食)'과 '미식(米食)'이란 말이 보이는 것은 만두와 떡을 함께 쓴 풍습을 말해 주고, 중국이 쌀떡을 '가오(餻)'라고 하여 '병(餠)'과 구별하는 데 대하여, 한국과 일본은 떡을 한자로 쓸 때 '떡 병' 자를 쓴다.

'떡'이란 말의 어원이 무엇인지, 언제 시작되었는지를 정확히 확인하기는 어렵다. 그러나 일찍이 한글 창제 당시의 『월인석보』나 후대에 나온 『훈몽자회』 등에서 '餅(떡 병)'이라고 적고 있는 것으로 보아, 그 이전부터 물론 '떡'이란 우리말이 널리 쓰였다는 것은 의심의 여지가 없다. 연대를 알 수 없는 어원 자료인 『동언고략(東言攷略)』에 따르면 민간 어원설을 이끌어서 떡이란 말이 '탁(飥)'에서 왔다고 쓰고 있는데, 이 글자는 '밀 수제비 탁' 자이다. 6세기 초에 만들어졌다는 중국 최고의 농업서로 『제민요술(齊民要術)』에는 '떡 병' 자와 함께 '병 탁(餅)'이란 말을 쓰고 있어 이런 추측이 한편으로 설득력이 있다고 본다.

쌀 곡물을 튀긴 쌀 과자(Puffed rice kernels)와 뻥튀기(Puffing)는 미국의 알렉산더 앤더슨(Alexander P. Anderson) 박사에 의해 처음 소개되었다. 그는 한 알의 곡물에 함유된 수분을 확인하는 실험을 하다가 뻥튀기 하는 법을 우연히 발견하고는 1904년 미국 미주리(Missouri)주 세인트루이스(Saint Louis) 세계박람회에 뻥튀기 기계를 처음으로 선보인다. 박람회 방문객들을 위해 뻥튀기 과자를 내뿜는 그의 8대의 '대포'는 선전용 벽보에 '세계 8번째 미스터리'로 소개되었다. 앤더슨에 의해 곡물을 뻥튀기 하는 기술과 원리가 발견된 이래로 켈로그(Kellogg's)와 퀘이커 오츠(Quaker Oats) 두 회사에서 만든 아침식사용 시리얼과 오트밀의 등장은 미시간(Michigan) 주 배틀 크리크(Battle Creek) 시의 경제를 일으켜 세웠으며 현재까지도 이 시장을 주도하고 있다. 아침식사용 시리얼에 이어 쌀로 만든 납작하고 단단한 플레이크(flake) 과자가 등장했다. 일반적으로 이 과자는 건강용 간식으로도 먹고, 다른 음식재료들의 베이스로도 사용된다. 자연음식이 건강에 미치는 효과에 대한 주창은 1800년대 말 원칙적으로 배틀 크리크에서 시작되었다. 두 사람의 리더들을 꼽자면 존 하비 켈로그(John Harvey Kellogg) 박사와 그의 형제 윌 키스 켈로그(Will Keith Kellogg)로, 윌은 켈로그 박사가 제조한 콘 플레이크에 설탕을 첨가하는 아이디어를 낸 사람이다.

우리나라 뻥튀기의 유래는 분명치 않다. 아마도 알렉산더 앤더슨 박사가 발명한 뻥튀기 기계가 1904년 만국박람회에 출품된 이후 일본으로 들어가 'ポン菓子' 등의 이름으로 불리다가 일제강점기 조선에 들어가 유행하게 된 것으로 추정된다.

광동 지방의 기름에 지진 달콤한 니안가오

한국 가래떡과 똑같은 고소한 상하이 니안가오

인도 피타

인도네시아 케투파트

추석 때 먹는 송편

생일을 기념하는 무지개떡

뻥튀기 곡물을 만드는 데 사용된 튜브를
들고 있는 앤더스 박사(1933)

미국의 뻥튀기 과자

뻥튀기 튀기는 모습

호두와 호두과자

　현재 지구상 최초로 호두가 재배되었던 곳으로 알려진 곳은 페르시아(지금의 이란)이다. 중국 사상 최초로 서역교통을 개척한 한나라의 여행가 장건이 이를 중국에 전파했고 이를 고려 말 역신이었던 유청신(호: 영밀공)이 1320년경에 우리나라에 들어와 지금의 천안 광덕산에 시재한 것이 우리나라 호두의 시초가 되었다. 지금도 400~500년 수령된 나무가 있어 보호수로 지정되어 보호되고 있다. 현재 세계 최대생산지역은 중국의 화북지역이다. 호두의 원래 이름은 알 수 없으나 우리나라에 들여온 후 그 과명을 몰라 이름 짓기를 원나라(胡地)에서 가져왔고 과실 모양이 복숭아(桃)와 같다 하여 '호' 자와 '도' 자를 따서 호도라 명하게 되었고 최근 한글 표기로 바꾸어 호두로 표기하게 되었다.

　1934년 당시 제과 기술이 탁월했던 고 조귀금 씨와 심복순 씨는 예로부터 차와 병과를 즐기던 선현들의 미풍양속을 생각하고 이를 우리 생활 속에 되살려 보고자 하는 뜻에서 여러 종류의 재료 중 풍부한 자양과 미려한 풍미, 그리고 열매의 특이한 형상을 보고 천안의 유서 깊은 특산물인 호두를 선택하여 병과를 만들게 되었고, 이름 또한 그대로 호두과자라 이름한 것이 호두과자의 탄생이 되었다.

빙수, 아이스크림과 소르베

　빙수는 얼음을 곱게 갈거나 잘게 부서 달콤한 소스나 시럽을 얹어 만든 얼음 디저트 음식이다. 보통 얼음을 얼리고 간 다음에 먹기 직전 시럽이 첨가된다. 하지만 용액을 얼리기 전에 향신료가 더해지기도 한다. 이 디저트는 다양한 형태와 방식으로 전 세계에서 소비된다. 간 얼음은 또한 많은 양의 액체와 섞여 빙수 음료를 만들어내기도 한다.

　문헌상 최초의 빙수 디저트는 BC 27년에 나타난다. 로마 황제 네로는 근처 산으로 노예들을 보내 눈을 채집하도록 하고 거기에 과일과 벌꿀이 섞인 소스를 얹어 먹는 것을 즐겼다고 한다. 일본에서도 겨울 중 가장 추운 시기에 자연에서 얼음이 만들어져 얼음 창고에 보관했다가 먹었기 때문에 이 얼음 디저트는 왕족이나 귀족들을 위한 특별 음식이었던 것이다. 당시 얼음은 겨울이 아닌 경우 매우 귀했고, 가장 큰 사치 중 하나로 상류 귀족들에게만 허용된 음식이어서 일반 서민들은 꿈도 꾸지 못할 귀한 음식이었다. 일본인들이 하와이로 이민을 가면서 이러한 전통도 함께 가져갔다. 로마나 일본과 같이 하와이는 따뜻한 지역이 눈으로 덮인 산들과 충분히 가깝게 있어서 눈을 녹게 하지 않고 따뜻한 지역으로 옮기는 게 가능했다.

　캐나다와 미국에서 빙수는 통상 스노우 콘(snow cones) 또는 스노우 볼(snowballs)로 알려졌는데, 잘게 부수거나 간 얼음에 달콤한 과일로 풍

미를 낸 시럽이 없어졌다. 미국 내에서 지역에 따라 빙수의 모양이 크게 달라지는데, 예를 들어 뉴올리언즈(New Orleans) 스노우볼은 과일로 풍미를 낸 시럽이나 과일-크림 시럽 혼합물로 맛을 내는 반면 볼티모어(Baltimore) 스노우볼은 여기에 마시멜로 크림을 추가한다. 하와이에서는 하와이 빙수라는 의미의 '하와이언 쉐이브 아이스(Hawaiian shave ice)' 또는 단순히 '쉐이브 아이스(Shave ice)'라고 하는데, 때론 빙수의 동아시아 버전을 닮아 연유에 팥을 고물로 얹기도 하며, 한 스쿱의 바닐라 아이스크림을 콘 밑부분에 까는 게 일반적이다. 중국 요리에서 빙수는 바오빙(刨冰)이라 하며 타이완에서는 챠펭(剉冰)이라 부른다. 타이완에서도 갖가지 빙수들이 있는데, 어떤 것들은 통조림 과일, 과일 시럽, 연유 등을 고물로 얹는다. 일본에서 이 얼음 디저트는 '카키고리(かき氷)'로 알려져 있고 과일로 맛을 더하거나 아무것도 첨가하지 않은 시럽을 얹어 먹는다. 어떤 가게들은 두 가지 이상의 시럽을 섞어 다채로운 색깔을 내기도 한다. 카키고리에 달콤함을 더하기 위해 때로는 연유를 위에 퍼붓기도 한다. 더운 여름기간 일본 전역에서 카키고리가 판매되는데 어떤 커피숍에서는 카키고리에 아이스크림, 당고, 단팥 등을 더해 내놓기도 한다. 편의점에서는 아이스크림과 마찬가지로 이미 풍미가 더해진 카키고리를 팔기도 한다. 한국에서는 간 얼음 디저트를 팥빙수라 하는데, 단팥, 신선 과일, 콩가루 등을 얹어 먹는다. 각양각색의 빙수들이 전국적으로 판매되는데 2014년 이후로 우리나라에서 가장 인기 있는 빙수는 눈꽃빙수이다. 눈꽃빙수는 우유를 얼려 극히 미세하게 갈아 그 결이 눈송이를 닮았다 하여 붙인 이름이다.

아이스크림(ice cream)은 감미가 더해진 냉동 음식으로 통상 간식이나 디저트로 먹는다. 아이스크림은 보통 우유와 크림과 같은 유제품으로부터 만들어지는데 과일이나 다른 내용물과 풍미가 첨가되기도 한다. 소르베(Sorbet)는 달콤한 물에 과일 주스, 과일 퓌레, 와인, 술, 벌꿀 등의 풍미를 더하여 얼린 디저트이다. BC 5세기경 고대 그리스인들은 아테네의 상점들에서 꿀과 과일을 섞은 눈을 먹었다. 현대 의학의 아버지라 일컫는 히포크라테스는 그의 그리스 환자들에게 활기를 넘치게 하고 행복감을 증진시킨다 하여 얼음 먹는 것을 권장했다고 한다. BC 400년경 페르시아인들은 장미향수와 버미첼리(아주 가느다란 이탈리아식 국수. 흔히 잘게 잘라 수프에 넣어 먹음)로 만든 특별하고 차가운 음식을 발명했는데 더운 여름 동안 왕족들에게 제공되었고, 얼음을 샤프론, 과일, 다양한 다른 향신료들과 섞어 먹었다. BC 200년경 중국에서는 우유와 쌀을 섞어 얼린 음식을 먹었다고 한다. 중국인들은 시럽이 들어 있는 용기의 외부에 눈과 초석을 섞어 만든 혼합물을 부었는데, 이는 소금이 물에 더해지면 끓는점이 올라가는 것과 같은 이치로 이 혼합물은 어는점을 낮추는 역할을 한다. 1533년 이탈리아 여공작 카테리느 데 메디치(Catherine de' Medici)가 프랑스의 올레앙 공작(Duke of Orléans)에게 시집갔을 때 그녀는 소르베 조리법을 갖고 있던 이탈리아 주방장들을 함께 데리고 갔다고 전해진다. 한편, 16세기 인도 무굴 황제들은 기마병들을 시켜 힌두쿠시(Hindu Kush)로부터 델리(Delhi)까지 얼음을 가져와 과일 소르베를 만들어 먹었다고 한다. 소르베라는 단어는 향기롭고 으깬 과일 음료란 의미의 아랍어 샤르바트(Sharbat)에서 유래했다. 하지만 그 어원은 그리스어나 페르시아어와 같은 인도-유럽어군에 지금도 남아 있다. 영어 단어 'sherbet'는 17세기 터키어로부터 직접 영어로 들어왔다. 다른 민속자료는 로마 황제 네로가 1세기경 소르베를 발명했다고 주장하는데 그는 노예들을 시켜 산꼭대기 눈을 양동이에 담아 연회장까지 손으로 날라와 꿀과 와인을 섞어 먹었다고 한다. 이러한 소르베 기원설은 빙수와 소르베의 구별이 모호하여 빙수의 기원설과 같은 이야기를 하는 것 같다.

하와이 빙수

타이완 바오빙

필리핀 할로-할로

일본 카키고리

한국 팥빙수

아이스크림

소르베

할랄 대 코셔

이슬람 음식규정인 할랄(Halal)과 유대 음식규정인 코셔(Kashrut, 영어로 Kosher)는 모두 상세하고 구체적으로 규정되어 있는데, 이 둘은 서로 같으면서도 다르다. 둘 다 아브라함 종교의 음식계율이지만, 서로 거리가 먼 책자들에 기술되어 있다. 할랄과 코셔는 각기 코란(Quran)과 수나(Sunnah)에 언급된 이슬람 율법과 유대 규정 토라(Torah)와 탈무드(Talmud)에 설명되어 있다. '할랄(Halal)'은 아랍어로 '합법적인' 또는 '허용된'을 의미한다. 할랄 음식은 코란에 쓰여 있는 이슬람 음식규정을 따라 먹게 허용된 음식이다. 허용되지 않은 음식들은 하람(haram)이라 하는데 '불법적인' 또는 '금지된'의 의미이다. '코셔(Kosher)'는 '적절한' 또는 '딱 맞는'을 뜻하며 히브리어 '카슈루트(Kashrut)'에서 나온 단어다. 음식규정인 카슈루트에 맞는 음식을 유대 음식규정은 코셔라 하고 먹기에 좋다고 말한다. 코셔 규정은 토라에서 나왔다. 이러한 음식규정들은 어떤 유형의 음식들을 먹어야 하는지는 물론 음식을 먹기 위해 어떻게 준비되어야 하는지, 어떤 음식들은 함께 먹을 수 없는지 등을 규정한다.

이슬람 율법은 다음의 동물들과 고기제품은 불법으로 규정하고 있다.

- 이슬람 율법을 지키지 않고 도축된 고기
- 피가 완전히 빠지지 않은 동물

- 돼지와 그 부산물
- 당나귀와 노새
- 죽은 동물
- 육식 동물
- 맹금류
- 생선이 아닌 모든 바다 동물
- 양서류
- 메뚜기를 제외한 모든 곤충
- 동물의 피와 생식기
- 담낭과 췌장

유대 음식규정은 다음의 동물들과 고기제품은 코서로 인정하지 않는다.

- 유대율법을 지키지 않고 도축된 고기
- 피가 완전히 빠지지 않은 동물
- 낙타
- 돼지
- 토끼
- 맹금류나 죽은 고기를 먹는 새
- 조개, 메기, 철갑상어, 황새치, 바닷가재, 게, 기타 바다 포유류
- 설치류
- 도마뱀과 양서류
- 금지된 동물들에서 얻은 유류, 계란, 지방, 내장

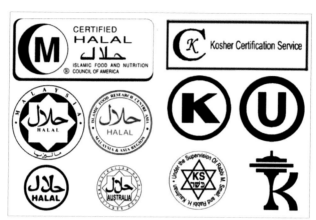

할랄과 코셔 인증 마크들

할랄과 코셔 비교

	할랄(Halal)	코셔(Kosher)
개요	• 할랄은 이슬람 계율에 따라 허용되는 모든 것을 의미한다. • 할랄은 이슬람 계율에서 허용하는 음식과 음료뿐 아니라 일상생활 모든 것에 적용된다.	코셔 음식은 유대 음식규정인 코셔계율(kashrut)에 합당해야 한다.
지침	이슬람 음식규정	유대 음식규정
어원	아랍어에서 '합법적인', '허용된'이라는 의미를 가진다.	'적절한'을 뜻하는 히브리어 'Kashrut'에서 유래했다.
근거	이슬람 코란(Quran)	유대교 율법 토라(Torah)
도축 방식	• 동물의 목 한 지점을 신속히 타격한다. • 피를 완전히 빼낸다.	• 동물의 목 한 지점을 신속히 타격한다. • 피를 완전히 빼낸다.
도축자	무슬림에 의해 도축되어야 한다.	유대인에 의해 도축되어야 한다.
기도	매 도축 전에 알라에게 기도해야 한다.	도축 전에 기도는 필요하지 않다.
과일과 채소	모든 종류가 할랄로 인정된다.	벌레가 없으면 코셔 음식으로 인정된다.
고기와 유제품	같이 먹을 수 있다.	같이 먹을 수 없다.
알코올	금지	허용은 되는데, 와인이 코셔로 인정되기 위해서는 모든 주조 과정이 안식일을 지키는 유대인에 의해 감독되어야 함은 물론 모든 내용물이 코셔여야 한다.

비건 대 베지테리언

    영어로 채식주의자를 베지테리언(vegetarian)이라 하는데, 간혹 비건 (vegan)이라는 용어와도 마주치게 된다. 비건과 베지테리언은 어떤 차이가 있는지 다음의 표에서 살펴보자.

	비건(Vegan) - 완벽 채식주의자	베지테리언(Vegetarian) - 일반 채식주의자
개요	비거니즘(Veganism)은 동물들을 연민하는 하나의 철학이며 생활습관으로서 비건은 음식, 의복, 또는 어떤 목적으로도 동물을 이용하는 것을 배제하는 데 매달리는 사람이다. 비건은 동물로부터 만들어진 어떤 종류의 제품도 사용하기를 거부한다.	베지테리어니즘(Vegetarianism)은 육류, 조류, 어류를 모두 배제하는 식사 행위이다. 베지테리언들 중에는 변종들이 존재하며 대표적으로 락토-베지테리언(Lacto-vegetarian)과 오보-베지테리언(Ovo-vegetarian)이 있다.
식습관	비건은 고기, 계란, 우유, 꿀 등 동물로부터 나온 어떤 음식도 먹지 않는다.	고기와 생선을 먹지 않는다. 어떤 베지테리언(Lacto-vegetarian)들은 유제품들을 먹기도 하고, 어떤 베지테리언(Ovo-vegetarian)들은 계란을 먹기도 한다. 젤라틴이나 동물로부터 만들어진 어떤 가공식품도 먹지 않는다.
제품	비건들은 동물로부터 만들어진 털옷, 가죽, 울 등을 입지 않으며, 동물실험도 반대한다.	베지테리언들은 대부분 동물로부터 만들어진 털옷, 가죽, 울 등을 입는 데 거부감이 없다.

와인

조지아(BC 6000), 이란(BC 5000), 그리스(BC 4500), 아르메니아(BC 4100) 등에서 와인 제조에 관한 초기의 고고학적 증거들이 발견되었는데, 현재까지 알려진 가장 오래된 와이너리(winery)들이라 할 수 있다. 와인을 마셨을 때 나타나는 의식변성 상태, 즉 취한 상태는 와인이 제조되기 시작한 초창기부터 종교적 체험으로 간주되어왔다. 그리스인들은 와인의 신 디오니소스(Dionysus)를 숭배했고, 로마인들도 그 후신인 바쿠스(Bacchus)를 경배했다는 것들이 그 증거이다. 의례에서 와인을 마시는 것은 성서 시대 이후로 유대인 종교행위의 일부였고, 예수의 최후의 만찬을 기념하는 성찬은 기독교 교회에서 더욱 핵심적 요소로 자리 잡게 된다. 비록 이슬람 종교는 그들의 황금시대 동안 와인의 생산과 섭취를 금지했지만 아부 무사 자비르 이븐 하이얀(Abu Musa Jabir ibn Hayyan, 721~815)과 같은 연금술사들은 의학적·산업적 목적으로 와인의 증류에 대한 연구를 선도하며 와인으로 향수를 만들어내기도 했다. 한편, 투르크계 위구르인들은 당 시대 이후로 중국에 포도재배 기법을 재소개하는 데 기여했다.

다음은 와인의 종류와 특징에 대한 설명이다. 먼저 화이트 와인을 제조하는 데 사용되는 대표적 포도 품종들을 언급하고, 이어서 레드 와인 품종들과 최고가 와인들에 대해 소개한다.

화이트 와인용 포도 품종

리슬링(RIESLING)

- **어울리는 요리**: 생선, 치킨, 돼지고기 요리
- **주 재배지**: 라인(Rhine)과 모젤(Mosel) 지방의 전통적 독일 포도로서, 리슬링은 이 지역 모든 와이너리에서 재배된다. 독일산 양질의 리슬링 포도는 보통 약한 당도에 강한 산도가 더해져 균형을 잡아준다. 프랑스 북동부의 알사스(Alsace)와 미국 동부의 리슬링 역시 훌륭한데, 통상 스타일이 다르고, 향은 비슷하나 더 드라이하다. 캘리포니아 리슬링은 그렇게 품질이 좋다고 할 수는 없으며, 당도가 높고, 산도가 부족해 균형감이 떨어진다.
- **버라이어틸(varietal, 단일 품종) 와인 맛의 특징**: 리슬링 와인은 샤도네이(Chardonnay) 와인에 비해 훨씬 가볍다. 그 향은 일반적으로 신선한 사과향을 담고 있다. 리슬링 품종의 와인들은 재배지와 와인제조법에 따라 그 맛이 천차만별이다. 리슬링은 신선한 맛이 특징이어야 하며, 그렇다면 숙성이 될수록 풍미가 더해지게 된다.

게뷔르츠트라미너(GEWÜRZTRAMINER)

- **어울리는 요리**: 동양 요리, 돼지고기, 그릴 소시지
- **주 재배지**: 프랑스 알사스, 독일, 미 서부연안, 뉴욕 주
- **버라이어틸 와인 맛의 특징**: 장미 꽃잎, 복숭아, 리치(lychee; 열대성 과일의 일종), 올스파이스(allspice; 서인도제도산 나무 열매를 말린 향신료) 등의 향이 더해진 과일 맛인데, 다른 종류의 드라이 화이트 와인에 비해 상쾌한 맛이 다소 떨어진다.

샤도네이(CHARDONNAY)

- **어울리는 요리**: 생선과 치킨 요리
- **주 재배지**: 원산지는 프랑스 부르고뉴(Burgundy) 지방으로 이 지역의 대표 화이트 와인이다. 다양한 기후에 잘 맞아 대부분의 포도 재배지에서 잘 자란다.
- **버라이어틸 와인 맛의 특징**: 다른 품종의 드라이 화이트에 비하여 풍부한 시트러스(citrus) 향과 함께 넓은 보디감(wider-bodied) 또는 매끄러운 맛을 준다. 새 참나무통(oak barrels)에서 숙성되면 바닐라, 코코넛, 토스트(toast), 토피(toffee)와 같은 버터 맛이 더해진다. 중저가 캘리포니아 샤도네이 와인에는 시트러스 맛과, 멜론 맛 조금, 바닐라 맛, 약간의 크림이나 토스트 맛이 느껴질지 모른다. 부르고뉴 화이트는 맛이 이와 전혀 다를 수 있다.

소비뇽 브랑(SAUVIGNON BLANC)

- **어울리는 요리**: 생선, 치킨, 샐러드 요리
- **주 재배지**: 뉴질랜드는 훌륭한 소비뇽 블랑을 생산한다. 더 따뜻한 지역에서 성장하는 일부 호주산 소비뇽 블랑은 맛이 더 밋밋하고 과일 맛이 떨어지기도 한다. 프랑스 원산의 소비뇽 블랑은 보르도(Bordeaux)에서 재배되는데 세미용(Semillon) 품종과 혼합된다. 루와르(Loire) 협곡 위쪽에서도 소비뇽 블랑은 폭 넓게 재배되는데 여기서 버라이어틸 와인이 만들어진다.
- **버라이어틸 와인 맛의 특징**: 소비뇽 블랑은 샤도네이보다 일반적으로 가볍다. 소비뇽 블랑은 보통 벨 후추(bell pepper)나 풀을 갓 벤 직후의 허브 향을 보여준다. 지배하는 풍미는 사과, 배, 구스베리(gooseberry)와 같은 시고 푸른 과일 맛으로부터 멜론, 망고, 블랙컬

렌트(blackcurrant)와 같은 열대과일 맛까지 복잡 미묘하다. 참나무 통에서 숙성되지 않은 양질의 소비뇽 블랑은 스모키(smokey)한 풍미가 나타난다. 소비뇽 블랑은 밝은 향과 강한 산도의 뒷맛이 느껴져야 한다. 이 품종의 포도들은 선선한 기후에서 가장 잘 자란다.

레드 와인용 포도 품종

쉬라(SYRAH)

쉬라츠(Shiraz) 또는 쉬라(syrah)는 동일 품종에 대한 두 가지 이름이다. 유럽에서 포도를 재배하는 사람들이나 와인 제조자들은 쉬라라는 이름만 사용한다.

- **어울리는 요리:** 고기류(스테이크, 소고기, 야생 사냥감, 스튜 등)가 어울린다.
- **주 재배지:** 프랑스 론 계곡(Rhône Valley), 캘리포니아, 호주
- **버라이어틸 와인 맛의 특징:** 블랙컬런트와 같은 야생 검정 과일의 향과 풍미를 가지며, 로스트 비프에 후추 가루를 듬뿍 뿌려 같이 먹으면 어울릴 맛이다. 과일 맛이 풍부하여 따뜻한 알코올과 잡아주는 탄닌이 균형을 맞춘다. 토피(toffee)의 풍미가 난다면 이는 과일 맛이 아니라 와인이 참나무통에서 숙성되면서 생긴 것이다. 쉬라 품종은 따뜻하고, 풍미가 강한 레드 와인이다. 쉬라는 많은 평균적인 와인의 제조에도 사용되는 반면 세계에서 가장 고급스럽고, 깊은 맛을 내며 짙은 색과 진한 향을 내는 레드 와인을 만들어내기도 한다.

메를로(MERLOT)

- **어울리는 요리:** 맛이 부드러워 레드 와인 초보자들에게 맞으며, 어떤 요리와도 어울린다.

- **주 재배지**: 보르도 브렌드(blend, 혼합주) 와인의 중심 품종이며, 미국 서부 연안, 호주, 그리고 다른 국가들에서도 재배된다.
- **버라이어틸 와인 맛의 특징**: 블랙 체리와 허브 맛이 전형적인 특징이다. 혀에서 느껴지는 질감은 둥글지만, 미들 팰럿 갭(middle palate gap)이 공통적이다. 여기서 '미들 팰럿 갭'이란 와인이 입안에 들어가자마자 그 풍미가 들이닥치고, 와인이 다 넘어가기 전에 한 방울도 남지 않은 것 같은 공허한 느낌에 대한 와인 애호가들의 표현이다.

카베르네 소비뇽(CABERNET SAUVIGNON)

세계 최상의 와인 포도 품종 중 하나로 폭넓게 받아들여진다. 카베르네 소비뇽은 간혹 카베르네 프랑(cabernet franc)과 메를로(merlot)와 혼합되기도 하며, 통상 참나무통에서 숙성의 과정을 거친다.

- **어울리는 요리**: 붉은색 고기류
- **주 재배지**: 독일 북부 가장자리를 제외하고는 전 세계에서 재배된다. 프랑스 메독(Médoc) 고급 레드 와인에 들어가며, 최상의 레드 포도가 호주, 캘리포니아, 칠레 등에서도 재배된다.
- **버라이어틸 와인 맛의 특징**: 향이 풍부하지만, 덜 익었을 때는 단단하고 뻑뻑한 맛이 난다. 익어갈수록 풋과일의 맛이 깊은 맛으로 바뀌며, 벨 페퍼(Bell pepper)의 향취가 남는다.

피노 누와르(PINOT NOIR)

가장 고급스러운 레드 와인 포도 품종 중 하나로 재배하기 어려우며, 다른 포도 품종과 혼합하는 경우는 드물고, 거친 맛이 없다.

- **어울리는 요리**: 연어구이, 치킨, 양고기, 일본 요리
- **주 재배지**: 프랑스 부르고뉴, 호주, 캘리포니아, 오레곤, 뉴질랜드

- 버라이어틸 와인 맛의 특징: 카베르네 소비뇽과 매우 다른 맛이 나며, 스트럭처(structure)가 섬세하고 신선하다. 폴리페놀이 낮기 때문에 탄닌이 매우 부드럽다. 체리, 딸기, 자두 등의 매우 강한 과일향이 나며 간혹 찻잎, 눅눅한 흙, 닳은 가죽 등의 향취가 나기도 한다. 피노 누와르는 재배되는 지역에 따라 맛이 결정되는데, 와인 맛의 범위가 매우 넓기 때문에 이 품종의 맛을 한마디로 정의하는 것은 무의미하다.

기타 유명 레드 와인 포도 품종

- 산지오베제(Sangiovese): 체리와 장미 꽃잎의 향과 풍미를 갖는 요리 와인인 키안티(Chianti)를 만드는 와인 포도이다.
- 네비올로(Nebbiolo): 이탈리아 피에드몬트(Piedmont) 지역의 고급 레드 와인인 바롤로(Barolo)와 바르바레스코(Barbaresco)를 만드는 포도 품종이다.
- 말벡(Malbec): 아르헨티나의 대표 포도 품종으로, 매력적인 스모크향과 가죽향이 나는 새까만 와인의 제조에 사용된다. 프랑스 남부의 카오르에서도 재배된다.
- 템프라니뇨(Tempranillo): 스페인의 유명 포도로 리호아(Rioja)와 리베라 델 두에로(Ribera del Duero) 지방의 와인들에 들어간다.
- 가메(Gamay): 신선한 과일 맛이 나고, 레스프베리의 향이 나는 부르고뉴 보졸레(Beaujolais) 지역의 와인에 사용된다.
- 진판델(Zinfandel): 캘리포니아에서 재배되고, 커다란 과일 맛과 간혹 향신료 맛이 강한 레드 와인의 제조에 사용된다.

세계 최고가 5대 와인(2016)

- 스크리밍 이글 카베르네(Screaming Eagle Cabernet) 1992: $ 500,000

- 1947 쉐발-브랑(Cheval-Blanc): $ 304,000

- 1907 에드시크(Heidsieck): $ 275,000

- 샤토 라피트(Chateau Lafite): $ 232,692

- 샤토 마르고(Chateau Margaux): $ 225,000

와인의 신 디오니소스를 묘사한 헬레니즘 시대의 모자이크

세계 최고가 5대 와인(2016)

코냑

최초의 코냑(Cognac)은 네덜란드 식민자(settlers)들이 소금, 나무, 와인 등 물품들을 구매하러 프랑스 지역으로 들어왔을 때인 16세기경에 만들어졌다. 그들이 고향으로 돌아가는 긴 여행 동안 와인이 상하기 쉬웠을 것이고, 보다 잘 보전할 수 있는 방법이 필요했다. 그들은 와인을 증류하여 생명수(eau-de-vie), 즉 에틸알코올을 만들기 시작했는데 이 방식이 보관법으로는 좋은 해법이긴 하지만 한 번 더 증류하면 맛이 더 세련되고 우아하며, 경쾌하게 되는 것을 결국 깨닫게 되었다. 이것이 브랜디(brandy) 탄생의 본질적 배경이다. 실제로 브랜디라는 어휘는 태운 와인이라는 의미의 네덜란드 단어 'brandewijn'에서 유래되었다.

브랜디는 전 세계적으로 만들어지지만, 코냑 지방에서 엄격한 관리 하에 제조되는 브랜디만을 우리는 코냑이라 부른다. 프랑스 서부의 코냑 지방은 샤랑트마리팀(Charente-Maritime)과 샤랑트(Charente), 두 지역에 걸쳐 있고, Grand Champagne, Petite Champagne, Borderies, Fins Bois, Bons Bois, Bois Ordinaires 등 6개의 크뤼(crus; 재배지)가 코냑을 생산하도록 지정되었다.

Bureau National Interprofessionnel du Cognac(BINC)에 따르면, 공식적인 코냑의 등급은 다음과 같다.

- VS(very special): 캐스크에서 최소 2년 이상 숙성된 브랜디들을 혼합한 코냑
- VSOP(very superior old pale): 주령 최소 4년 이상의 브랜디 혼합주
- Napoléon(나폴레옹): 주령 최소 6년 이상의 브랜디 혼합주
- XO(extra old): 최소 10년 이상의 브랜디 혼합주
- Hors d'âge(beyond age): BINC가 공식적으로 XO와 동급으로 지정했지만, 제조사들이 그 이상으로 주령이 오래된 고급 코냑이라고 주장하는 비공식 등급

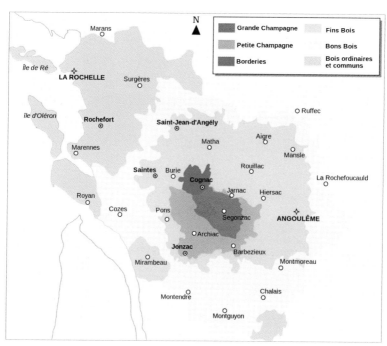

코냑 지방 지도

1. Henri IV Dudognon Heritage Cognac - $ 2,000,000

2. Hennessy Beaute du Siecle Cognac - $ 200,000

3. Remy Martin Louis XIII Black Pearl - $ 34,000

4. Hardy Perfection Fire - $ 12,000

5. Le Voyage de Delamain - $ 7,900

6. Martell Creation Cognac - $ 7,500

7. Frapin Cuvée 1888 - $ 6,400

8. Hine Triomphe Talent de Thomas Hine - $ 6,000

9. Jenssen Arcana - $ 5,500

10. Courvoisier L' Esprit Decanter Nº10 - $ 5,000

최고가 코냑 10선(2015)

위스키

위스키(whisky, whiskey)라는 단어는 물을 뜻하는 고대 켈트어 uisce 또는 uisge의 영어식 표현이다. 증류한 알코올은 라틴어로 생명수를 의미하는 아쿠아 비테(aqua vitae)였다. 위스키는 발효된 곡식을 증류하여 만들어지는데 그 과정에 대한 최초의 역사적 기록은 바빌론과 메소포타미아의 BC 1000년 전 유적 탐사에서 발견되었다. 처음에는 증류기술이 향수나 향을 만들기 위해 사용되었는데 이 기술은 고대 문명들을 가로질러 천천히 퍼져나갔고 다양한 분야로 접목되고 개선되어 마지막에는 유럽 크리스천 수도원 벽 너머로 자리를 잡았다. 수도원들의 여러 종교의식으로 인한 다양한 유형의 알코올음료에 대한 안정적 수요와 주문은 중세 암흑시대에서도 발효와 증류 기술들을 이어지게 했다. 11세기와 13세기 사이에 크리스천 수사와 함께 아일랜드와 스코틀랜드 지역에 증류법이 전해졌다고 알려진다. 하지만 몇몇 기록들은 고대 켈트족들이 생명수 'uisgebeatha'를 생산하는 과정에서 이미 증류법을 사용했다고 전한다. 북부 유럽에서 맥주와 위스키가 대중화된 배경에는 포도를 키우기에 어려웠던 환경도 한몫했다.

여러 세대를 걸쳐 증류 과정을 완성시키며 스코틀랜드 사람들은 양질의 위스키를 생산하는 기술에서 세계적 리더가 된다. 위스키에 대한 최초의 문서상 기록이 1494년 등장하기 이전에 이미 스코틀랜드에서는 위스키의 생산과 소비가 대규모로 이루어지고 있었다. 그 문서에는 프리아 존 코어(Friar John Cor)가 '아쿠아 비테를 생산할 8볼(1,120파운드)의 맥아(Malt)를 받았다.'고 기록하였는데 이는 약 1,500병의 위스키를 제조하기에 충분한 양이었다. 위스키의 인기는 16세기 초반 계속해서 높아져 갔다. 1541년 영국 왕 헨리 8세(King Henry Ⅷ)가 스코틀랜드 수도원들을 강제로 해체시키면서 수많은 수사들은 일자리를 잃게 되었고 이들은 사적으로 위스키를 생산하여 생계를 유지했다. 이들은 곧 증류에 대한 지식을 스코틀랜드 전 지역으로 전파시키게 된다.

아일랜드와 미국에서는 위스키를 통상 'whiskey'라고 쓰는데, 그 밖의 다른 위스키 생산 국가들은 모두 whisky로 철자를 쓴다. 하지만 미국에서는 'whisky'를 혼용해 쓰기도 한다. 위스키는 몰트(Malt; 맥아) 위스키와 그레인(grain) 위스키로 분류하는데, 몰트 위스키는 주로 맥아로 만들어지며, 그레인위스키는 다양한 종류의 곡물들로 제조된다. 몰트와 그레인은 다음의 다양한 방법으로 혼합된다.

싱글 몰트 위스키(Single malt whisky)

하나의 양조장에서 하나의 특정 몰트 그레인을 사용하는 매시(mash, 반죽)로 만들어진 위스키이다. 위스키가 싱글 캐스크(single cask, 단일 술통)라고 설명되어 있지 않다면, 여러 캐스크에서 만들어진, 다른 주령의 위스키들을 혼합하여 그 양조장 특유의 맛을 내는 방식으로 만들어졌다고 보아야 한다. 대부분의 경우 싱글 몰트 위스키들은 양조장의 이름과 주령 그리고 적용된 특별 주조법, 예를 들어 포트와인(port wine) 캐스크에서 숙성시켰다든지 등이 라벨에 프린트되어 있다.

브랜디드 몰트 위스키(Blended malt whisky)

다른 양조장에서 주조된 싱글 몰트 위스키들을 혼합해서 만들어진다. 위스키 라벨에 '순수 몰트(pure malt)' 또는 단순히 '몰트'라고 써 있다면 그 위스키는 거의 틀림없이 브랜디드 몰트 위스키, 즉 혼합 몰트 위스키이다. 예전에서 '바티드 몰트(vatted malt)'라고 부르던 위스키이다.

브랜디드 위스키(Blended whisky)

다른 종류의 위스키들을 혼합하여 주조된다. 브랜더(blender; 주조사)가 여러 양조장에서 만든 위스키들을 혼합하여 그 상표에 맞는 특유의 맛과 향을 내는 방식이다. 따라서 설혹 스피릿(spirit; 에탄올 또는 주정)이 한 양조장에서 만들어졌다 해도 상표 이름에 양조장 이름이 없을 가능성이 높은데 대부분의 스카치(Scotch), 아이리쉬(Irish), 캐나다 위스키들은 주조 회사의 이름으로 판매되는 것이 일반적이다.

캐스크 스트렝스(Cask strength)

매우 희귀한데 통상 최상의 위스키들이 이 방식으로 주조된다. 이 위스키들은 캐스크에서 희석 없이 또는 약간만 희석해서 바로 병에 담는다.

싱글 캐스크(Single cask)

개별 캐스크에서 바로 병에 담아 병마다 라벨에 배럴과 병 번호가 쓰여 있다. 같은 상표라 해도 캐스크마다 맛이 크게 다를 수 있다.

1. 글랜피딕(Glenfiddich) Janet
Sheed Roberts Reserve
1955년산 - $ 94,000

2. 맥캘란(Macallan) 1946 - $ 460,000

3. 맥캘란 1926 -
$ 75,000

4. 글랜피딕 1937 -
$ 20,000

5. 달모어주령 50년 - $ 11,000

6. 맥캘란, 주령55년-
$ 12,500

7. 달모어(Dalmore) 62 Single
Highland Malt Scotch
Matheson - $ 58,000

8. 글랜파크라스
(Glenfarclas) 1955 -
$ 10,878

9. 맥캘란 1939 -
$ 10,125

10. 시바스리갈(Chivas
Regal) Royal Salute
주령 50년 - $ 10,000

전 세계 최고가 위스키 10선(2015)

소주, 아락주, 보드카

소주는 13세기 몽골의 고려 점령 시 처음으로 주조되었다. 몽골은 1256년 중앙아시아와 중동의 침략을 통해 페르시아로부터 아락주(Arak) 증류기술을 배워 왔다. 이후 아락주 증류기술은 몽골을 통해 고려까지 전달되었고 개성 부근에 주조장이 세워졌다. 개성 부근에서는 지금도 소주가 아락주로 알려져 있다.

안동소주는 신라시대부터 그 기원을 잡는다. 증류기술은 아랍 지역의 연금술사들에 의해서 발명되었는데, 당시 신라는 아랍과 활발한 중계무역을 벌어왔다. 이때 페르시아 유리잔과 함께 증류주의 제조법이 전래되었다. 또한 중국은 당나라 때부터 증류식 술을 마셔왔다고 하는데, 신라와 당의 밀접한 관계를 생각해보면 신라시대부터 증류식 술을 마셔왔다는 것을 알 수 있다. 하지만 안동소주의 직접적인 기원은 아락주와 마찬가지로 몽골의 고려 침략 때로 보는 것이 맞다.

원 간섭기 고려와 원이 연합하여 일본정벌을 하던 때에 특히, 1281년 2차 일본정벌 때 충렬왕이 안동에 행궁을 설치하고 한 달 이상 머문 적이 있다. 이때 충렬왕은 안동행궁에서 일본정벌에 실패했다는 보고를 받고, 원나라에 장수를 파견하여 이 사실을 보고하도록 했다. 당시 퇴각하던 원나라 군사도 안동을 경유하여 돌아갔다. 따라서 안동 지역 소주의 기원은 충렬왕이 안동에 머물던 1281년이었을 것이라 판단된다.

아락(arak)이라는 어휘는 아랍어 'araq, عرق'로부터 왔는데 원래 의미
는 '땀'이었으나 지금은 일반적으로 증류액을 가리킨다. 아랍의 지역에
따라 아락의 발음이 조금씩 달라진다. 조심해야 할 것은 arak과 인도네
시아에서 arrack이라 불리는 술은 이름이 유사하고 심지어 발리 섬에서
는 arak으로 표기되기도 하지만, 다른 술 종류라는 것이다. 아르메니아,
이란, 아제르바이잔, 조지아 등에서는 유사한 발음인 aragh이 아니스씨
(aniseed) 향이 나는 음료인 아락과 다른 보드카의 구어체로 사용된다.
라키(Raki), 마스티카(mastika), 오우조(ouzo) 등은 터키, 마케도니아, 불가
리아, 사이프러스, 그리스 등에서 인기 있는 아니스씨 향이 나는 알코올
음료인 아락주들이다.

　보드카라는 단어가 문헌상 최초로 등장한 것은 1405년 폴란드 팔라
틴 백작령의 한 법정문서에서이며, 그 이후 보드카는 대중적 음료로 발
전했다. 당시 wódka라는 단어는 의약이나 화장품 클렌저와 같은 화합
물을 지칭했고, 반면에 현재의 보드카는 고대 폴란드어로 '태우다'라는
의미의 gorzeć로부터 파생된 gorzałka로 불렸다. 보드카는 1533년 처
음으로 러시아어 알파벳인 키릴(Cyrillic)로 씌어졌는데 Kievan Rus라는
무역상에 의해 폴란드로부터 러시아로 수입된 의학 음료의 상표에 표기
되었다.

(왼쪽부터) 안동소주, 아락주, 보드카

(왼쪽부터) 시리아 Arak Al Hayat, Arak Al Rayan, 팔레스타인 Arak,
이스라엘 Arak Kawar, Arak Askalon

유명 보드카 상표
(왼쪽부터) Belvedere, Chopin, Wyborowa, Żubrówka, Luksusowa

맥주 - 라거와 에일

맥주는 인류가 만든 가장 오래된 음료 중 하나인데 그 역사는 이집트와 메소포타미아에 기록된 문헌적 근거에 의하면 최소 5,000년 전으로 거슬러 올라간다. 고대의 도기 유물을 갖고 화학시험을 한 결과 맥주는 지금의 이란 지역에서 이미 약 7,000년 전에 시작되었음이 드러났다. 이러한 발견은 발효의 사용과 양조에 대한 가장 초기의 증거 중 하나가 된다. 수메르 점토판 유물에 사람들이 공동 사발에 갈대로 만든 빨대를 대고 맥주를 마시는 그림이 그려져 있는데 이는 메소포타미아에서 이미 6,000년 전 맥주가 만들어졌다는 근거이다. 양조의 여신 닌카시를 칭송하는 3,900년 전 수메르의 한 시는 가장 오래된 주조법을 담고 있으며 보리(barley)로 빵을 거쳐 맥주를 만드는 과정을 묘사하고 있다. 또한 중국에서 발굴된 토기 조각은 4,900~5,400년 전 사이에 보리와 다른 곡물들을 사용하여 중국에서도 맥주를 양조했음을 보여준다.

논쟁의 여지가 있기는 하나 맥주를 뜻하는 영어단어 '비어(beer)'는 원래 게르만 언어군(Germanic languages)에서 나온 것으로 보인다. 게르만어군에서는 여러 변형들이 사용되는데 독일과 네덜란드에서는 bier로 표시되고, 색슨(Saxons)과 같은 종족들을 통해 영국 섬들로 beer라는 단어가 소개되었다.

곡물과 이스트로 만들어진 발효식품 맥주는 전 세계적으로 애용되는 음료이다. 다양한 종류의 맥주들이 만들어지지만 이 맥주들은 통상 에일(ale)과 라거(lager) 두 가지로 분류된다. 라거라는 단어는, 특히 독일 밖에서 비어와 혼용하여 사용되곤 하는데 그래서 어떤 소비자들은 라거와 에일 대신에 비어와 에일을 구별하기도 한다. 라거와 에일의 차별성은 맥주를 양조(brew)하는 방법과 이스트가 어떻게 발효되는지와 관련이 된다. 호프가 유럽 전역으로 보급되기 이전에는 호프 없이 만들어지는 에일이 비어, 즉 맥주였다. 참고로 라거는 호프와 다른 곡물들을 혼합하여 제조된다. 하지만 호프가 맥주 양조장들로 스며들게 되자 비어와 에일의 구별은 모호해졌다. 양조장들은 술통(cask) 내 어디에서 이스트가 발효되는지를 기준으로 비어와 에일을 구별하기 시작했다. 에일은 술통 맨 위에서, 라거는 바닥에서 이스트가 발효된다.

라거와 에일을 주조하는 방법의 시작은 동일하다. 보리나 다른 곡물들을 사용하여 맥아(malt)를 만든다. 즉, 촉촉한 환경에서 보리나 곡물이 발화가 되고 건조된다. 여기에 발효용 이스트가 첨가되어 맥아가 상하기 전에 재빨리 음료로 발효시킨다. 그 다음은 향의 깊이를 더하고 맥아의 당도를 완화시키기 위해 호프와 같은 다른 곡물들이 첨가된다. 에일은 더 높은 온도에서 발효가 일어나 결과적으로 더 빨리 성숙된다. 이스트가 떠올라 맥주가 발효되고 맥주통의 최상부에 이스트 거품이 만들어진다. 라거는 더 낮은 온도에서 발효가 되는데 맥주가 성숙하면서 이스트는 아래로 가라앉는다. 라거는 독일에서는 전통적으로 겨울 동안 특히 추워질 때 동굴에서 양조되었다. 라거와 에일은 양조과정뿐만 아니라 그 맛에서도 차이가 난다. 에일은 더 밝고 풍부하며 더 자극적이고 호프의 향이 강하며 간혹 알코올 도수가 더 높다. 라거는 부드럽고 향이 부드러우며 뒤끝이 깔끔하다. 에일 맥주의 종류에는 상표에 'ale'이라 표기된 다양한 맥주 브랜드와 흑맥주(porter 또는 stout) 그리고 수도원

에일(Abbey ale)이라 표기된 것과 같은 독일 전문맥주 등이 포함된다. 라거 브랜드로는 필스너스(Pilsners), 도플복스(Dopp1ebocks), 옥토버페스트(Oktoberfests) 등이 독일에서 유명하다. 또한 라거와 에일은 다른 패턴으로 유통된다. 에일은 주로 벨기에, 영국, 그리고 대영제국의 식민지였던 미국이나 캐나다 등지에서 찾아볼 수 있다. 하지만 라거 맥주가 (독일 전문맥주들도 에일로 분류될 수 있기는 하다) 독일을 포함한 유럽 국가들과 전세계에서 더 대중적으로 사랑받고 있다.

BC 2600년경 수메르 원통인장에
새겨진 '맥주 마시는 사람들'의 판각

보리와 호프

맥아

라거와 에일의 제조방식 구분

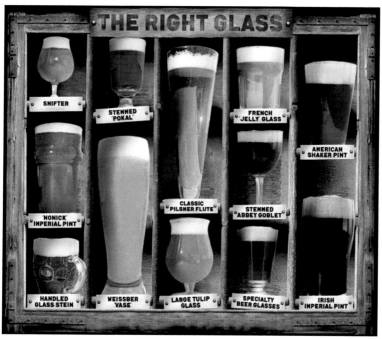

라거와 에일의 유리잔 종류

일본 정통주, 사케

　일본의 음주 문화에 대해 언급한 가장 오래된 문헌은 중국의 위서이
다. 위서는 중국 북제의 위수가 편찬한 북위의 정사이다. 712년에 편찬
된 일본 역사책인 『고사기』에서도 일본의 사케(酒)에 대해 여러 차례 언
급하고 있다. 정확한 기원에 대해 확인이 되지는 않지만 쌀, 물, 누룩곰
팡이 등으로 만들어진 일본 정통주 사케는 710~794년 사이의 나라시대
에 시작되었다고 통상 알려져 있다.

　청주(淸酒)는 우리나라에서 전통적으로 쌀을 넣어 빚는 술의 종류로
탁주와 비교하여 맑은 술을 총칭하는 이름이다. 일본 사케 이름을 보
면 마사무네(正宗)라는 이름을 사용하는 제품이 유독 많아 등록 상표
만 130개가 넘는다고 한다. 그중 원조가 중견 주조회사로 고베(神戸)시에
있는 사쿠라 마사무네(桜正宗)라는 회사라고 한다. 사쿠라 마사무네는
1717년에 창업하여 현재까지 이르고 있는데, 11대 당주(当主)인 야마무로
타자에몬(山邑太左衛門)의 설명에 따르면 1840년 어느 날 사쿠라 마사무네
가 새로 빚은 술의 이름을 고민하다가 평소 잘 따르던 교토(京都)의 겐세
이안즈코이사(元政庵瑞光寺)의 주지스님을 찾아 갔는데, 마침 스님의 책상
에 놓여진 '린자이세이슈(臨済正宗)'라고 쓰인 경문을 보고 '정종(正宗)'을 떠
올렸다. 정종을 일본어로 음독(音読)하면 '세이슈'인데, 이는 청주(淸酒)와
발음이 같은 데다가 운도 좋을 것 같다고 생각했다고 한다. 마사무네의

이름은 널리 퍼져 보통 명사가 되었다. 일본의 침략이 서서히 시작되던 1883년 1월 후쿠다(福田)라는 일본인이 부산에 최초로 청주 공장을 세운 것을 시작으로 여러 곳에 일본식 청주 양조장이 만들어져 다양한 상표의 제품이 등장했다. 그 상표 중의 하나가 정종(正宗)이었고 이것이 많이 팔리자 우리나라 사람들에게 일본식 청주의 대명사로 쓰여 왔다.

일본 이자카야 주점에서는 다양한 종류의 사케가 판매되는데 사케 종류에 따라서 다른 발효 방법과 다른 쌀 도정 비율이 적용된다. 다음은 일본 사케의 등급에 따른 이름과 도정률을 정리한 표이다.

일본의 사케 등급

	Rice Milling (Seimai Buai)	After fermentation distilled Alcohol is: Added or Not added		Translation
Higher grade ↑	50% or less	Dai-ginjo [Dye-Guin-Jaw]	Junmai Dai-ginjo [Jyun-My-Dye-Guin-Jaw]	"Dai-ginjo" is ultra-super premium
	60% or less	Ginjo[Guin-Jaw]	Junmai Ginjo [Jyun-My-Guin-Jaw]	"Ginjo" is super premium
		Tokubetsu Honjozo [Toe-Koo-Bet-Sue-Hom-Jaw-Zaw]	Tokubetsu Junmai [Toe-Koo-Bet-Sue-Jyun-My]	"Tokubetsu" means special
	70% or less	Honjozo [Hon-Jaw-Zaw]	Junmai [Jyun-My]	premium
Lower grade	> 70%	Futsu-shu [or Regular sake]		"Futsu" means regular

다양한 사케 브랜드

세계 명주

　전 세계적으로 유명한 술 하면 먼저 영국이나 스코틀랜드의 위스키가 떠오르고, 프랑스의 코냑이 생각난다. 물론 독일의 맥주, 미국과 중남미의 버본, 일본의 사케, 중국의 고량주와 더불어 러시아 보드카와 우리나라의 소주도 있다.

　그렇다면 세계에서 가장 비싼 술은 어떤 술들일까? 고급 중국 음식점에 가면 중국 고량주는 종류도 많은데 그중 명주는 어떤 제품들일까? 우리나라의 전통명주는 어떤 술들을 꼽을 수 있을까? 이러한 술에 관한 호기심들에 대한 풀이를 다음의 그림들에서 정리해 본다.

세계 10대 고가 주(酒)(2016)

Tequila Ley
($ 3.5million)

Henry IV Dudognon
Heritage Cognac Grande
Champagne ($ 2million)

Diva Vodka
(1 million)

Armand de Brignac
Midas ($ 190,000)

Penfolds Ampoule Red
Wine ($ 168,000)

Château d'Yquem 1811
($ 120,000)

Dalmore 62
($ 58,000)

Legacy by Angostura
($ 25,000)

The Winston Cocktail
($ 12,500)

Vieille Bon Secours Ale
($ 1,000)

중국 10대 명주(名酒)(2017)

茅台 (Máotái)

五粮液 (Wǔliángyè)

泸州老窖
(lúzhōu lǎo jiào)

古井贡酒
(Gǔjǐng gòng jiǔ)

剑南春 (Jiànnánchūn)

洋河大曲
(Yánghé dàqū)

西凤酒 (Xīfèngjiǔ)

双沟大曲
(Shuānggōu dàqū)

郎酒 (Láng jiǔ)

汾酒 (Fénjiǔ)

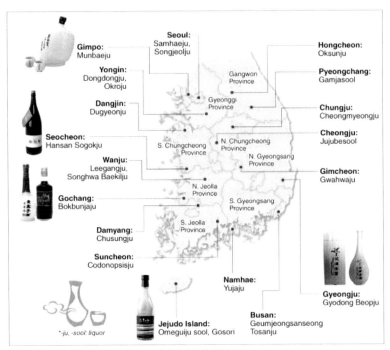

Seoul:
Samhaeju,
Songjeolju

Gimpo:
Munbaeju

Hongcheon:
Oksunju

Yongin:
Dongdongju,
Okroju

Gangwon
Province

Pyeongchang:
Gamjasool

Dangjin:
Dugyeonju

Gyeonggi
Province

Chungju:
Cheongmyeongju

Seocheon:
Hansan Sogokju

N. Chungcheong
Province

Cheongju:
Jujubesool

S. Chungcheong
Province

N. Gyeongsang
Province

Wanju:
Leegangju,
Songhwa Baekilju

Gimcheon:
Gwahwaju

N. Jeolla
Province

Gochang:
Bokbunjaju

S. Gyeongsang
Province

Damyang:
Chusungju

S. Jeolla
Province

Suncheon:
Codonopsisju

Namhae:
Yujaju

Gyeongju:
Gyodong Beopju

-ju, -sool: liquor

Jejudo Island:
Omeguiju sool, Gosori

Busan:
Geumjeongsanseong
Tosanju

우리나라 유명 전통주

https://en.wikipedia.org/wiki/Solar_energy

https://en.wikipedia.org/wiki/Precession

https://en.wikipedia.org/wiki/Coriolis_force

https://www.youtube.com/watch?v=i2mec3vgeal

http://www.surfline.com/surf-science/surfology-101-with-chris-borg---forecaster-blog_77428/

http://www.texasgateway.org/resource/sun-and-convection-currents

https://en.wikipedia.org/wiki/Nutation

https://commons.wikimedia.org/wiki/File:Precession-nutation-ES.svg

https://en.wikipedia.org/wiki/Mantle_(geology)

https://en.wikipedia.org/wiki/Mantle_convection

https://www.quora.com/Why-do-tectonic-plates-move

http://www.slideshare.net/AppleGreen6/structural-geology-for-petroleum-egineering-geology

http://www.space.com/33527-how-fast-is-earth-moving.html

https://en.wikipedia.org/wiki/Orbital_effects_on_climate

https://en.wikipedia.org/wiki/Solar_energy

https://en.wikipedia.org/wiki/Precession

https://en.wikipedia.org/wiki/Coriolis_force

https://www.youtube.com/watch?v=i2mec3vgeal

http://www.surfline.com/surf-science/surfology-101-with-chris-borg---forecaster-blog_77428/

http://www.texasgateway.org/resource/sun-and-convection-currents

https://en.wikipedia.org/wiki/Nutation

https://commons.wikimedia.org/wiki/File:Precession-nutation-ES.svg

https://en.wikipedia.org/wiki/Mantle_(geology)

https://en.wikipedia.org/wiki/Mantle_convection

https://www.quora.com/Why-do-tectonic-plates-move

http://www.slideshare.net/AppleGreen6/structural-geology-for-petroleum-egineering-geology

http://www.space.com/33527-how-fast-is-earth-moving.html

https://en.wikipedia.org/wiki/Orbital_effects_on_climate

http://www.womeninthebible.net/bible-extras/bible-kings/

http://ancient-greece.org/culture/minoan-cult.html

https://en.wikipedia.org/wiki/History_of_the_alphabet

https://en.wikipedia.org/wiki/History_of_the_alphabet

https://en.wikipedia.org/wiki/Latin

https://en.wikipedia.org/wiki/Hellenization

http://www.zum.de/whkmla/sat/notes/notesVIIIhell.html

https://en.wikipedia.org/wiki/Hellenistic_period

https://en.wikipedia.org/wiki/Sanskrit

http://www.differencebetween.com/difference-between-asian-and-vs-oriental/

http://www.sindhishaan.com/article/language/lang_10_01.html

http://earlyworldhistory.blogspot.kr/2012/02/sanskrit.html

http://www.angelanealworld.com/ancient-silk-road/the-ancient-silk-road/

https://en.wikipedia.org/wiki/Xiongnu

http://herebedragons.weebly.com/ashina-siberian.html

http://www.greatcorea.kr/sub_read.html?uid=424

https://en.wikipedia.org/wiki/Turkic_peoples

http://www.hunmagyar.org/turan/tatar/tatar-origin.html

https://en.wikipedia.org/wiki/Khan_(title)

https://en.wikipedia.org/wiki/Barbarian

https://en.wikipedia.org/wiki/Romani_people

https://en.wikipedia.org/wiki/House_of_Medici

https://en.wikipedia.org/wiki/House_of_Habsburg

http://www.paintuncorked.com/travel-blog/2015/9/24/austria-klimt

https://www.theguardian.com/artanddesign/jonathanjonesblog/2011/jul/25/habsburg-history-european-art

https://en.wikipedia.org/wiki/Rothschild_family

https://www.youtube.com/watch?v=GWKeqDiPNts

https://en.wikipedia.org/wiki/Old_Testament

https://en.wikipedia.org/wiki/Quran

https://prezi.com/as55ag3xm9aa/egypt-vs-greek-vs-roman-mythology/

http://www.thebuddhistsociety.org/page/the-spread-of-buddhism

https://en.wikipedia.org/wiki/Shamanism

https://gaijinexplorer.wordpress.com/2010/12/23/book-review-the-catalpa-bow-part-iii-suigyou/

https://en.wikipedia.org/wiki/Russia

https://en.wikipedia.org/wiki/Matryoshka_doll

https://en.wikipedia.org/wiki/Daruma_doll

https://en.wikipedia.org/wiki/Falconry

http://www.albertleatribune.com/2013/10/how-to-figure-out-what-town-names-mean/

https://en.wikipedia.org/wiki/Chopsticks

http://pogogi.com/differences-between-japanese-chinese-and-korean-chopsticks

http://researcharchive.calacademy.org/research/anthropology/utensil/index.html

https://en.wikipedia.org/wiki/Spoon

https://en.wikipedia.org/wiki/Fork

http://mentalfloss.com/article/52058/why-are-%E2%80%9Cpound%E2%80%9D
-and-%E2%80%9Counce%E2%80%9D-abbreviated-%E2%80%9Clb%E2%80%9D
-and-%E2%80%9Coz%E2%80%9D

http://www.bbc.com/news/uk-politics-26169070

http://science.howstuffworks.com/dictionary/geology-terms/question64.htm

https://www.riogrande.com/Content/What-Is-A-Carat-HT-psd

https://en.wikipedia.org/wiki/Fineness

https://japanesemythology.wordpress.com/the-twin-fish-which-is-the-state-symbol-of-uttar-
pradeshfound-

on-ancient-buildings-of-ayodhya-is-the-biggest-clue-to-the-link-and-the-route-undertaken-
bykaya-

karagaya-royals-to-korea-and-japa/golden-fish/

https://theurgetowander.com/2015/06/27/twin-fish-symbol/

http://m.blog.daum.net/_blog/_m/articleView.do?blogid=0MkkR&articleno=7280725

https://en.wikipedia.org/wiki/Star_and_crescent

https://en.wikipedia.org/wiki/Symbols_of_Islam

https://en.wikipedia.org/wiki/Turkey_(bird)

http://www.theatlantic.com/international/archive/2014/11/why-americans-call-turkey-
turkey/383225/

https://en.wikipedia.org/wiki/Camel

http://www.dailymail.co.uk/news/article-2601281/Why-lucky-7-really-magic-number.html

http://theconversation.com/why-7-is-the-luckiest-number-55960

https://www.ncbi.nlm.nih.gov/pubmed/18680161

http://www.speeli.com/articles/view/Why-is-7-considered-a-lucky-number-by-many-people

https://en.wikipedia.org/wiki/Numbers_in_Chinese_culture

https://www.travelchinaguide.com/intro/lucky-number3.htm

http://www.crystalinks.com/numerology2.html

https://en.wikipedia.org/wiki/Swastika

https://en.wikipedia.org/wiki/Cross

http://research.calvin.edu/german-propaganda-archive/christuskreuz.htm

https://en.wikipedia.org/wiki/Zodiac

http://www.wellnesstoday.com/spirit/what-does-your-zodiac-sign-say-about-your-health

https://en.wikipedia.org/wiki/Chinese_zodiac

http://www.korea4expats.com/article-zodiac-animals-signs-sibijisin.html

https://en.wikipedia.org/wiki/Fortune-telling

https://en.wikipedia.org/wiki/Chinese_fortune_telling

https://en.wikipedia.org/wiki/I_Ching

https://en.wikipedia.org/wiki/Four_Pillars_of_Destiny

https://en.wikipedia.org/wiki/Halloween

http://halloweenhistory.org/

http://www.history.com/topics/halloween/history-of-halloween

https://en.wikipedia.org/wiki/Dragon

https://en.wikipedia.org/wiki/Unicorn

https://en.wikipedia.org/wiki/Pegasus

https://en.wikipedia.org/wiki/Three-legged_crow

https://en.wikipedia.org/wiki/Sotdae

https://en.wikipedia.org/wiki/Evenks

https://en.wikipedia.org/wiki/Glasses

http://yangyonghuan.com/2012/05/brief-history-of-glasses/

https://en.wikipedia.org/wiki/Trousers#History

http://www.autoevolution.com/news/history-of-the-wheel-7334.html

https://en.wikipedia.org/wiki/Wheel

http://www.caranddriver.com/flipbook/big-money-the-most-expensive-production-cars-you-can-buytoday#34

https://en.wikipedia.org/wiki/History_of_martial_arts

https://en.wikipedia.org/wiki/Flute

https://en.wikipedia.org/wiki/History_of_timekeeping_devices

http://www.wonderslist.com/top-10-most-expensive-watches-in-the-world/

https://en.wikipedia.org/wiki/Massage

https://en.wikipedia.org/wiki/Anma

https://en.wikipedia.org/wiki/Tui_na

https://en.wikipedia.org/wiki/Thai_massage

http://www.flutekids.eu/en/historyflute_en.htm

http://www.shakuhachi.com/TOC-WorldFlutes.html

https://en.wikipedia.org/wiki/Danso

https://en.wikipedia.org/wiki/Aesop's_Fables

http://www.cntraveler.com/stories/2008-11-11/etiquette-101-tipping-guide

https://en.wikipedia.org/wiki/Gratuity

https://en.wikipedia.org/wiki/String_instrument

http://www.newworldencyclopedia.org/entry/String_instrument

http://digitalstamp.suppa.jp/musical_instruments_b/index.html

http://www.japanesestrings.com/instruments.html

https://en.wikipedia.org/wiki/History_of_chess

https://en.wikipedia.org/wiki/Chaturanga

https://en.wikipedia.org/wiki/Xiangqi

https://www.reddit.com/r/MapPorn/comments/57qfhx/spread_of_chess_800x606/

https://en.wikipedia.org/wiki/Millstone

https://en.wikipedia.org/wiki/Quern-stone

https://www.babble.com/pregnancy/the-25-hottest-baby-names-throughout-the-decades/

http://www.meaning-of-names.com

https://en.wikipedia.org/wiki/History_of_agriculture

https://www.ucl.ac.uk/rice/historyofrice/spread

http://wps.pearsoncustom.com/wps/media/objects/2427/2486120/chap_assets/maps/atl_map1_2.html

https://en.wikipedia.org/wiki/Columbian_Exchange

https://en.wikipedia.org/wiki/Maize

https://en.wikipedia.org/wiki/Chili_pepper

https://en.wikipedia.org/wiki/Onion

https://en.wikipedia.org/wiki/Scallion

http://blog.commodityandderivativeadv.com/2012/08/30/arabica-vs-robusta-coffee-spread/

https://en.wikipedia.org/wiki/Espresso

https://en.wikipedia.org/wiki/Cappuccino

https://www.mightyleaf.com/about-us/learn/history-of-tea

https://en.wikipedia.org/wiki/History_of_tea

http://commoditea.weebly.com/uploads/1/9/2/2/19224891/5593618_orig.gif

https://jakubmarian.com/tea-in-european-languages-map/

https://en.wikipedia.org/wiki/History_of_pizza

https://en.wikipedia.org/wiki/Pita

https://en.wikipedia.org/wiki/Wheat_tortilla

https://en.wikipedia.org/wiki/Steak_tartare

https://en.wikipedia.org/wiki/Hamburg_steak#History

https://en.wikipedia.org/wiki/Noodle

http://news.nationalgeographic.com/news/2005/10/1012_051012_chinese_noodles.html

https://en.wikipedia.org/wiki/History_of_sushi

http://www.sushifaq.com/basic-sushi-experience-information/the-history-of-sushi/

https://en.wikipedia.org/wiki/Tofu

https://en.wikipedia.org/wiki/Mapo_doufu

http://www.newworldencyclopedia.org/entry/Pickled_cucumber

https://en.wikipedia.org/wiki/Curry

https://en.wikipedia.org/wiki/History_of_wine

http://www.frenchscout.com/types-of-wines

http://winefolly.com/review/common-types-of-wine/

http://gazettereview.com/2016/01/most-expensive-wines-in-world/

http://languageoffood.blogspot.kr/2009/11/ceviche-and-fish-chips.html

https://en.wikipedia.org/wiki/Fish_and_chips

https://en.wikipedia.org/wiki/Pescado_frito

https://en.wikipedia.org/wiki/John_Montagu,_4th_Earl_of_Sandwich

https://en.wikipedia.org/wiki/History_of_cheese

http://www.idfa.org/news-views/media-kits/cheese/history-of-cheese

https://en.wikipedia.org/wiki/List_of_cheeses

http://www.eatwisconsincheese.com/cheeses/wisconsin-cheese-varieties

https://en.wikipedia.org/wiki/Sausage

https://en.wikipedia.org/wiki/List_of_sausages

https://en.wikipedia.org/wiki/Hot_dog

https://en.wikipedia.org/wiki/Corn_dog

https://en.wikipedia.org/wiki/Ham

https://en.wikipedia.org/wiki/Shashlik

https://en.wikipedia.org/wiki/Churrasco

http://www.etymonline.com/index.php?term=flour

https://en.wikipedia.org/wiki/Dim_sum

http://chinesefood.about.com/od/diningout/p/dim_sum.htm

https://en.wikipedia.org/wiki/Dumpling

https://en.wikipedia.org/wiki/Xiaolongbao

https://en.wikipedia.org/wiki/Mantou

https://en.wikipedia.org/wiki/Baozi

http://www.japan-guide.com/r/e107.html

https://en.wikipedia.org/wiki/Pitha

https://en.wikipedia.org/wiki/Gnocchi

https://en.wikipedia.org/wiki/Shaved_ice

https://en.wikipedia.org/wiki/Ice_cream

https://en.wikipedia.org/wiki/Sorbet

https://en.wikipedia.org/wiki/Surstr%C3%B6mming

https://en.wikipedia.org/wiki/H%C3%A1karl

https://en.wikipedia.org/wiki/Fesikh

https://en.wikipedia.org/wiki/Hongeohoe

https://en.wikipedia.org/wiki/Hot_pot

https://en.wikipedia.org/wiki/Sukiyaki

https://en.wikipedia.org/wiki/Shabu-shabu

https://en.wikipedia.org/wiki/Thai_suki

https://en.wikipedia.org/wiki/Chinese_regional_cuisine

https://en.wikipedia.org/wiki/Chinese_cuisine

https://chinesepod.com/blog/eight-culinary-traditions-of-china-and-the-dishes-you-have-to-try/

https://en.wikipedia.org/wiki/Chop_suey

https://en.wikipedia.org/wiki/Japchae

https://en.wikipedia.org/wiki/Cantonese_cuisine

https://en.wikipedia.org/wiki/Bagel

https://en.wikipedia.org/wiki/Pretzel

https://en.wikipedia.org/wiki/Rice_cake

http://www.lifeinkorea.com/culture/ricecake/ricecake.cfm?Subject=origin

http://koreajoongangdaily.joins.com/news/article/article.aspx?aid=2872340

https://en.wikipedia.org/wiki/Alexander_P._Anderson

https://www.enotes.com/homework-help/what-history-rice-cake-popularity-how-they-made-466291

https://en.wikipedia.org/wiki/Puffed_rice_cakes

https://namu.wiki/w/%EB%BB%A5%ED%8A%80%EA%B8%B0

http://labadiane-hanoi.com/spce-conners/interetig-history-croissants/

https://answers.yahoo.com/question/index?qid=20061219201650AAz4pSs

http://www.foodtimeline.org/foodbreads.html#bruschetta

https://minersmix.wordpress.com/2010/09/10/garlic-bread-3000-years-of-evolution-2/

https://en.wikipedia.org/wiki/Saffron

https://en.wikipedia.org/wiki/Comparison_of_Islamic_and_Jewish_dietary_laws

http://www.diffen.com/difference/Vegan_vs_Vegetarian

https://en.wikipedia.org/wiki/Arak_(drink)

https://en.wikipedia.org/wiki/Soju

https://en.wikipedia.org/wiki/Vodka

http://www.scotchwhisky.net/distilleries/

https://en.wikipedia.org/wiki/Whisky

http://www.therichest.com/expensive-lifestyle/entertainment/the-top-10-most-expensive-whiskies-in-theworld/

https://en.wikipedia.org/wiki/Cognac

http://www.cinellicolombini.it/blog-en/wine-and-tourism-news-at-donatella-cinelli-colombini/the-10-mostexpensive-

cognacs-in-the-world

https://en.wikipedia.org/wiki/Sake

http://www.hfmagazineonline.com/luxurious-drinks-of-the-rich-and-famous/

http://www.theworldofchinese.com/2013/07/10-most-famous-brands-of-chinese-liquor/

http://www.koreaherald.com/view.php?ud=20160122000620

https://en.wikipedia.org/wiki/History_of_beer

http://www.wisegeek.org/what-is-the-difference-between-beer-and-ale.htm

http://hkpark.netholdings.co.kr/web/manual/default/manual_view.asp?menu_id=83619&id=407

https://ko.wikipedia.org/wiki/%EC%98%81%EB%8F%99

https://seoulstory.kr/story/album/0/3155

http://cy.cyworld.com/home/22101908/post/51D272D2B815A8A26D028401

https://ko.wikipedia.org/wiki/%EB%9A%9D%EC%84%AC

https://namu.wiki/w/%EC%84%9D%EC%B4%8C%ED%98%B8%EC%88%98

http://blog.naver.com/PostView.nhn?blogId=hmjin80&logNo=120051479124&viewDate=&currentPage=1&li

sttype=0

http://blog.daum.net/rans87/1532767

http://dollhanbok.com/zeroboard/view.php?id=data&page=1&sn1=&divpage=1&sn=off&ss=on&sc=on&sel

ect_arrange=headnum&desc=asc&no=22&PHPSESSID=839e5fc6cf37dc800106ceba1aa46750

https://ko.wikipedia.org/wiki/%EA%B9%80%EB%B0%A5

https://ko.wikipedia.org/wiki/%EA%B9%80%EC%B9%98

https://ko.wikipedia.org/wiki/%EA%B0%90%EC%9E%90%ED%83%95

https://ko.wikipedia.org/wiki/%EB%A7%A4%EC%82%AC%EB%83%85

https://ko.wikipedia.org/wiki/%ED%98%B8%EB%91%90%EA%B3%BC%EC%9E%90

https://ko.wikipedia.org/wiki/%EC%9C%A0%EB%A6%AC

http://tip.daum.net/question/53862705

https://ko.wikipedia.org/wiki/%EC%96%91%ED%8C%8C

http://archive.hansik.org/hansik/story/item/story_storytelling/334/1225/

http://entermedia.co.kr/news/news_view.html?idx=1667

https://ko.wikipedia.org/wiki/%EB%83%89%EB%A9%B4

https://ko.wikipedia.org/wiki/%EC%B4%88%EB%B0%A5

http://blog.daum.net/_blog/BlogTypeView.do?blogid=0NvTG&articleno=2057&categoryId=70&reg
dt=20100

721195910

https://namu.wiki/w/%EC%88%9C%EB%8C%80

https://ko.wikipedia.org/wiki/%EC%A0%93%EA%B0%88

https://ko.wikipedia.org/wiki/%EC%8B%A0%EC%84%A0%EB%A1%9C

https://ko.wikipedia.org/wiki/%EC%A7%95%EA%B8%B0%EC%8A%A4%EC%B9%B8_
(%EC%9D%8C%EC%8B%9D)

https://ko.wikipedia.org/wiki/%EC%B0%A8_(%EC%9D%8C%EB%A3%8C)

https://namu.wiki/w/%EC%B0%A8

http://news.donga.com/List/Series_70070000000914/3/70070000000914/20110617/38101389/1

http://egloos.zum.com/hong1124/v/10294583

http://news.sbs.co.kr/news/endPage.do?news_id=N1000673839&plink=COPYPASTE&cooper=SBSN
EWSEND

http://www.hidomin.com/news/articleView.html?idxno=159426

http://tip.daum.net/question/39117299

https://ko.wikipedia.org/wiki/%EB%B6%80%EB%8C%80%EC%B0%8C%EA%B0%9C

http://blogs.chosun.com/gourmet/2013/09/08/%EC%9D%98%EC%A0%95%EB%B6%80%EC%
9D%98-%EB%A7%9B-%EB%B6%80%EB%8C%80%EC%B0%8C%EA%B0%9C%EB%B6%80%E
D%84%B0-%EB%8B%AD%EB%AA%A9%ED%8A%80%EA%B9%80%EA%B9%8C%EC%A7%80/

http://www.korean.go.kr/nkview/nklife/2002_2/2002_0212.pdf

https://ko.wikipedia.org/wiki/%EC%9C%A1%EA%B0%9C%EC%9E%A5

https://namu.wiki/w/%EC%9C%A1%EA%B0%9C%EC%9E%A5

https://ko.wikipedia.org/wiki/%EC%A7%9C%EC%9E%A5%EB%A9%B4

https://namu.wiki/w/%EC%A7%9C%EC%9E%A5%EB%A9%B4/%EC%97%AD%EC%82%AC

https://namu.wiki/w/%EC%A7%AC%EB%BD%95

http://www.pressian.com/news/article.html?no=100778

https://wellcomeimages.org/indexplus/image/L0022329.html

https://commons.wikimedia.org/wiki/File:Cognac_france_map-fr.svg